데이터 사이언스 가이드

이해와 실제와 전망

조규락 저

학지사

서문

둘 중 하나의 이유

한 주제를 다룬 책이 출판되어 나온다는 사실은 적어도 둘 중 하나의 이유가 반드시 있게 마련이다. 하나의 이유는 사회적 관심사다. 시대적 요청이라고도 한다. 이런 이유에서 곧 여러 저자의 다양한 책이 출간된다. 중요하고도 필요한 주제라는 뜻이다. 데이터 사이언스의 중요성과 필요성은 재론의 여지가 없다. 4차 산업혁명의 한 축이니, 전도유망한 분야이니 하는 언사들은 이 책의 본문 외에도 여타의 책에서도 숱하게 등장한다. 하여, 이 서문에서조차 이를 밝히는 것은 중언부언이겠다.

다만, 어떤 사건에서 필자가 느낀 지극히 개인적으로 여길 만한 이야기를 풀어놓고자 한다. 중요성은 알고 있었지만, 필요성은 확신할 수 없었던 데이터 사이언스로의 본격적인 학문적 여정의 시작. 일기와 같은 독백이다.

인공지능에게 패하다

1997년은 인간이 기계에게 패한 세기의 해로 기억된다. 전설적인 체스 세계 챔피언 개리 카스파로프(Garry Kasparov)가 IBM의 슈퍼컴퓨터 딥블루(DeepBlue)에게 패배한 해다. 인간은 적지 않은 충격을 받았다. 기계인 컴퓨터에게 기계의 창조주인 인간이 졌다는, 자존심이 구겨진 사건이었기 때문이다. 딥블루는 어떻게 인간을 상대로 승리했을까? 그것은 초당 2억 개의 위치 계산이 가능한 빠른 계산 능력으로 모든 경우의 수를 계산해 보고 가장 유리한 지점에 착수하는 방식이었다. 이는 인간보다 훨씬 뛰어난 계산 능력을 바탕으로 한다. 0과 1의 단순한 이진법만으로도 컴퓨터의 계산 능력은 십진법을 사용하는 인간과 비교할 수 없을 정도로 월등하다. 이런 계산 능력 덕분에 딥블루는 인간 체스 챔피언을 이겼다. 때문에 지능이 단순한 반복 계산 능력이냐 아니냐는 논란이 일기도 했다. 사람의 지능과 기계의 지능이 아니라 사람의 지능과 기계의 계산이 맞붙은 사건이라고 축소하기도 했다.[1)]

이런 사건이 있었어도 동양에서는 내심 강 건너 불 보듯 안심하고 있었다. 그곳에는 서양 사람들에게는 낯선 게임이 있었기 때문이다. 바로 인간이 창조한 게임 중에서 경우의 수가 가장 많다는 보드 게임인 바둑이다. 바둑은 가로세로 19줄씩 총 361개의 교차점에 흑과 백의 돌을 번갈아 놓아 가며 집을 짓고 상대방의 돌을 잡는 전략 게임이다. 체스는 총 64칸 안에서 6종류의 말을 규칙에 따라 움직일 때 특정한 위치에서 착점 가능한 경우의 수가 약 12개라고 한다. 바둑은 361개의 교차점에 무작위로 둘 수 있으며, 특정한 위치에서 착점 가능한 경우의 수가 약 200개라고 한다. 한 경기에서 체스의 총 경우의 수는 10의 120승이라고 하지만 바둑의 총 경우의 수는 구글에서는 250의 150승이라 했고, 어떤 이는 10의 360승이라고 했다. 아직 누구도 한 판 바둑의 총 경우의 수를 모른다는 뜻이다. 이는 1997년 딥블루가 카스파로프를 이겼을 때의 비결, 즉 빠른 단순 반복 계산이 바둑에서는 통하지 않는다는 것을 말한다. 알파고(AlphaGo) 이전에도 여러 바둑 인공지능 프로그램이 등장하여 인간과 대결했지만 그때마다 인간을 넘어서지는 못했다. 인공지능이 아무리 빨리 경우의 수를 계산하더라도 제한된 시간 안에 무한에서 최적의 수를 산정한다는 것은 불가능했기 때문이다. 이렇듯 체스와 비교할 수 없는 복잡한 바둑으로 인해 인간의 자존심은 건재했다. 인공지능이 발전했을지라도 아직은, 아니 당분간은, 어쩌면 더 오랫동안 바둑에서만큼은 기계가 인간을 넘어서지 못할 것이라는 믿음과 희망이 남아 있었다. 이것이 그때까지만 하더라도 바둑을 좀 아는 절대 다수 사람의 생각이었다. 이세돌 9단도 자신이 5대 0으로 혹은 4대 1로 이길 것으로 자신했고, 필자도 같은 생각을 했다.

필자에게는 특히 인간의 승리는 확고했다. 비록 바둑 고수는 아니지만 바둑을 즐길 줄 아는 정도의 실력을 가지고 있었기에 바둑의 무한한 가능의 수는 계산할 수 없으리라 믿었다. 그리고 인공지능 바둑 프로그램이 도전한 인간 바둑기사가 이세돌 9단이 아닌가. 한국인으로서 무척이나 뿌듯했고 흐뭇했다. 다른 누가 아니라 한국인이 인류를 대표하여 인공지능을 무너뜨리고 인간 지능의 자존심을 지켜 줄 것이며, 그 역사적 장소가 대한민국 서울이라는 것에 얼마나 기뻐했는지 모른다. 또한 민족적 자존심도 조금 있었다. 알파고에서 '고(go)'는 한자의 바둑 '기(碁)'를 일본 발음 '고'로 읽고 표기한 것으로 바둑이란 뜻이다. 종주국 중국에서는 바둑이 '위기(圍

棋)', 중국 발음으로 '웨이치'다. 그러니 알파고란 이름에서 서양인들은 바둑을 일본으로부터 배우고 수입했다는 의미도 은연중 깔려 있다. 국뽕 같은 속 좁은 마음에 한국인 이세돌의 승리는 일본류 바둑 알파고(碁)를 이기는 것이기도 했다.

그러나 2016년 이 기대는 여지없이 무너졌다. 총 다섯 번 펼쳐진 바둑 대결에서 이세돌 9단은 구글 딥마인드(Google DeepMind)사가 개발한 인공지능 바둑 프로그램 알파고에게 단 한 번 이기고 네 번을 졌다. 1승 4패, 인간은 간신히 딱 한 번을 승리했다. 알파고는 이세돌 9단을 상대로 이긴 네 번의 대국 모두 불계승을 거두었다. 승패가 이미 확정적이어서 끝까지 두어 봐도 결과를 뒤집을 가능성이 없을 때, 대국 중간에 패배를 인정하고 대국을 종료하는 것이 불계패 또는 불계승이다. 불계는 不計, 즉 계산을 하지 않는다는 뜻, 하여 불계승은 대국 종료 전이라도 서로의 집을 계산할 필요 없이 이겼음을 말한다. 그러니까 불계승은 일종의 항복 선언을 받는 것이다. 격투기에서 나오는 KO승과 다르지 않다. 알파고가 네 번의 승리 모두를 불계승으로 받아 냈으니 얼마나 바둑을 잘 두었는지는 말할 필요도 없다. 첫 번째 대국에서 이세돌 9단이 졌지만, 이 첫 판의 패인은 세계가 과도하게 주목하기 때문에 발생한 인간의 정서적 혹은 감정적 부담감 때문이라고 애써 자위했다. 정서와 감정은 인간의 장점이기도 하지만 단점으로도 작용하는데, 지금의 경우가 그것이라고 믿었다. 그래서 다음 대국에서는 꼭 이길 것이라고 필자는 마음속으로 주문을 걸었더랬다. 두 번째 대국에서도 이세돌 9단이 불계패할 때 가슴이 까맣게 타들어 갔다. '어쩌면 그럴 상황이 올지도 모르겠다'는 인간 지능의 날개 없는 추락을 무력하게 지켜봐야 했고, 혹시나 하는 기대는 세 번째 대국에서 패할 때 산산조각이 났다. 대결이 펼쳐지는 모든 날, 수업이 끝나면 얼른 연구실에 돌아와 인터넷으로 그 바둑 대결을 숨죽이며 지켜보던 일이 지금도 떠오른다. 상처받은 인간 지능에 대한 자존심은 회복하지 못한 채.

그 세기의 대결 이후에도 알파고는 다른 모든 프로 바둑기사와의 경기에서 단 한 번도 패하지 않았고, 더 이상 바둑 두는 것이 의미가 없다는 듯 바둑에서 은퇴해 버렸다. 그 후로 각국에서 개발한 알파고 아닌 다른 인공지능 프로그램이 인간과의 경기를 벌이고 있으며 바둑계에 새로운 바람을 일으키고 있다. 인간이 오히려 인공지능 바둑 프로그램에게 배우는 것이다. 인공지능이라면 이 경우에 어느 수를 둘 것인가를 생각해 보고, 인공지능을 따라 한다. 이로써 인공지능에게 배우는 시대가 되었다.

2016년은 인간의 두뇌가 혹은 인간의 지능이 인공지능에게 패한 세기의 해로 기록될 것이다. 그런데 어쩌면 역설적이게도 그 반대일지도 모르겠다. 인간이 가공할 능력의 인공지능과의 대결에서 승리한 기념비적인 해로서 말이다. 그래서 이세돌이 한 번 이긴 것도 대단한 것이라고들 추켜세운다. 알파고를 상대로 해서 이세돌 9단이 거둔 단 한 번의 승리가 인간의 유일한 승리였기 때문이다. 인공지능과의 대결에서 단 한 번의 승리는 불가능에서 기적을 만들어 낸 인간 승리라고 할 수 있다. 누군가는 이렇게 조롱이나 비판을 할지도 모른다. '그렇게라도 위안을 삼고 싶냐?' 응답은 양가감정이다. 어쩌면 인간의 자존심을 지킨 가장 위대한 인간의 승리라는 기쁨일 수도 있고, 어쩌면 인간이 인공지능에게 승리한 마지막 승리라는 안타까움일 수도 있겠다.

인공지능과 데이터

어째서 처음에 인간이 알파고를 능가한다고 생각했을까? 착점의 수가 무한에 가까운 바둑에서 컴퓨터나 인공지능의 빠른 경우의 수 계산은 인간이 결정하는 직관적이며 때로는 창의적인 수를 따라올 수 없을 것으로 보았기 때문이다. 이전의 인공지능 프로그램과는 달리 알파고의 승리 비결은 무엇일까? 체스를 둔 슈퍼컴퓨터 딥블루는 모든 수의 진행 결과를 계산하여 착점했지만, 바둑을 둔 인공지능 알파고는 이런 방식으로 착점하지 않았다. 바둑은 모든 수의 진행 결과를 계산하여 대국할 수 없다. 모든 계산을 하기에는 시간이 부족하고 바둑은 엄격히 시간 제한을 두는 두뇌 스포츠이기 때문이다. 경우의 수 계산이 아니라면 무엇이었을까? 모든 경우의 수를 계산하는 대신에 알파고는 착점할 지점에 대한 탐색의 폭을 줄여 착점 후보 지점을 여러 개 찾아내고 그 후보 지점 각각의 가치를 계산하여 최적의 수를 결정했다. 이것이 이른바 착점에 대한 탐색의 폭을 줄이는 정책 네트워크(policy network)이고, 각 후보 지점의 승산 판단의 가치 네트워크(value network)라는 몬테카를로 트리 탐색(Monte Carlo Tree Search: MCTS)의 알고리즘이다. 이런 알고리즘을 통해 알파고는 딥블루처럼 단순히 계산하여 최적의 수를 찾는 것이 아니라 확률적으로 최적의 수를 예측했다. 여기에 구글이 오랫동안 수집한 방대한 바둑 데이터베이스를 활용하여 알파고의 신경망을 훈련시켜 최적의 수를 찾는 예측확률을 향상시켰다.

알파고의 이런 알고리즘은 인간 프로 기사가 하는 방식과 별반 다르지 않다. 인간 기사는 자신이 펼치는 많은 대국과 기존의 기보를 통해 반복되어 나타나는 특정 상황의 패턴을 잘 알고 있다. 대국 초반에 많이 발생하는 특정 패턴을 정석(定石)이라고 하는데, 체계적으로 매우 잘 정리되어 있다. 대국 초반의 정석을 마치면 중반이 시작되는데, 중반도 초반보다는 복잡하지만 구별할 수 있는 여러 가지 패턴이 존재한다. 대국 종반은 중요한 수를 다 두었기 때문에 발생하는 패턴의 수가 줄어든다. 저장된 수많은 바둑 기보는 초 · 중 · 종반의 각종 패턴과 패턴의 다음 수에 대한 결과를 보여 준다. 다음 수가 무엇일지를 미리 알려 주는 스포일러 역할을 하는 것이다. 따라서 인간 기사도 정석과 패턴을 알고 있으므로 다음 착점에 대한 탐색의 폭을 줄일 수 있고, 패턴에 따른 착점 후보 지점의 가치를 계산할 수 있다. 이로써 인간의 알고리즘과 알파고의 알고리즘이 유사함을 알 수 있다.

또한 일류 인간 프로 기사는 모든 정석을 거의 완벽하게 외우고 있고, 수많은 기보를 갖고 학습했으며, 타 프로 기사와의 실전 대국을 통하여 후속 진행 수들의 변화를 끊임없이 탐구한다. 상대방의 착점 위치를 보면서 상대방의 의도를 파악하며, 그 의도대로 따르지 않거나 의외의 수를 둔다. 인간이 정석과 기보를 통해 학습한 것처럼 알파고도 인간 기사의 정석과 기보를 입력한 후 지도학습(supervised learning)과 강화학습(reinforcement learning)을 통해 MCTS 알고리즘을 학습시켰다. 이것은 인간 기사처럼 기보를 보면서 패턴을 습득하여 착수 전략을 학습하는 것이며, 자기와 셀프 대결을 통해 승리 선택의 수를 강화하는 것이다. 결과적으로 MCTS의 정책 네트워크와 가치 네트워크를 개선할 수 있었다. 이런 MCTS 알고리즘이 바둑에서 인간의 알고리즘에 승리하면서 인공지능의 딥러닝(deep learning) 기술을 유감없이 보여 주었다. 유발 하라리(Yuval Noah Harari)가 그의 책『호모데우스: 미래의 역사(Homo Deus)』에서 언급한 것처럼 호모 사피엔스는 이제 한물간 알고리즘일까?

이세돌과 알파고가 바둑 대결을 벌일 때 사람들의 관심은 인공지능 컴퓨터에만 있었다. 데이터에 주목한 사람은 거의 없었다. 만일 역사적으로 두어 왔던 바둑 기보에 대한 방대한 데이터가 없었다면 어떠했을까? 데이터 없이도 알파고가 사용했다던 알고리즘이 잘 작동했을까? 절대 그럴 수 없다. 지능이란 것이 있다면 그것을 지능으로 드러내 줄 원천이나 자원 혹은 재료가 필요하다. 무언가 축적되고 나서야 그것을 토대로 새로운 어떤 것이 출현하는 것이다. 인간은 누적된 세대를 거치면서 생존에 관련된 수많은 다양한 경험을 축적하여 왔는데, 이때 축적되는 각각의 경험은 다양하고 많은 데이터로 이루어져 있다. 따라서 감각으로 수용되는 수많은 정보의 데이터를 처리해야만 했다. 이런 데이터 처리를 통해서 생존에 필요한 정보와 지식을 도출하고, 지능이라고 불릴 막강한 능력을 소유하게 되었다. 그러니까 지능으로 드러내 줄 원천, 자원, 재료가 바로 데이터인 것이다. 데이터가 지능을 낳았다. 이건 인공지능에게도 그대로 해당된다. 아니 훨씬 더 데이터에 종속된다. 인공지능 컴퓨터가 골프공을 인식하기 위해 얼마나 많은 데이터를 수집하고 비교해야 하는지를 생각해 보라.

둘 중 또 하나의 이유

한 주제를 다룬 책이 출판되어 나오게 되는 또 하나의 이유는 저자의 동기다. 이건 개인적 요청이고 바람이다. 주제에 대한 문제의식에서 비롯된 하고픈 이야기가 있다는 뜻이다. 축적한 연구의 구체적 결과와 발견 내용일 수도 있고, 혹은 연구 과정에서 획득한 기반 지식일 수도 있다.

이 책은 기반 지식에 훨씬 가깝다. 연구의 결과와 발견이 없는 것은 아니나 연구의 구체적 맥락과 거기서 도출한 내용은 포함하지 않았다. 이유는 둘이다.

첫째는 이 책이 논문이나 연구보고서와 같은 딱딱하고 건조한 글이 되는 것을 바라지 않기 때문이다. 이것의 전형적인 모습이 대학 교재인데, 이러면 데이터 사이언스를 알고 있거나 이미 입문한 사람만이 독자가 되어 결과적으로 독자를 한정시킨다. 이를 막고자 경험담, 신문 기사, 이야기 등을 다수 수록하고, 사용되는 용어나 개념을 풀어 설명하려 노력했다. 필자의 바람은 데이터 사이언스에 대한 이해의 문턱을 낮추어 독자의 폭을 넓히는 것이다. 그렇다고 해서 주요 내용을 누락시키거나 소홀히 다루지는 않았다. 외려 핵심 내용인 데이터 사이언스 프로젝트 프로세스를 소상히 기술하여 데이터 사이언스를 이론적으로 이해한 후, 이해한 바를 현장에서 적용하는 데 도움을 주고자 했다. 그러나 딱딱하고 건조한 논문과 연구보고서 작성에 체화된 대학교수로서의 글맵시와 스타일은 어쩔 수 없나 보다. 논리적 설명 본능의 습관이 책 여러 곳에서 발견된다.

연구에서 도출한 구체적 내용을 수록하지 않은 둘째 이유는 아직 연구를 충분히 수행하지 못했기 때문이다. 핵심 주제나 이슈별로 일목요연하게 분류하고 연결하여 장을 완결할 수 있을 만큼의 풍부한 연구 성과가 미흡하다. 20년이 넘도록 주로 양적 통계분석을 수행하며 연구를 지속해 왔지만, 데이터 사이언스에 입각한 관념과 사유를 가지고 연구에 돌입한 시기는, 전술한 개인적 독백에서 밝혔듯이 그리 오래되지 않았다. 연구를 열심히 하다 보면 구체적 연구 성과로 독자를 만나는 날이 올 거라 믿는다.

이 책의 구성

이러한 이유로 이 책은 많은 독자가 데이터 사이언스를 쉽게 이해할 수 있도록 기본에 충실하면서도 필수적인 내용으로 구성되었다. 동시에 이 책은 많은 독자를 대상으로 하는 대중서를 지향하면서도 대다수의 대중서가 안고 있는 단점, 즉 주제의 이론적 내용만을 소개하며 끝내 버리는 단점을 따르지 않았다. 데이터 사이언스의 현장 적용을 시도할 독자를 위해 실제적인 내용을 중요하게 다루었다. 하지만 이 책이 전문 용어의 자세한 서술과 복잡한 수식이 난무하는 전문서처럼 기술된 것은 아니다. 전문서 같은 기술은 독자의 폭을 넓히겠다는 필자의 바람에 반한다. 굳이 내용을 통해 따져 본다면 이 책은 대중서와 전문서 사이 어딘가에 위치할 것이다.

이 책의 구성은 총 3개의 부(部, part), 13개의 장(章, chapter)으로 나누었다. 총 5개의 장으로 이루어진 1부는 데이터 사이언스의 이해를 위한 내용이고, 총 6개의 장으로 이루어진 2부는 데이터 사이언스의 적용 실제를 위한 내용이며, 총 2개의 장으로 이루어진 3부는 데이터 사이언스의 미래를 전망해 보는 내용이다. 칼로 무를 베듯이 정확히 가를 수는 없으나 대체로 1부와 3부는 데이터 사이언스의 기본에 충실하고 필수적인 내용이라면, 2부는 현장 적용을 위한 프로젝트 프로세스를 다룬 내용이다.

따라서 이 책을 통해 독자는 데이터 사이언스가 무엇인지를 이해하고, 실제에 어떻게 적용할 것인지에 대한 감(感)과 촉(觸)을 얻게 될 것이다. 배경지식, 기초와 토대, 밑그림을 얻게 될 것이라고 달리 표현할 수 있겠다. 그것도 다른 사람에게 절대 꿀리지 않을 만큼. 기초가 튼튼해야 높이 쌓을 수 있다.

하나 더 말하자면, 책의 내용은 데이터 사이언스 분야의 인재를 육성하기 위한 교육내용과 교육과정 결정에 참고할 만한 자료다. 다만, 교육학의 촘촘한 그물로 엮어 낸 것이 아니라서 군데군데 빈틈이 보인다. 교육학의 시각에서 인재 양성을 목적으로 하는 논문이나 책이 필요할지 모르겠다.

책의 제목을『데이터 사이언스 가이드: 이해와 실제와 전망』으로 정했다. 영어 표현 때문에 고민을 많이 했다. 데이터는 '자료', 사이언스는 '과학', 가이드는 '안내' 또는 '길잡이'라는 우리말이 있기 때문이다. 그래서 쓰고 읽어 보았다. 자료과학 안내, 자료과학 길잡이. 어감도 그렇고 단어에서 풍기는 청각 이미지도 요즘 시쳇말로 허접한 느낌을 지울 수 없었다. 3장에도 기술했지만, 우리말 자료는 영어 데이터의 의미를 모두 포괄하지 못한다. 그래서 바꾸었다. 데이터 과학. 자료과학보다 좋아졌다. 시중의 여러 책이 데이터 과학이라는 표현을 많이들 하고 있다. 그러나 동시에 데이터 과학이라는 표현 외에도 데이터 사이언스라는 단어를 쓰는 경우도 많았다. 데이터 과학? 데이터 사이언스? 어느 것으로 정할까? 비교적 신생 분야라는 것에 착안하여 데이터 사이언스를 더 선호했다. 데이터 사이언스를 더 선호한 분명한 이유는 5장에서 언급한 것처럼 이 분야에서 실제를 담당하는 전문가를 데이터 사이언티스트라고 부르기 때문이다. 이를 데이터 과학자라고 하면 논문 집필의 학자(scholar), 연구자(researcher)의 이미지가 강하기 때문에 맞지 않다. 이런 이유 때문에 5장에서 어감상의 불편을 감수하고서라도 데이터 과학자가 아닌 데이터 사이언티스트로 표현했는데, 책 제목을 데이터 과학이라고 할 수는 없었다. 책 제목은 데이터 과학인데 본문에서 전문가는 데이터 과학자가 아닌 데이터 사이언티스트라고 하기에는 일관성이 없어 보였기 때문이다.

한편, 데이터 사이언스 뒤에 붙는 안내(案內), 길잡이는 도저히 마음에 내키지 않았다. 그래서 안내하는 책이라는 뜻의 안내서(案內書)도 넣어 봤고, 영어 표현인 가이드(guide)도 써 봤다. 이로써 2개의 조합이 완성되었다. 데이터 사이언스 안내서와 데이터 사이언스 가이드다. 여기서는 단순하게 생각하기로 했다. 단어 모두가 영어라는 일관성을 유지하기로 한 것이다. 끝으로 부제를 넣을까 말까 하는 또 한 번의 고민 끝에 우리말 부제를 넣기로 했다. 이 책의 범위와 내용을 몇 개의 단어로 간략히 요약할 수 있다고 생각해서다. 3부로 이루어진 각 부의 이름인 이해, 실제, 전망을 넣은 이유다. 그래서 마침내 탄생한 책 제목,『데이터 사이언스 가이드: 이해와 실제와 전망』이다.

서문의 시작에서 언급한 것처럼, 데이터 사이언스는 이제 시대적 요청이다. 여러 저자의 다양한 관점에서 많은 종류의 책이 시중에 출간되고 있음이 그 증거다. 그런데 다루어지는 내용의 폭이 매우 넓어서 서로를 비교하기가 민망할 때가 많다. 하지만 각각의 책이 완전히 다른 데이터 사이언스를 말하는 것은 아니다. 어느 것 하나 데이터 사이언스가 아닌 것이 없다. 단지 데이터 사이언스를 바라보는 저자들의 위치와 관점 및 강조점이 다를 뿐이다. 비유하면, 모두 같은 산을 등반하고 있는 것이다. 산행의 시간과 방법 및 길의 여정이 다를 뿐이다.

멋지고 좋은 책으로 엮어 주신 학지사에 고마움을 전한다.

2020년 10월

코로나바이러스로 인한 비대면 세상에서

차례

PART III
데이터
사이언스의
전망

PART I
데이터 사이언스의 이해

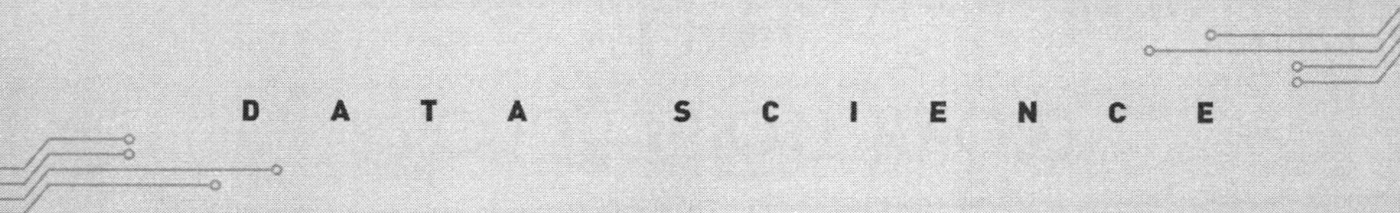
DATA SCIENCE

CHAPTER 01

출항

4차 산업혁명과 데이터 광산

우리가 탄 배는 출렁이는 4차 산업혁명의 ABCD 파도 위에 떠 있다. 언제 잠잠해질지는 가늠할 수 없다. 파도가 더욱 거세지고 있다는 것과 이어서 무슨 일이 일어날지 예측만 할 수 있을 뿐이다. 인공지능(Artificial Intelligence: AI), 블록체인(Blockchain) 기술, 클라우드 컴퓨팅(Cloud Computing) 그리고 빅데이터(Big Data)로 요약되는 되는 4차 산업혁명의 ABCD 파도가 밀려오고 있는 중이다. 다보스(Davos) 포럼으로 더 잘 알려진 세계경제포럼(World Economic Forum)은 이로 인해 나타날 변화와 충격을 예고한 바 있다.[1)] 좁게는 개인의 일상생활에서부터 넓게는 경제, 사회, 정부, 문화, 국가안보 등까지 전 세계의 생태계 전반에 걸쳐 나타날 것이라고 말이다. 따라서 우리가 탄 배는 4차 산업혁명의 ABCD의 격랑에 심하게 요동칠 것이다. 우리는 배와 함께할 운명이니 준비가 미흡하면 배는 뒤집혀 가라앉거나 거친 망망대해에서 구조의 순간만을 고대하는 신세로 전락할 것이다. 인류 문명도 이 파도의 영향권 안에 들어 있다고 하니 앞으로 발생할 변화는 단순한 변화가 아니라 가히 변화의 혁명, 즉 변혁이다.

4차 산업혁명은 '디지털과 바이오 산업, 물리학 등의 경계를 융합하는 기술혁명'으로 불린다.[2] 학문과 산업 기술들이 뭉쳐지는 혁명이라는 것이다. 또한 '디지털, 물리적 · 생물학적 영역의 경계가 없어지면서 기술이 융합되는, 인류가 한 번도 경험하지 못한 새로운 시대'라고도 한다.[3] 학문적 경계가 사라져 상이한 영역의 기술이 융합되는 미증유의 시대라는 것이다. 그리고 '인공지능에 의해 자동화와 연결성이 극대화'되는 시대다.[4] 곧 주변의 정보들이 데이터로 저장되고 네트워크로 연결되면서 물리적 세계와 사이버 세계가 결합되는 시대, 즉 실제 세계와 가상 세계가 데이터와 네트워크로 연결된 세상이라는 것이다. 허면, 4차 산업혁명이라는 파도에 올라타 있는 우리는 '역사상 한 번도 겪어 보지 못한 융합 기술 혁명의 시대 속 네트워크로 연결된 세상'에서 살아갈 운명이다.

ABCD 모두가 쓰나미처럼 우리 삶의 많은 영역에서 변혁을 가져오겠지만, 4차 산업혁명의 당당히 한 축을 차지하고 있는 D, 즉 빅데이터 측면을 생각해 보자. 데이터야말로 이 책의 관심사다. 곧 다가올 미래는 데이터와 정보의 총량이 무한대로 늘어나는 사회다. 따라서 한 사회에서 개인이 가진 지식 자체는 중요하지 않으며, 지식의 업그레이드 시간이 단축되어 기억에 의존하는 지식은 유효하지 않다.[5] 다보스 포럼이 예견한 데이터의 총량이 무한대인 세상은 빅데이터 세상의 한 단면이다. 빅데이터 세상은 데이터와 정보가 지속적으로 축적되어 마치 거대한 데이터 광산(data mine)을 이루는 세상이며, 금광에서 값비싼 금을 캐내듯이 데이터 광산에서 유용한 가치를 캐내는 세상이다. 이 세상에서는 데이터 광산이 가치 창출의 근원이 된다.

구글(Google), 애플(Apple), 페이스북(Facebook), 네이버(NAVER), 삼성(Samsung), 카카오(Kakao) 등 여러 거대 기업이 무차별적으로 소비자와 사용자의 다양한 정보를 수집하고 이를 분석해서 경영에 활용해 온 것은 익히 잘 알려진 이야기다. 허가 없이 개인 정보를 활용해도 되느냐, 혹은 개인 정보를 노출한 것이냐 하는 사회적 이슈와 문제가 제기되기도 한다. 그러나 어느 기업, 어느 상점이 사용자나 소비자의 행태 정보, 구매 정보를 수집하지 않을까? 소비자의 행태나 구매 이력을 알면 더 많이 판매할 수 있고 더 높은 수익을 얻을 수 있는데, 사업하는 사람의 입장에서 이 가치를 포기할 수 있겠는가? 사실상 판매 상품의 종류에 상관없이 모든 기업, 모든 상점이 사용자나 소비자의 다양한 정보를 수집하고 있다. 차이가 있다면, 기업에 따라 수집하는 데이터의 규모와 양에서일 것이다. 이를 토대로 소비자가 관심 있어 하는 광고 메시지를 보내고, 전단지를 뿌리며, 새로운 상품이나 서비스를 개발한다. 보유한 데이터를 분석하는 일은 경영 전략 수립의 기본이다.

국가나 공공기관도 자국민이나 구성원의 데이터 수집과 분석에 열을 낸다. 태어나 출생신고를 할 때부터 부여되는 주민등록번호가 국가가 수집, 저장, 관리하는 대표적인 데이터다. 의료와 질병에 관해서는 건강보험 데이터베이스에 기록한다. 법무부와 경찰은 치안 유지, 범죄 예방, 범법자 검거 등을 이유로 범죄 데이터베이스를, 국방부와 병무청은 군인 징집, 배치, 전역 등의 병역 행정을 위해 병무 데이터베이스를 운영한다. 이뿐이 아니다. 시도 교육청, 학교, 도서관 등 우리 주변의 모든 공공기관이 구성원들의 정보를 데이터베이스에 저장한다. 이를 토대로 일정 연령이 되면 취학 통지서를 보내고, 군 입대 신체검사 통지서를 발송하고, 각종 세금 고지서를 발부하고, 도서 반납 및 연체에 관한 통지를 전달한다. 데이터 보유가 미비하면 국가나 기관의 정책이 제대로 수립되고 집행될 리 없다.

데이터 광산은 정보통신기술이라고 번역되는 이른바 ICT (Information & Communication Technology)의 발전에 의해 더욱 많이 그리고 더욱 빨리 생성된다. 특히 누구나 스마트폰을 들고 다니는 모바일 시대가 도래하면서 스마트폰에 내장된 각종 센서가 사용자의 다양한 상황 정보를 양산하고 이를 저장하고 있다. 위치와 이동을 보여 주는 GPS 센서, 속도를 나타내는 가속 센서, 하루에 걷는 걸음 수나 먹은 음식이나 음료의 양과 맥박이나 스트레스 수치 등의 건강 측정 센서 등이 그 예다.[6] 또한 사람들은 스마트폰에 내장된 카메라를 이용하여 도심의 길거리에서, 휴양지나 관광지에서, 건물의 안과 밖에서, 다시 말해 사람들은 언제 어디서나 사진을 찍어 대고 이를 각종 사회연결망서비스(Social Network Service: SNS)에 올린다. 이걸 보고 사람들은 '좋아요' '싫어요' '별풍선' '댓글' '답글' 등을 달면서 각종 감정과 반응의 데이터도 만들어 낸다. 구글, 애플, 삼성의 스마트폰과 같은 모바일 테크놀로지는 사람들의 이런 모습을 일거수일투족 저장하여 관리한다. 이 모든 데이터가 모이고

[그림 1-1] 데이터 광산[7)]

모여 금광이나 철광처럼 그 속에서 무언가 가치 있는 것을 캐낼 수 있는 데이터 광산을 이룬다. 게다가 현대는 개인의 모든 것이 데이터로 기록될 수 있는 기술이 마련되어 있고, 그 기술은 지속해서 발전하는 추세다. 저장 용량의 문제는 더 이상 걸림돌이 아니다. 데이터 광산은 이렇게 무수히 만들어지고 더욱 거대해지고 있다.

실제 금광이나 철광과 확실하게 다른 점은 데이터 광산은 고갈되지 않는다는 점이다. 계속해서 만들어지고 커지니 고갈될 이유가 없다. 더욱이 금광에서는 금이, 철광에서는 철이라는 고정되고 알려진 가치만을 캘 수 있는 반면에 데이터 광산에서는 캘 수 있는 가치가 무엇인지 정확히 알 수 없다. 고정되고 알려진 가치가 없을 뿐더러 무엇을 캐느냐에 따라 가치의 환산이 달라진다. 따라서 문제는 누가 먼저 데이터 광산을 발견하는 것에 있지 않다. 조금만 관심을 갖는다면 데이터 광산의 발견은 어렵지 않다. 데이터 광산은 곳곳에 있기 때문이다. 핵심은 이 거대하고 수많은 데이터 광산에 숨어 있는 가치를 어떻게 캐낼 것인가다. 채굴 기술(mining technology)이 핵심인 것이다. 데이터 사이언스(data science)는 이러한 채굴 기술을 포함하여 과학적이고 체계화된 여러 분석방법을 수행함으로써 가치를 생산해 낸다.

지금까지 빅데이터와 데이터 사이언스 분야는 미국의 실리콘 밸리가 주도해 왔지만 앞으로는 거대한 인구 규모에서 나오는 대규모의 맨파워로 무장한 중국이나 인도가 이끌 것이라는 전망도 나온다.[8] 우리나라도 국가 간의 데이터 경쟁에서 뒤처지지 않도록 또는 앞서 나가기 위해 노력하고 있다. 이를 위해 몇 해 동안 국회에 계류되어 있던 데이터 3법이 최근 국회에서 통과되었다(12장 참조).

타산지석(他山之石), 싸이월드 이야기

2019년 10월 한 뉴스가 떴다. 폐쇄 수순을 밟아 가는 것 아니냐는 우려를 받았던 싸이월드(Cyworld)에 대한 기사다. 홈페이지 접속이 되지 않고, 도메인 주소(cyworld.com)가 조만간 만료되어 모든 자료가 사라질지 모른다는 내용이다. 다행히 일주일도 되지 않아 도메인 주소를 1년 더 연장하고 서비스를 지속하겠다고 과학기술정보통신부에 전달했다는 소식이 올라왔다.[9] 도메인 주소가 만료되면 싸이월드 이용자는 그간의 데이터를 모두 잃을 처지에 있었기 때문에 이 뉴스를 보고 누군가는 벼랑에서 극적으로 살아난 것으로 생각할지도 모르겠다. 적어도 1년 동안 이용자는 자신의 데이터를 백업할 시간을 벌었으니까. 그런데 2020년 6월 싸이월드 이용자들의 정상적 로그인이 불가한 상태라며 약속과 달리 아직 1년이 되지 않았음에도 싸이월드가 폐업했다는 뉴스로 신문과 인터넷에서 난리가 났었다. 이에 전제완 싸이월드 대표가 나서서 인터뷰를 했다. "아직 폐업 아니다. 싸이월드를 살리기 위해 사력을 다하고 있다. …… 폐업한 게 아니고, 경영난으로 세금을 미납해 세무서에서 직권 폐업한 것이라며 아직 포기하지 않았다."라고.[10] 그러나 전제완 대표가 6월 19일 한 달 안으로 투자자를 찾지 못할 경우 자진 폐업과 백업을 공지하겠다는 또 다른 인터뷰 내용이 전해지면서 실낱같았던 회생의 희망은 사라질 것으로 보인다. 다만, 데이터를 모두 백업할 시간으로 한 달의 여유만 벌었을 뿐이다.[11]

사실을 정확히 말하면, 싸이월드가 침체되어 있는 동안 페이스북, 트위터(Twitter), 유튜브(YouTube), 인스타그램(Instagram) 등의 유사한 서비스와 경쟁할 수 있는 여건도 되지 않고, 심쿵하고 쌈박한 서비스가 개시된 것도 아니며, 이용자가 증가하고 있는 것도 아니었다. 단지 심폐소생술로 삶을 연명하는 수준이었다. 필자가 아는 누구도 이제 싸이월드를 하지 않는다. '과거에 그런 것이 있었다.'더라 혹은 '그런 것이 있었냐?' 하는 정도의 향수와 추억을 불러일으킬 뿐이었다. 시한부 운명이었다.

싸이월드는 1999년 벤처 창업의 한 형태로 등장한 인터넷 커뮤니티다. 나무위키는 초창기 싸이월드를 별다른 인기를 얻지 못했던 '듣보잡' 커뮤니티 사이트라 칭한다. 네이버(NAVER), 다음(Daum), 야후(Yahoo)처럼 포털 서비스 기능을 갖고 있지만, 그것보다 외려 인맥 구축이라는 특화된 기능과 어딘가에 스스로를 표현

[그림 1-2] 싸이월드[12)]

하고픈 인간의 욕망을 실현시켜 준 미니홈피로 한때 '듣보잡'에서 국민적 사랑을 한 몸에 받은 당시 인터넷 세계의 슈퍼스타였다. 세계 최초로 전 세계적으로 성공할 수 있었던 SNS였는지 모른다. 싸이월드가 대중의 관심을 받아 한창 주가를 날릴 때, 지금의 싸이월드와 유사한 서비스를 제공하고 있는 페이스북, 트위터, 유튜브, 인스타그램은 태어나지 않았거나, 방금 눈을 떴거나, 걸음마를 시작하는 중이었다.

어찌하여 이 지경이 되었을까? 그 이유가 무엇일까? 안타까운 심정에 가슴 한켠이 쓰리고 짠하다. 이에 대해 한국데이터베이스진흥원은 '데이터 분석 기반 경영 문화의 부재'라고 딱 잘라 진단한다. "데이터 분석에 기초해 전략적 통찰을 얻고, 효과적인 의사결정을 내리고, 구체적인 성과를 만들어 내는 체계가 없었기 때문"이라는 것이다.[13)] 한 줄로 요약하면, 이 책이 말하고 있는 데이터 사이언스를 적용하지 못했기 때문이다. 한국데이터베이스진흥원의 진단을 계속 따라가 보자. 당시 싸이월드는 데이터 분석의 인프라를 갖추었으며, 웹 로그 분석과 같은 1차적인 분석도 하고 있었다. 하지만 회원들이 싸이월드에서 원하는 사회연결망 기능을 간파하지 못하고 이들의 활동 특성에 대한 분석의 틀조차 갖고 있지 못했다. 회원들의 불만족, 추구하는 핵심 고객가치를 감지하지 못했다는 것이다. 진단에 따르면, 싸이월드 의사결정자 누구도 이 상황의 심각성을 알지 못했다. 싸이월드는 오랜 경험에서 비롯된 직관에 기댄 의사결정을 하고 있었다는 뜻이다. 다시 말해, 싸이월드는 데이터를 근거로 하는 합리적 의사결정 체제, 즉 데이터 분석 기반의 경영 문화가 부재했다. 결국, 싸이월드의 끝은 누구나 알고 있듯이 IT 기업, 소셜 네트워크 기업의 흑역사가 되었다.

일류 기업은 영업과 마케팅 같은 경영과 운영에 직접적으로 영향을 미치는 부서에서 산출되는 데이터를 효율적이고 합리적으로 관리하고 이에 따라 해법을 모색한다. 데이터 중심의 기업 문화가 정착된 것이다.[14] 지금 4차 산업혁명의 선두를 이끌고 있는, 구태여 이름을 들먹일 필요가 없는, 우리의 귀에도 익숙한 기업들의 모습이다. 우리나라의 기업이 성공하려면 싸이월드의 사례를 타산지석으로 삼아 교훈을 구해야 하며, 일류 기업의 태도와 문화를 본받고 학습해야 한다. 일류는 같은 실수를 되풀이하지 않는다. 실수는 한 번으로 족하다. 같은 실수를 반복하는 것은 더 이상 실수가 아니라 그것밖에 못하는 못난 실력이다. 싸이월드가 우리나라 기업임을 생각해 보면, 이 절의 제목인 '타산지석'은 맞지 않을지도 모른다. 타산(他山), 즉 남의 산이 아니라 자산(自山), 즉 우리의 산이기 때문이다. 그렇다면 '자산지석'이라도 삼을 일이다.

구글의 야심

빅데이터와 데이터 사이언스와 관련해서 마치 전설이 되어 가고 있는 이야기가 있다. 전설이라고 말하기에는 역사가 아직 그리 오래되지는 않았다. 빅데이터 분석을 말할 때 빠지지 않고 언급되는 사례, 이른바 구글의 독감 트렌드 예측 서비스 이야기다. 2008년부터 선보인 이 서비스는 구글의 자사 검색 데이터에 기반을 두었다. 독감이 유행하면 독감 관련 주제를 검색하는 사람들의 수가 급격히 늘어나리라는 것에 착안했다. 사실 간단한 이치다. 사회적 영향력이 막중한 어떤 일이 발생하면 사람들은 그것에 깊은 관심을 갖게 마련이며, 당연히 그것에 대해 정보를 구하려고 한다. 검색 엔진 앞으로 사람을 끌고 오는 것이 바로 정보를 구하려는 행위다. 따라서 예측의 신뢰성은 논외로 친다고 하더라도 특정한 주제어가 사회 구성원의 여러 계층에서 반복되어 검색되고 있다는 것은 그것이 지금 핫(hot)한 주제라는 점은 분명하다. 예를 들어, 2020년 6월 현재 전 지구를 뜨겁게 달구고 있는 주제는 단연코 코로나바이러스다. 코로나 관련 주제로 검색되는 양도 어마무시하다. 어째서? 세계보건기구(World Health Organization: WHO)에서 전염병의 전 세계 대유행이 발생했을 때 선언하는 팬데믹(pandemic)을 공표하였을 정도로 현재 코로나바이러스가 각국에서 발병하고 있고, 수많은 인명 피해는 물론이고 엄청난 경제적 피해도 유발하고 있기 때문이다. 구글의 독감 트렌드 예측 서비스도 이와 마찬가지 논리다. 그리고 구글은 과거 독감 유행치 통계를 이용하여 한 해의 독감 예상치를 발표한다. 실제로 미국 질병통제본부보다 예측력이 더 높은 경우도 있어서 빅데이터 분석의 대표적 우수 사례로 인정받아 왔다.

이처럼 빅데이터와 데이터 사이언스를 논할 때 구글은 절대 빠질 수 없다. 20세기 말, 검색 엔진 하나를 갖고 혜성같이 나타나 전 세계 인터넷 기업의 최고 강자로 군림하고 있는, 전 세계의 젊은이들이 입사하고 싶다고 꼽은 1, 2위의 인기 있는 글로벌 기업, 21세기 디지털 테크놀로지 시대를 이끌고 있는 미국의 다국적 기업이다. 초창기 구글 사이트는 더 이상 어떻게 더 단순하게 만들 수 있을까 의문이 들 정도로 단순(simple) 그 자체였다. 약간 큼지막하게 Google이란 단어가 보이고 바로 아래 비어 있는 한 줄짜리 공간이 전부였다. 검색어를 타이핑할 빈 공간, 정말로 달랑 그것뿐이었다. 지금도 크게 달라진 것이 없다. 구글이 다국적 기업으로서 현재 여러 사업 모델과 자회사를 거느리고 있지만 구글 사이트는 여전히 검색 엔진으로 승부하고 있다.

마이크로소프트(MicroSoft: MS)의 웹 브라우저(web browser) 인터넷 익스플로러(Internet Explorer)가 회사의 후광을 입어 위세를 떨치기 전, 당시 인기 있는 웹 브라우저는 단연 넷스케이프 내비게이터(Netscape Navigator)였다. 이를 실행하여 구글 사이트에 가면, 이곳에서 할 수 있는 일이란 그 비어 있는 한 줄짜리 공간에 검색할 문자를 타이핑하고 엔터키를 누르는 것뿐이다. 그럼 마법과도 같이 짜잔~ 하고 검색 단어와 관련된 웹 페이지들이 제시된다. 전 세계적으로 얼마나 많은 사람이 구글을 사용하였으면 구글 자체가 '구글로 검색하다.'라는 뜻의 동사로 사전에 등재될까? 이제 구글은 회사 이름의 고유명사이면서 동시에 일반 동사의 뜻을 보유했다. 잠깐 난센스 퀴즈 겸 아재 개그 하나를 날려 본다. 어떤 페이지 혹은 누구의 페이지를 보면 구글 창립의 역사를 알 수 있을까?[15)]

빅데이터와 데이터 분석을 향한 구글의 야심은 예측 서비스에 한정되지 않는다. 구글의 자동번역 시스템은 대규모 데이터를 이용하는 또 하나의 성공 사례다. 더 정교하게 발전하면 굳이 의사소통을 위한 외국어 학습은 전혀 필요 없는 세상이 도래할지 모른다. 한국의 바둑기사 이세돌을 이겼던 인공지능 바둑 프로그램 알파고의 사례도 구글의 성공적 사례 리스트에 올라 있다. 알파고는 수많은 바둑 데이터를 바탕으로 바둑을 학습한 인공지능이지만 단지 바둑만을 위한 프로그램이 아니었다. 인공지능이 인간의 보드게임인 바둑도 둘 수 있다는 것을 보여 준 단편적 예고편일 뿐이다. 본편은 인공지능이 바둑만을 둘 수 있는 것이 아니라 알파고의 후손들이 보여 줄 다른 어떤 것들도 해낼 수 있다는 사실에 있다.[16)] 그것도 인간보다 훨씬 더 잘. 단순히 정확하고 빠른 계산을 넘어서 인간처럼 예측을 하고, 탐색을 하며, 학습을 하는 그리고 언젠가 스스로 생각하는 인공지능이다. 앞으로 인공지능이 어떻게 발전할지 누구도 장담할 수 없는 처지다.

2005년 구글이 발표한 구글 어스(Google Earth)로부터 시작되고 확장된 구글 스카이(Google Sky), 구글 스트리트뷰(Google Street View)도 눈여겨볼 만하다. 손가락으로 마우스 휠을 돌리면 줌 기능이 작동되는데, 우주에 놓인 지구를 바라보다가 점차로 지상 가까이 내려와 마치 하늘을 날고 있는 새들이 바라보는 모습처럼 지구를 공중에서 바라보는 느낌을 준다. 또한 지도를 기반으로 하는 거리와 마을의 실제 모습을 3차원 3D로 볼 수 있어서 마치 그곳에 가 있는 듯한 느낌도 받는다. 이 서비스가 모두 데이터 표현에 가상화 기술을 도입한 결과다. 구글은 관찰된 현상과 사건에 대한 단편적 기록 조각들을 연결하여 전체로 재구성한 하나의 가상현실을 이뤄 낸 것이다.[17)]

구글의 야심에 하나를 더 추가해야 한다. 인간의 문화와 지식을 고스란히 담고 있는 도서관의 책들을 모두 데이터베이스화하려는 프로젝트, 구글 북스(Google Books)다. 문화와 지식 그 전부를 소형 칩으로 소유하고 마우스 클릭만으로 검색하고자 하는, 어쩌면 진정한 의미에서 야심이라 할 만하다. '왜 하필 책일까?' 하는 의문은 우문(愚問)이다. 비록 지금의 젊은이들이 책이 아니라 인터넷에서, SNS에서 지식을 배운다지만 그 인터넷과 SNS에서 나오는 지식의 출처가 바로 책이다. 인류는 문자를 발명한 이래로 문자로 기록할 수 있는 것은 어떤 것이든지 문서와 책의 형태로 남겼다. 책은 인류의 역사 속에서 만들어 낸 다양한 문화를 기록하고, 다양한 주제를 다룬 정보와 지식의 보고인 셈이다. 책이 다양한 문화와 다양한 주제를 다룬 만큼 책이 갖고 있는 정보와 지식의 양도 엄청나다. 그 양에 비례해서 거의 무한일 정도의 새로운 상상력이 펼쳐지는 원천으로서 작동한다. 또한 책은 인류가 탐구의 대상으로서 자신인 인류를 탐구하는 자료, 즉 데이터로 기능한다. 자신의 역사를 파악하기 위해서 책이라는 데이터를 탐구하는 것 외에 다른 어떤 대안이 있을까? 도서관의 책을 모두 데이터베이스화하면 이 탐구가 매우 용이해지며 훨씬 빠르게 작업이 가능하다. 이미 데이터베이스화된 책을 탐구하면서 우리의 역사에 대해 유용한 통찰을 얻기 시작했다. 예컨대, 인류가 언제부터 종교보다 과학을, 차보다 커피를 더 많이 언급하는지, 언제부터 진화가, 이슬람교가, 기후 변화가, 시간여행이 우리의 관심사가 되었는지를 알게 되었다.[18] 이들 각각의 예에는 나름의 이유가 있다. 그 이유를 다양한 제 학문의 영역을 통해 밝혀낸다면 인류는 자신의 역사를 보다 잘 이해할 수 있을 것이다.

그런가 하면 종이책은 시간에 약하고 불에 약해서 영구적이지 못하다. 과거 수많은 책이 시간 앞에서 소실되었고, 고의든 실수든 불에 타 한줌의 재로 사라졌다. 특히 전쟁이나 왕조 교체기의 어지러운 시대에 도서관의 종이책은 쉽게 화마에 휩싸였다. 현존하는 우리나라 최고(最古)의 역사서는 1145년 고려 인종 때 김부식이 쓴 『삼국사기』다. 우리나라의 시작이 기원전 수세기였으며, 고려 이전에도 많은 국가가 존재했고, 비록 전해지지는 않지만 신라 진흥왕 때의 거칠부가 썼다고 하는 역사책 『국사』를 고려해 보면, 1145년의 『삼국사기』는 늦어도 한참이나 늦은 역사서라 하겠다. 역사 속에서 안타깝게 사라진 책들이 어디 이것뿐이랴! 데이터베이스화된 책은 분실, 소실되지 않고 내용을 영구히 보관할 수 있다는 장점이 있다. 편리하게 이용하고 분석할 수 있다는 점은 덤이다.

구글의 야심에 주목해야 하는 이유는 그 바탕이 데이터라는 사실 때문이다. 그리고 데이터가 데이터를 만드는 세상을 한층 가속화시킬 수 있기 때문이다. 야심이 성공할수록 생성되는 데이터는 방대해지고 굉장히 순도가 높은 데이터 광산이 되어 간다. 올바르게 채굴하면 효용성 높은 정보가, 유용한 지식이 될 가능성이 커진다. 구글은 무엇을, 어디까지 바라보고 있을까?

🔒 불가피한 선택

이제 변화와 변혁의 풍랑은 어떻게 해도 피할 수 없다. 우리의 선택은 변혁을 거부하여 속절없이 침몰하거나 변혁에 대처하여 항해를 계속하여 안전한 육지에 도착하는 것뿐이다. 이 변혁의 능동적 대처가 중요한 이유는 역사가 증명한다. 산업혁명을 슬기롭게 극복한 나라들이 인류 역사의 주인공이 된 것이다. 증기 기관을 중심으로 하는 기계혁명의 1차 산업혁명에서 성공한 영국과 서구 유럽이 그러했고, 전기 에너지를 중심으로 하는 대량생산혁명의 2차 산업혁명과 컴퓨터를 중심으로 하는 정보혁명의 3차 산업혁명에서 성공한 미국이 그러했다. 미국은 양대 산업혁명의 성공에 힘입어 구소련과의 냉전 체제 이후 초일류 강대국이 되었고, 세계 질서를 좌우하고 있다. 1차부터 3차까지 산업혁명의 흐름을 탄 미국과 서구 유럽의 나라들은 지금까지도 선진국으로 남아 있는 반면에 산업혁명의 흐름에 낙오된 대부분의 아프리카, 아시아, 남아메리카의 나라는 아직도 선진국 대열에 합류하지 못했다. 이들이 선진국 대열에 끼기에는 갈 길이 멀고 할 일이 산적해 있다. 한 번 낙오되면 뒤따라가는 것조차 힘에 부친다. 어떤 나라들은 따라가는 것을 포기하면서 이렇게 말한다. "그것은 강대국이 만든 세계이며 질서다. 구태여 그걸 따라갈 필요는 없다."고. 이것이 자존심을 지키기 위한 이유인지 아니면 자조 섞인 변명인지는 논증할 필요성을 못 느낀다. 그러기에는 시간이 부족하고 소모할 시간이 아깝다.

4차 산업혁명의 파도는 이제 막 출렁이기 시작했다. 격랑은 점차

더 커질 것이다. 이제 출항을 시작해야 한다. 이미 출항했어야 했는지도 모른다. 누가, 어느 나라가 이 격랑의 끝에서 배를 안전하게 항해하여 역사의 주인공으로 기록될 것인가?

CHAPTER 02

데이터 기반 사회

현대 사회는 끊임없이 생산되고 있는 디지털 데이터를 중심으로 움직인다. 국가와 기업이 국민과 소비자의 여러 정보를 저장한 대규모 데이터베이스는 이 움직임의 핵심 연료다. 정책은 데이터베이스에서 어떤 결과가 도출되었는지에 따라 결정되기 때문이다. 이 움직임은 정보통신기술이 빠르게 발전하면서 가속되고 있으며, 깊이와 폭도 더욱 확대되고 있는 중이다. 디지털 데이터가 기하급수적으로 생산되고 빠르게 데이터베이스에 저장되고 있는 것이다. 이제 이를 저장하고 처리하며 분석하는 일은 매우 중요한 과업이 되었다. 데이터와 데이터의 분석이 필요한 사회인 것이다. 이 책은 디지털 데이터와 이 데이터의 분석이 현대 사회를 이해하고 미래를 예측하는 데 필수 요소가 되어 가고 있다는 것에 동감하면서 현대 사회가 다음과 같은 데이터 기반 사회라고 규정한다.

데이터 흔적 사회

"호랑이는 죽어서 가죽을 남기고 사람은 죽어서 이름을 남긴다." 누구나 한 번은 들어 보았을 유명한 속담이다. 그 뜻을 모르는 사람은 없지 싶다. "사람은 살아 있는 동안에 훌륭한 일을 하여 후세에 명예로운 이름을 남겨야 한다." "살아 있을 때 훌륭한 일을 하면 후세에도 이름이 남는다." 우리가 기억하는 역사상의 많은 위인이 바로 이 속담에 잘 어울린다. 소크라테스, 플라톤, 아리스토텔레스는 고대 그리스의 철학자로서 현재의 서구 철학, 문학, 과학 등의 원류를 이야기할 때 빠짐없이 등장하는 위인이다. 이들과 필적할 만한 동양의 위인으로는 공자, 맹자, 노자 등이 있다. 이 위인들은 동양 철학과 문학, 학문의 원류가 되어 수많은 문서와 작품과 이야기에 스며 있다. 이들에 대한 많은 일화가 전설처럼 회자되어 삶의 교훈을 주고, 삶을 평가하는 바탕이 되기도 하면서 학교에서 교육용으로도 인용되곤 한다. 종교로 눈을 돌리면 크리스트교의 예수, 불교의 석가, 이슬람교의 마호메트 등이 위인으로서 역사에 이름을 남겼다. 이들은 구원과 현생 이후의 삶을 말하면서 정신과 영혼을 강조하며 인간 삶의 의미를 성찰하는 기회를 마련해 주었다. 과학 분야에서는 근대 물리학자인 고전역학의 갈릴레오 갈릴레이(Galileo Galilei), 아이작 뉴턴(Isaac Newton)이 위인으로 이름을 남겼고, 현대 물리학자인 상대성 이론의 알베르트 아인슈타인(Albert Einstein), 양자역학의 닐스 보어(Niels Bohr), 블랙홀 연구의 스티븐 호킹(Stephen William Hawking)이 뒤를 이었다. 생물학으로 오면 인간이 이룩한 거의 모든 분야에서 엄청난 변화를 야기한 진화론의 찰스 다윈(Charles Robert Darwin)을 절대 빼놓을 수 없다. 또한 진화론을 분자적 단위에서 증명한 유전법칙의 그레고어 멘델(Gregor Johann Mendel), DNA의 나선형 구조를 밝힌 제임스 왓슨(James Dewey Watson)과 프란시스 크릭(Francis Crick)도 후세에 명예로운 이름 리스트에 올라 있다. 이 리스트는 길게 계속되어 근대 철학자로서 서로의 길이 달랐던 르네 데카르트(René Descartes)와 바뤼흐 스피노자(Baruch de Spinoza), 정신분석학의 지그문트 프로이트(Sigmund Freud), 기호학의 페르디낭 드 소쉬르(Ferdinand de Saussure)와 찰스 퍼스(Charles Sanders Peirce), 인지심리학의 레프 비고츠키(Lev Semenovich Vygotsky)와 장 피아제(Jean Piaget), 행동주의 심리학의 버러스 스키너(Burrhus Frederick Skinner) 등으로 이어진다.

각 나라마다 혹은 민족마다 역사적으로 이름을 남긴 위인들도 즐비하다. 비유적으로 표현하면 전국구가 아니라 지역구라고나 할까. 우리나라로 치면 성군으로 추앙받는 세종대왕, 나라를 전쟁과 패망에서 구한 이순신과 강감찬, 고구려의 기세를 중국에 떨친 광개토대왕과 을지문덕, 『동의보감』이라는 걸출한 의학서를 편찬한 의료계의 허준, 성리학의 대가 이황, 독립운동가 안중근과 김구 등은 우리 한국인의 기억에 자리 잡은 위인이다. 이들은 학교 교과인 국사(國史) 시간에 등장하여 민족의식을 고취하고 건전한 국가관을 착근하는 데 크게 일조한다.

지금까지 나열한 인물들은 단지 몇 개의 사례일 뿐, 세계사와 각 나라의 민족 역사의 위인 리스트에 쓰여 있는 이름의 행렬은 끝이 보이질 않는다. 역사상 후세에 길이 이름을 남긴 영웅, 위인들은 끝없이 이어지는 것이다. 물론 이름을 남기지 않고 무명으로 사라지는 사람이 이름을 남긴 사람들보다 훨씬 많다는 것은 자명하다. 그들의 이름이 없어서가 아니라 단지 기억할 정도의 크거나 중요한 일과 업적을 남기지 않았기 때문이다.

요즘에는 "호랑이는 죽어서 가죽을 남기고 사람은 죽어서 이름을 남긴다."라는 속담이 "호랑이는 죽어서 가죽을 남기고 사람은 죽어서 흔적을 남긴다."로 바뀌어도 전혀 문제가 될 것이 없는 세상이 되었다. 호랑이는 현대에 와서도 여전히 가죽을 남긴다. 호랑이의 생태적 지위나 역할이 과거와 지금 모두 크게 바뀌지 않았기 때문이다. 오히려 멸종 위기에 몰려 있기에 가죽을 남길 호랑이가 없어질 것이 더 우려스럽다. 그러나 인간에게는 현대 사회가 과거에 비해 많이 바뀌었다. 물론 사람이 훌륭한 일을 하게 되면 역사에 이름을 남겨 기억된다는 점은 여전히 유효하다. 하지만 보통의 평범한 인간도 변화된 현대 사회 때문에 좋든 싫든, 의도했든 그렇지 않든 뭔가 '흔적'을 남기고 간다. 그런데 그 흔적은 그의 이름이 아니라 디지털 데이터다.

다수의 현대인에게 스마트폰은 삶을 영위하는 데 사용되는 필수품이다. 여기서 스마트폰은 정보통신 테크놀로지의 대표적인 한 형태일 뿐, 필수품 목록에는 스마트폰 말고도 사람들의 사무실 책상 위에 틀림없이 위치하고 있을 데스크탑 컴퓨터나 노트북도 있고, 집 거실이나 방에서 사람이 깨어날 때 켜지고 잠이 들 때 꺼지는 라디오, TV도 있다. 매일 이동할 때 타는 버스, 기차 같은 대중교통도 있고, 자동차도 있다. 우리는 항시 이런 테크놀로지에 둘러싸여 이들을 이용하면서 살고 있다. 그런데 다르게 보면 이렇게 우리를 둘러싸고 있는 테크놀로지가 우리의 삶에 많은 영향을 미친다. 관심을 갖고 살펴보면 이 테크놀로지는 우리를 디지털 데이터의 세상으로 끊임없이 초대하고 있거나 끌어 잡아당기고 있음을 발견하게 된다.

특히 인공지능(AI)을 비롯한 유비쿼터스(ubiquitous) 테크놀로지가 추구하는 바가 바로 이 점이다. 우리 주변의 모든 기기나 기구를 인공지능 기반의 유비쿼터스 기술로 접목하면 부지불식(不知不識)간에, 즉 생각하지도 못하고 알지도 못하는 사이에 필요한 데이터와 정보를 제공하겠다 혹은 역으로 데이터와 정보를 가져가겠다는 것이다. 이때의 데이터와 정보는 모두 디지털임은 두말할 나위도 없다. 비록 아직 완벽한 유비쿼터스 기반의 기술이 구현되지는 않았어도 스마트폰을 중심으로 하는 모바일 테크놀로지 세상에서는 이것이 어느 정도 실현되었다. 사용자에게 필요한 데이터와 정보를 제공하고, 정보통신 기업이 원하는 사용자의 데이터와 정보를 가져가고 있는 것이다.

이것이 어떻게 가능한가? 빅데이터의 성격은 3V로 요약된다. 규모(volume), 다양성(variety), 속도(velocity)다. 개인이 인터넷에서 검색을 하다가도, SNS에서 친구의 페이스북과 인스타그램 계정을 보다가도, TV를 시청하다가도, 심지어 버스나 기차를 타고 가다가도 개인의 디지털 데이터는 서버에 전송되고 저장되며 처리를 기다린다. 이런 대규모적(volume)인 데이터가, 다양한(variety) 형태로, 매우 빠른 속도(velocity)로 전송되고 저장되며 처리되는 것이다. 이런 디지털 데이터가 마음에 들지 않는다고 거부하는 것은 이런 기구와 기기를 사용하지 않겠다는 것과 다르지 않다. 이것을 받아들이지 못하겠거든 현대의 삶에서 탈출하여 산이나 무인도로 들어가 전기·전자 테크놀로지 없는 삶을 살아가야 한다. TV 방송국 MBN의 인기 프로그램 〈나는 자연인이다〉에 나오는 산 속이나 무인도에서 전기나 전자제품 없이 사는 사람처럼 말이다.[1)] 디지털 데이터의 송신과 수신이 이러한 전기·전자 테크놀로지의 기본 전제이기 때문이다. 디지털 데이터의 송수신이 없는 테크놀로지는 존재하지 않는다는 뜻이다. 그럼 결국 사람들은 좋든 싫든 빅데이터의 3V라는 거미줄에 걸린 삶을 살아야 한다. 사람들이 조금이라도 움직이면 거미줄이 출렁거리며, 그 출렁임의 시작점으로부터 정보가 흐른다. 이 출렁임은 언제나 디지털 데이터의 흔적을 남긴다. 그리고 이 출렁임의 크기에 따라 더 많은 정보가 흐르고 짙은 흔적을 남긴다. 비유적으로 표현했지만 디지털 데이터 흔적은 이처럼 우리가 평범한 일상 안에서 테크놀로지를 이용할 때 생겨나는 것이다.

게다가 디지털 데이터 흔적은 한 번 남겨지면 잘 사라지지 않는 특징을 가졌다. 디지털 흔적은 복사와 복제가 매우 쉽기 때문이다. 10년 전 혹은 20년 전 어느 개인의 감추고 싶은 흑역사 시기에 우연히 만들어진 디지털 흔적이 오늘날 누군가의 계정에 나타나는 일은 빈번하다. 흑역사를 반영하는 흔적이 아니라도 마찬가지다. 과거에 단지 사진 한 장을 찍어 계정에 올려놓았을 뿐인데 그리고 내 계정에서는 한참 전에 지웠는데도 미래의 어느 사이트에 누군가가 고의든 실수든 올려놓을 가능성이 상당하다. 그 사진이 자랑스럽고 떳떳한 것이라면 얼마나 좋을까? 그러나 현실은 대개 그렇지 않은 편이다. 실제로 과거에 찍어 둔 사진, 동영상이 SNS에 올라가서 실시간 검색 순위에 오르는 경우가 발생하여 피해를 호소하는 사람들이 많이 생기고 있다. 특히 현대 사회에서는 서로 관계가 좋을 때 만들어 놓은 디지털 흔적이 누군가를 협박하는 도구로 사용되거나 누군가의 삶을 파괴하는 흉기로 작용하는 경우가 종종 목격되곤 한다. 그것이 연예인과 같은 유명인일수록 대중의 관심은 폭발적이 된다.

더구나 디지털 흔적은 원본과 똑같이 복제된다. 어느 것이 원본이냐 복제냐 하는 것은 거의 의미가 없다. 구별이 쉽지 않기 때문이다. 시뮬라크르(simulacre)의 세상이다.[2] 게다가 지우고 싶은 디지털 흔적은 이제 누군가의 복제로 인하여 원본과 동일한 형태로 인터넷 사이버 공간 곳곳에 산재해 있다. 때문에 어디에 있는지 모두 아는 것은 불가능에 가깝다. 모두 찾아서 지우기가 어렵게 된 것이다. 이 때문에 최근에 생겨난 직업이 하나 있다. 바로 '디지털 장의사'란 직업이다. 이들이 하는 일은 의뢰인의 요구를 받아 인터넷상에 분산되어 존재하는 디지털 흔적을 찾아 지우는 것이다. 이런 신생 직업이 생겨난 이유가 바로 디지털 흔적의 제거가 결코 쉬운 일이 아님을 증명하고 있는 셈이다. 디지털 세상에서 '잊혀질 권리'는 또 하나의 화두가 되고 있는 것이다.

이런 상황은 더욱 심화될 것으로 예상된다. 그 이유는 우리가 만들어 내는 디지털 흔적이 우리가 인터넷을 검색하다가 만들어 내는 우연한 부산물이 아니라 우리가 매일 사용하는 구글, 페이스북, 카카오 같은 회사의 프로그램에 의해 만들어지는 의도적인 생산물이기 때문이다. 웹 페이지, 페이스북, 블로그(blog), 트위터, 인스타그램 등 여러 SNS에 올리는 것은 단순한 기록과 흔적이 아닌 것이다. 특히 디지털 데이터 기록을 생산하는 ICT에 더 의존하는 삶이 이어질 것이기 때문에 개인이 남기는 데이터의 흔적은 더욱 많아질 것이다.

데이터 네트워크 사회

그리스의 철학자인 아리스토텔레스의 유명한 명언이 하나 있다. 그의 윤리학 식견을 볼 수 있는 책『니코마코스 윤리학』에서 비롯되었다는, "인간은 사회적 동물이다."라는 명언이다. 참고로 니코마코스는 아리스토텔레스의 아들인데, 그가 책을 편집했다. 아리스토텔레스는 이 책에서 행위는 타인과 관계된다는 점을 밝히면서 인간은 관계에서 벗어날 수 없음을 지적한다. 그의 지적은 여전히 현재 진행형이다. 그가 살던 고대의 그리스 시대뿐만 아니라 고대와는 많이 다른 현대에도 그의 지적이 유효하다는 뜻이다. 다시 말해, 현대에서도 타인과의 관계, 즉 사회적 관계는 불변이다. 오늘날은 과거보다 더 중요할지 모른다.

그런데 사회적 관계의 본질은 예나 지금이나 불변이지만 그 모습은 과거와 사뭇 달라졌다. 물론 우리는 과거처럼 사람들과 직접적으로 대면하여 상호작용을 하는 사회적 관계를 갖고 있지만, 동시에 우리는 과거와는 달리 사람들과 직접적으로 대면하지 않는 상호작용 모습을 지닌 사회적 관계를 형성한다. 외려 사람들은 이 비대면 상호작용의 사회적 관계를 더욱 선호하는 듯, 더욱 초점을 두고 있는 듯하다. 면대면으로 상호작용하는 사회적 관계보다 훨씬 더 많은 사회적 관계를 비대면으로 하고 있기 때문일지도 모른다. 이 비대면 사회적 관계를 잘 보여 주고 있는 것이 디지털로 이루어진 네트워크 사회의 모습이다. 요즈음은 코로나바이러스 사태로 인한 사회적 거리두기 때문에 비대면이 그 어느 때보다 화두가 되었다.

네트워크란 연결망이다. 나와 나 이외의 사람이 거미줄처럼 서로 얽혀서 연결된 상태다. 이를 이미지로 표현하면 나와 다른 사람과의 관계를 선(link, edge)으로 이어 놓은 모습으로 보인다([그림 2-1] 참조). 일반적으로 관계의 중심인 '나'를 가운데에 놓고 나의

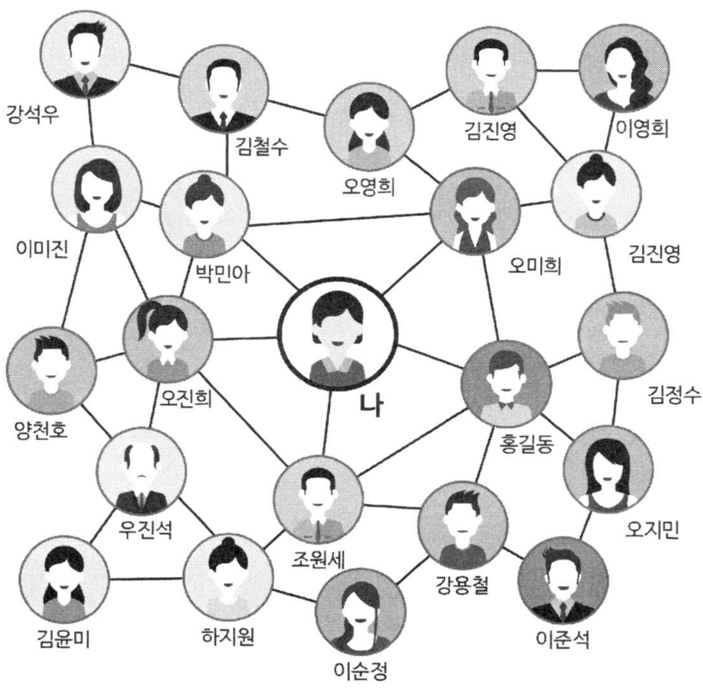

[그림 2-1] 네트워크 연결망

주변으로 다른 사람들이 포진해 있다. 이런 연결망을 통해 나와 나 이외의 관계를 조망해 보면 나와 지인, 지인과 지인, 지인과 타인, 타인과 타인이 거미줄처럼 서로 얽혀 있는 것이 보인다. 거미줄의 복잡함의 정도는 인간관계의 다양성과 비례한다. 평범한 사람들보다는 정치가나 유명 인사들이 더 복잡해지리라는 것은 자명하다.

[그림 2-1]처럼 하나의 연결망으로 통합되어 가는 것, 이는 인터넷 네트워크 세상을 지칭한다. 이 안에서 여러 SNS 활동, 즉 사회적 교호 혹은 상호작용 활동이 활발히 발생한다. 한 번도 만나지 않았던 사람의 계정에 들어가 그의 글과 사진을 보며 '좋아요'를 눌러 그를 기쁘게 하거나, 때로는 칭찬의 댓글을 달거나 비판의 댓글을 달아 그를 즐겁게도 하고 화나거나 슬프게도 한다. 또한 종종 친구 요청을 하기도 한다. 이제 둘은 친구가 되어 서로의 SNS 계정이 밀접히 연결되면서 서로 쉽게 데이터와 정보를 주고받는 사이가 된다. 상대방이 성인이든 청소년이든, 동성이든 이성이든 크게 중요하지 않다. 서로가 마음이 통하기만 하면 되는 것이다. 이런 현상은 처음 보는 사람과 직접 대면한 상태에서는 쉽게 할 수 없는 행동들이다. 성인이 되었을 때, 수년을 같이 보낸 주변의 직장 동료와도 친구가 되는 것이 얼마나 어려운 것인 줄 깨닫지 않았는가! 역시 친구는 아무것도 모르는 어릴 때, 바보 같거나 겁 없이 순진했던 철없던 학창 시절에 만드는 것이라고 중얼거리면서 말이다. 하지만 사이버 세상에서는 이런 관계가 마치 마법처럼 '짜잔' 하며 일사천리로 이루어진다. 친구 되기가 용이하고 편한 세상이다.

물론 이 관계가 면대면 상황의 친구관계처럼 끈끈하고 매우 밀접하지는 않다. 쉽게 맺어졌기에 쉽게 깨질 수도 있다. 컴퓨터 마우스 클릭 몇 번으로도 친구 사이를 없던 것으로 할 수도 있다. 그러나 굳이 깨지게 할 필요가 있을까? 네트워크로 연결된 친구에 대해 관심을 기울이지 않거나 굳이 그의 계정에 찾아가서 기분 나쁜 피드백을 하지 않는다면 그가 나와 관계를 끊을 이유가 없다. 그냥 그 상태로 연결만 지속되면 그만이다. 오히려 연결의 지속은 새로운 정보를 획득하는 방법으로 유용할 때가 더 많다. 그가 아니라도 그의 연결망을 통해서 그의 지인이 제공하는 정보를 얻을 수 있는 기회가 있으니까.

'성공은 인적 네트워크에 달렸다.'라고 많은 인생 선배가 말한다. 이는 한 사람이 알고 있는 인간관계가 삶에서 영향을 미친다는 말이다. 아는 사람이 많으면 어떤 일에서든 도움을 받을 수 있는 가능성이 크다. 아는 사람이 정보를 제공하기 때문이다. 그 정보 중에서 어떤 것은 성공과 실패를 좌우할 핵심적인 정보일 수도 있다. 과거에 이런 인적 네트워크의 형성은 동창회, 향우회 등의 각종 모임과 단체에서 이루어졌다. 정치가 혹은 정치 지망생이라면 유권자들의 모임인 그런 곳에 가서 얼굴을 내밀고 아는 척을 해야 표를 획득할 수 있었다. 사업가라면 그런 모임의 사람들을 잠정적 소비자로 만들거나 사업 파트너로 맺을 수 있었다. 이것의 의미는 아는 사람이 많아야 자신을 널리 알릴 수 있는 기회뿐만 아니라 자신이 이들로부터 유용한 정보를 획득할 수 있는 기회가 된다는 것을 뜻한다. 지금은 이런 동창회, 향우회 같은 각종 단체의 모임보다 인터넷 네트워크 연결망이 더 중요해졌다. 더 많은 정보가 더 빨리 신속하게 네트워크상에서 이동하기 때문이다. 이런 네트워크 세상에서 돌아다니는 정보는 그 수량도 엄청나다. 이 정보가 데이터로 구성되어 있음은 자명하다.

권위에 대한 복종 실험으로 유명한 20세기 미국의 사회심리학자 스탠리 밀그램(Stanley Milgram)의 '작은 세상 실험(small world experiment)'이 있다. 이 실험에 따르면, 인간의 사회적 연결망은 6단계로 이루어져 있다. 어느 지역의 한 사람이 또 다른 어느 지역의 전혀 모르는 사람과 연결되는 데는 6단계만 거치면 된다는 것이다. 즉, 서로 전혀 모르는 사람들이 연결되기까지 6단계를 거치면 알게 된다는 뜻이다. 이 실험 결과에 따라서 그는 이른바 '6단계 분리법칙'이라는 이론을 세웠다. 그의 실험은 1969년에 실시되었다. 그때는 지금처럼 인터넷도 없었고, 스마트폰도 없었고, SNS도 없던 시절이었다.

지금은 어떨까? 2006년 MS사의 연구원 에릭 호비츠(Eric Horvitz)가 밀그램과 유사한 실험을 수행했다. 서로를 전혀 모르는 둘 사이의 인간관계의 거리는 생각보다 멀지 않다는 것을 확인하려는 목적이었다. 서로 모르는 사람과 몇 단계를 거쳐 연결되는가를 연구한 것이다. 그는 MSN 메신저 이용자 약 2억 명이 한 달 동안 주고받은 메시지 약 300억 개를 분석했다. 그 결과는 놀랍게도 밀그램의 연구 결과인 6단계와 유사한 6.6단계였다.

밀그램이 그의 연구를 발표하면서 자신의 실험을 '작은 세상 실험'이라고 밝힌 이유는 6단계가 사람들의 관계를 설명하는 데 있어서 의외로 좁다는 것이었다. 2006년 호비츠의 연구에서 나온 결과인 6.6단계 역시 세상은 의외로 좁다는 것을 뜻하고 있는지도 모른다. 트로트 가수의 노래 제목 〈니가 왜 거기서 나와〉와 "원수는 외나무다리에서 만난다."라는 말도 마찬가지로 세상은 의외로 좁다는 점을 웅변하고 있다. 지금은 전 세계가 하나의 네트워크 연결망으로 통합되어 가는 시점이다. 전 세계는 네트워크 연결망으로 인해 더 좁아지고 있다.

데이터 이미지 사회

서구식 교육을 받은 사람이라면 다음의 그림이 무엇인지 알 수 있을 것이다. 레오나르도 다빈치가 16세기에 그린 초상화 〈모나리자〉다.[3] 미술사에서 걸작이라 칭송되는 모나리자는 그 때문에 많

[그림 2-2] 모나리자[4]

은 모방 작품이 나왔다. 다빈치의 모나리자 원작을 정확히 모방하여 원작과 비교했을 때 구별할 수 없도록 만들려는 화가는 아주 세밀한 부분까지 복제하기 위해서 돋보기를 보아 가면서까지 그렸을 것이다. 따라서 그림의 전문가가 아니면 우리는 쉽게 원작과 원작을 정확히 모방한 복제품을 구별할 수 없을 것이다. 원본의 복제인 시뮬라크르를 생각해 보라.

그렇다면 모나리자를 소장하고 있는 프랑스 루브르 박물관에서 전시하여 수많은 관광객에게 보여 주고 있는 모나리자가 원작이 아니라 복제품일 수도 있다. 어차피 원작과 모방작의 구별이 불가능하다면 도난이나 훼손을 무릅쓰고 원작을 걸어 놓지 않아도 되지 않을까 한다. 사실 도난의 위험 때문에 1년에 불과 10여 일 동안만 원작을 전시한다고 하니 실제로 많은 사람이 프랑스 파리 소재 루브르 박물관에 친히 가서 제 눈으로 직접 본 모나리자가 원작이 아닌 것이다. 과거에 도난당했던 전력이 있던 터라 박물관 측의 이런 행동은 충분히 이해할 만하다. 운이 좋아 원작이 전시되는 그 10여 일 사이에 루브르 박물관에서 원작을 보았다는 것이 뭐 그리 중요한가? 원작과 정확히 똑같아서 미술 전문가조차 구별하기 어려운 복제품을 보았다면 원작과 다를 바가 하나도 없을 텐데 말이다. 설마 루브르 박물관에 전시한 모나리자 그림이 원작과 구별되도록 허술하게 복제할 리가 있겠는가. 원작을 보았든 복제품을 보았든 루브르 박물관에서 감상한 모나리자 작품의 감동에는 차이가 별로 없을 것이다.

루브르 박물관에 가 보지 않은 필자를 비롯한 많은 사람도 다빈치의 모나리자는 알고 있다. 필자는 학창 시절에 미술 교과서에서 모나리자를 본 기억이 있다. 당시는 컴퓨터도 잘 몰랐고 인터넷도 없었기 때문에 모나리자를 알게 된 경로는 미술 시간, 미술 교과서에서가 확실하다. 미술 교과서의 모나리자는 모나리자 사진이지 그 자체로 모나리자 원작일 수는 없다. 어쩌면 모나리자의 복제품을 찍은 사진일 수도 있다. 만일 그렇다면 필자는 모나리자 복제품을 사진으로 복제한 모나리자 사진을 본 셈이다.

구글이나 네이버 검색창에 '모나리자'를 타이핑하면 아주 많은 모나리자 이미지를 볼 수 있다. 컴퓨터 모니터 화면에 등장하는 것이니까 그 화면에 나오는 이미지 자체가 당연히 원작일 리는 없다. 미술 교과서에 실린 모나리자 사진처럼 실제 원작을 찍은 사진이거나 복제품을 찍은 사진이다. 그런데 지금 화면에서 보고 있는 모나리자 사진이 원작이든 복제품이든 간에 최초로 찍은 사진을 보고 있는 것일까? 결코 아닐 것이다. 우리가 화면에서 보고 있는 모나리자는 모나리자를 최초로 찍은 사진이 복제되고, 복제되고, 또 복제된 사진일 것이다. 수없이 복제가 이루어졌을 텐데 이미지의 손상은 그리 크지 않은 듯하다. 어째서일까? 디지털 테크놀로지, 디지털 데이터의 기술을 이용하여 복사했기 때문이다. 우리가 컴퓨터 화면에서 만나는 수많은 사진과 그림은 디지털 데이터 기술을 이용하여 만든 이미지다. 이른바 디지털 기술 데이터 이미지인 것이다.

디지털은 0과 1의 이진수로 데이터로 구성되어 있다. 따라서 그림을 디지털로 변환하면 눈에 보이는 그림 뒤편 너머에 우리는 보아도 잘 모르겠지만, 0과 1로 구성된 숫자들의 데이터 나열이 존재한다. 모나리자 역시, 예컨대 1010010001101110111010100100110001010……로 이어지는 이진수 나열이 될 것이다. 디지털 기술 데이터 이미지 세계에서는 그림과 사진이 보아도 잘 모를 숫자로 번역되며, 숫자가 다시 눈에 보이는 그림과 사진으로 출력된다.

디지털 카메라로 사진을 찍는 경우를 생각해 보자. 디지털 카메라는 필름 역할을 하는 CCD(Charge Coupled Device, 전하결합소자) 혹은 CMOS(Complementary Metal-Oxide Semiconductor, 상보형 금속산화 반도체)라고 불리는 이미지 센서와 정보를 저장하는 장치를 갖고 있다. 셔터를 누르면 렌즈를 통해서 들어오는 빛이 이미지 센서 위에 닿는다. 이미지 센서가 하는 일은 닿은 이 빛의 정보를 0과 1의 숫자로 처리하여 저장장치로 보내는 일이다. 즉, 데이터로 전송되고 데이터로 저장된다. 이렇게 하여 0과 1로 구성된 데이터가 저장장치에 저장되면 이미지 센서는 다시 다음 셔터를 눌렀을 때 들어올 빛을 맞을 준비, 다시 말해 빛의 정보를 데이터로 변환하여 저장할 준비를 한다. 과거 필름 카메라에서는 필름이 지금의 디지털 카메라의 이미지 센서였고 저장장치였다. 필름 표면의 고운 화학적 입자가 빛을 흡수했고, 그 자체로 저장했기 때문에 디지털 카메라 이미지 센서의 빛 정보의 처리와 이 처리 결과를 저장장치로 보낼 필요가 없었다. 필름 카메라는 그냥 빛을 받아들이는 광학기구였다. 하지만 디지털 카메라는 빛을 단순히 받아들이는 일뿐만 아니라 이를 처리해서 저장해야 하는 절차가 가미된 테크놀로지가 되었다. 디지털 카메라는 이미지가 데이터로 저장되는 데이터 변환기인 셈이다.

디지털 기술 데이터 이미지는 컴퓨터 테크놀로지에 의해 이루어진다. 이때 컴퓨터가 이미지를 이진수의 수로 이루어진 코드로 변환시켜 데이터 정보로 만드는 작업이 핵심이다. 디지털 기술 데이터 이미지는 픽셀 또는 화소라는 수많은 작은 사각형이 모인 전체다. 작은 사각형이 워낙 작기 때문에 확대하면 그냥 점으로 보이지만, 확대하지 않으면 점으로 보이지도 않는다. [그림 2-2]의 〈모나리자〉는 픽셀이라는 점으로 이루어졌지만 그림을 보는 사람 중에서 점을 볼 수 있는 사람은 아무도 없다. 하나의 픽셀은 이미지를 이루는 기초 단위로서 밝기와 색의 정보가 담겨 있다. 따라서 이미지에서 각각의 픽셀은 그 이미지에서 위치한 부분에 해당하는 밝기와 색상 정보를 갖고 있다. 디지털 기술 데이터 이미지는 픽셀별로 수정하는 것이 가능하다. 또한 다양하게 이미지를 변화시킬 수 있다. 색에 변화를 주고, 밝기를 조절하고, 초점을 분명하게 할 수도 있고, 어떤 부분은 지우고, 어떤 부분은 복사도 할 수 있다. 이 과정에서 이미지를 합성하여 원래의 이미지와는 완전히 다른 이미지를 만들어 낸다. 존재하지 않는 것을 상상해서 창조해 낼 수 있는 것이다.

그런데 이 테크놀로지가 만들어 내는 디지털 기술 데이터 이미지는 기존의 아날로그 이미지보다 파급력이 상당하다. 색으로 이루어진 빛 정보가 숫자로 구성되어 있어서 숫자를 그대로 복사만 하면 동일한 해상도를 갖는 똑같은 이미지를 만들어 낼 수 있기 때문이다. 이로써 이미지는 컴퓨터 파일(file)이 된다. 마치 MS사의 워드(Word)나 한글과 컴퓨터사의 아래아 한글과 같은 워드프로세서 소프트웨어에서 작성하는 파일처럼 이미지를 작성하고, 복사하고, 메일에 첨부해서 보낼 수 있게 된 것이다.

사람들은 인터넷과 SNS 세상에서 추상적인 것보다 직관적인 것을 더 선호한다. 어느 인터넷 사이트가 이미지 하나 없이 순전히 텍스트로 이루어져 있다면, 그곳을 방문했던 사람은 다시는 그 사이트에 접속하지 않을 것이다. 수많은 정보가 널려 있는 인터넷 세상에서 정보를 얻기 위해 길게 쓰여 있는 문장을 오랫동안 보고 싶지 않을 것이기 때문이다. 사진이나 그림과 같은 이미지는 장문의 텍스트가 보여 주려는 정보를 직관적으로 바로 알려 줄 수 있다는 장점이 있다. 코끼리의 모습을 코, 다리, 귀, 꼬리, 몸으로 나누어 아무리 세밀하게 설명한다고 해도 코끼리를 한 번도 보지 못했던 사람이 코끼리의 모습을 그려 낼 수 없고, 그가 초원에서 코끼리를 만난들 그것이 코끼리인지 확신할 수 없다. 코끼리에 대한 자세한 텍스트적 설명보다는 코끼리 사진 한 장이면 충분하다. 초원에서 만난 것이 코끼리인지 아닌지 확인하는 것은 어려운 일이 아니다. 이것이 인터넷과 SNS 세상이 어째서 이미지를 중심으로 정보가 교환되는지에 대한 이유가 된다. 정보가 이미지에 담기고, 이 이미지는 텍스트보다 다루기가 효과적 · 효율적이기 때문이다. 그리고 이미지가 디지털화되면서 이미지의 생성, 처리, 저장, 전달이 훨씬 용이하게 바뀌었다. 정보가 담겨 있는 이미지는 정보처리에 있어서 매우 매력적이다.

사람들은 끊임없이 디지털 기술 데이터 이미지를 생성한다. 이제 그것은 어디에도 다 있으며 세상과 연결되어 있다. 이 말은 정보와 데이터는 어디에도 다 있으며 세상과 연결되어 있다는 말과 같다. 사진 이미지가 바로 데이터이며 동시에 정보인 것이다. 사람들이 매일 사용하는 스마트폰에는 디지털 카메라가 장착되어 있기 때문에 스마트폰이 있는 장소는 디지털 사진, 즉 디지털 기술 데이터 이미지를 찍을 수 있는 장소가 된다. 또한 스마트폰은 정보를 원

격으로 송수신할 수 있기 때문에 스마트폰이 있는 장소는 인터넷과 SNS를 통해 그 이미지를 전 세계로 송출할 수 있는 장소다. 다시 말해, 어디에서든 사람들이 있는 곳은 이미지에 담긴 정보가 짧은 순간, 빠른 정보로 널리 퍼져 나갈 수 있는 한 지점인 것이다. 이제 데이터는 언제 어디에서나 생성되고 존재한다.

CHAPTER 03

데이터의 이해

데이터란

스마트폰이 출시된 이후 이를 구입하여 사용하기 위해서는 반드시 짚고 가야 할 것이 있다. 매달 지출해야 하는 사용 요금이다. 이와 관련해서 '데이터'란 단어를 들어 보지 못한 사람은 없을 것이다. 이른바 데이터 요금제란 것이다. 사용하는 데이터의 양에 따라 스마트폰 요금이 결정되는 시스템이다. 데이터 요금제가 얼마나 민감한 사안인가는 사람들의 행태에서 잘 드러난다. 남아 있는 데이터의 양을 수시로 확인하고 무료 데이터 서비스인 와이파이(wifi)를 찾아다닌다. 와이파이 서비스가 없는 카페는 아예 가지 않는다. 월말에 남은 데이터는 다음 달로 이월하고 가족이나 친구에게 선물로도 보낸다. 아카데미상을 수상한 봉준호 감독의 세계적 영화 〈기생충〉에서도 화장실에서 쪼그려 앉아 다른 집의 와이파

이를 이용하고자 하는 배우들의 장면이 등장한다. 주머니 사정이 든든한 친구라면 충분한 양의 비싼 데이터 요금제나 무제한 데이터 요금제에 가입하여 남들보다 풍족한 데이터 삶을 누린다. 누군가가 비아냥거렸듯이 이들은 무료 데이터를 찾아다니는 데이터 프롤레타리아가 아니라 데이터 부르주아다. 일정 연령 이상의 전 국민이 스마트폰을 사용한다고 치면, 데이터라는 용어는 누구에게나 익숙해졌다. 요즘처럼 데이터가 핫(hot)한 경우가 없다는 뜻이다. 하지만 익숙하다고 해서 누구나 데이터의 의미를 정확히 알고 있다는 뜻은 아니다.

데이터는 영어 data의 발음을 우리말로 옮겨 적은 것이다. 단어 datum의 불규칙 복수형 명사이지만 이제는 단수형 명사처럼 사용된다. 주어와 술어의 수의 일치를 엄격하게 지키는 영어에서도 these data……, the data were……라고 표현하지 않고 this data……, the data was……처럼 표현한다. 워낙 대중적인 단어라서 그런지 우리나라 국어사전에도 어엿하게 등재된 외래어다. 그 의미를 네이버 국어사전에서 검색해 보면 다음과 같다.

- ◆ 이론을 세우는 데 기초가 되는 자료
- ◆ 관찰이나 실험, 조사로 얻은 사실
- ◆ 컴퓨터가 처리할 수 있는 문자, 숫자, 소리, 그림 따위의 형태로 된 정보

영영사전을 보면 data는 fact(사실), raw material(가공하지 않은 재료), information(정보)과 밀접하게 유사한 단어로 나온다. 일상적인

생활 사태뿐만 아니라 자연과학과 사회과학의 학계에서도 흔히들 '자료(資料)'를 뜻하는 용어로 사용되고 있다. 일반적으로 '데이터'가 사용되는 자리에 '자료'를 넣어도 대개 무리 없이 의미가 통한다.

그러나 데이터는 단순히 자료라는 뜻을 넘어선다. 자료는 어떤 것 X에 대하여 수집한 사실, 재료, 요소, 수치와 같은 대상으로서의 객체를 말한다. 만일 어떤 것 X가 학교라면 학교에 대하여 수집한 대상으로서의 객체는 각 학교의 이름, 주소, 소속 교육청, 교장, 교감, 학급 수, 교사, 재학생, 건물, 교실, 부지, 졸업생, 설립 연도 등과 관련될 것이다. 구체적으로, □□중학교, 서울시 송파구 ○○로 ◇◇번지, 서울시 △△교육청, 김갑돌 교장, 이갑순 교감, 27학급, 교사 32명, 학생 810명, 4개동 건물, 19회 졸업, 14,364명 졸업, 1998년 설립처럼. 그리고 수집하는 학교의 수만큼 이러한 리스트는 계속될 것이다. 이것들은 모두 객체로서 존재한다. 따라서 자료는 어떤 방법을 동원하였든지 수집해서 모아 놓은 것이며, 존재하는 대상이며 객체인 것이다. 즉, 데이터는 존재론적 객체다.

	A	B	C	D	E	F	G	H	I	J	K	L	M
1	학교급	학교이름	주소	소속교육청	교장	교감	학급수	교사수	학생수	건물	졸업기수	졸업생수	설립연도
2	초	○○	서울시…	북부	김갑돌	이갑순	27	32	756	4	19	14,364	1995
3	초	□□	서울시…	서부	홍길동	변사또	45	51	1,350	8	25	33,740	1989
4	중	△△	부산시…	북부	성춘향	이몽룡	32	36	832	4	24	19,888	1993
5	중	◇◇	대구시…	남부	장길산	임꺽정	12	15	288	3	47	13,478	1970
6	고	☆☆	광주시…	동부	심청	박뺑덕	18	24	522	4	25	13,214	1992
7	고	XX	세종시…	남부	김춘추	김유신	25	31	710	5	32	23,125	1985

[그림 3-1] 데이터 예시

데이터가 운반하는 의미는 사실, 재료, 요소, 수치 등의 존재론적 객체에만 머물지 않는다. 옥스퍼드 대사전은 데이터의 의미로 "사실로서 알려지거나 가정되며 추리와 추정의 기반이 되는 어떤 것(something known or assumed as fact, and made the basis of reasoning or calculation) 또는 추론이 도출되는 전제의 가정(an assumption of premiss from which inferences are drawn)"으로 적고 있다. 간략히 요약하면 데이터는 '추리, 추정, 추론의 근거가 되는 사실'이란 것이다. 이처럼 데이터에는 이 존재론적 객체들이 추리와 추정, 근거와 추론, 가정과 전제라는 과학적 사고방식이 작동하는 기반하에 놓여 있다는 깊은 의미를 갖고 있다. 데이터라는 용어 안에 분석과 탐구라는 과학의 논리가 정박해 있다는 뜻이다. 때문에 데이터는 어떤 것 X에 대한 객체라는 존재론적 의미와 그 객체를 분석, 탐구하는 과학의 논리가 동시에 들어 있는 다원적 의미를 갖는다. 데이터가 단순한 자료만을 모아 놓은 것이 아니라 그것을 수집하고, 분석하고, 해석하는 논리적인 과정을 자체로 포함하고 있는 셈이다. 이 책에서 자료 사이언스, 자료 과학이라고 하지 않고 데이터 사이언스, 데이터 과학이라고 표현하는 이유다. 자료는 데이터의 이런 의미를 운반하지 못한다.

보다 구체적으로 데이터는 무엇을 지칭할까? 데이터는 어떤 현상에 대한 실험을 하든, 설문조사를 하든, 한 발짝 떨어져서 지켜만 보았든 간에 측정, 관측, 혹은 관찰 등의 결과를 기록한 수치, 값, 문자, 기호, 그림 등으로 표현된다. 예를 들면, 전국 수험생의 대학수학능력시험의 개별 점수는 데이터다. 그들의 이름, 성별, 생년월일, 연령, 학교명, 내신 성적, 학생기록부 내용도 데이터다. 또 어는 회사의 회사명, 업종, 사무실 주소, 공장 주소, 인터넷 홈페이지 URL, CEO 이름, 자본금, 설립 연도, 연도별 영업 매출액과 영업 이익, 직원 수, 기업 규모, 시장 점유율, 증권거래소 상장 여부, 상장 연도, 주식의 수, 주가, 시가총액, 연도별 주식 배당금, 회사 로고 등 이 모든 것이 데이터다. 이 중에서 어떤 데이터는 값(예: 수능 점수, 매출액, 배당금)으로, 숫자(예: 생년월일, 설립 연도)로, 문자(예: 이름, 학교명, 회사명)로, 기호(예: 내신 성적의 수/우/미/양/가, 기업규모의 대/중/소, 상장 여부의 yes/no)로, 그림(예: 얼굴 사진, 회사 로고)으로 표현된다.

교육학자는 수능점수에 대한 데이터를 구해 대학 입시에 영향을 미치는 여러 변인의 특성을 연구할 것이다. 경영학자는 기업과 매출의 데이터를 구해 매출에 영향을 미치는 회사별 특성을 연구할 것이다. 이처럼 살펴보고자 하는 현상, 사건, 사물에 대하여 측정하거나 관찰한 기록이 데이터다. 때문에 데이터는 살펴보고자 하는 현상, 사건, 사물에 대한 속성과 특성을 반영하고 있다. 실제로는 속성과 특성이 반영된 것을 측정하거나 관찰하여 데이터로 만든다.

앞의 예들은 값, 숫자, 문자, 기호, 그림처럼 데이터를 나름의 기준에 따라 정제하여 정리한 것으로 구조화된 형태를 갖고 있다. 그러나 정제되기 이전의 자료들, 아직 구조화되지 않은 형태의 데이터도 많다. 예컨대, 신문의 기사 자체, 카카오톡에서 나누는 대화, 유튜브나 블로그에 올리는 댓글과 답글, 인스타그램에 올리는 사진 등도 모두 데이터다. SNS에서 생산되는 데이터는 거의 모두 이런 형태로서 비구조화된 형태로 보면 된다. 현재 생산되는 많은 양의 데이터가 정제가 필요한 데이터들인 것이다.

> 과거에는 우리가 일상 속에서 나눴던 대화들이 그 순간 모두 사라졌습니다. 지금은 문자 메시지나 페이스북, 트위터처럼 우리가 나누는 대화들이 디지털화되어 플랫폼에 담기고 있습니다. 그게 데이터입니다. 우리가 던지는 말 한마디, 몸짓 하나까지, 모든 것이 데이터가 되는 세상입니다.[1)]

데이터는 어떤 현상을 파악하거나 사건을 탐구하는 기본적 요소가 된다. 따라서 데이터는 현재의 우리가 미지의 세계를 탐구할 때 꼭 붙들고 있어야 하는 줄이다. 이 줄이야말로 미지라는 미로 속에서 길을 잃어 헤매지 않고 빠져나올 수 있도록 도와주는 '아리아드네의 실'[2)] 역할을 한다. 데이터는 현상과 사건의 이해로 연결된 길잡이인 것이다.

관찰과 데이터

관찰은 대상으로서의 객체를 주의 깊게 살펴보는 것이다. 이때 객체는 외부 세계의 요소들이다. 관찰은 특히 어떤 현상을 파악하기 위해서 수행된다. 관찰자는 관찰의 결과를 수집하여 기록한다. 예컨대, 교사는 교실에서 학생들의 수업 태도를 파악할 목적으로 수업 중에 몇 명이 교사의 질문에 손을 들었는지, 몇 명이 칠판에 제시된 문제를 풀었는지, 얼마나 학생 발표에 주의를 기울였는지 체크할 것이다. 때로는 수업 태도에 관한 문항으로 구성된 설문지를 배부하고 설문 문항에 답하도록 요청할 수도 있다. 이런 수집의 결과를 기록한 것이 데이터다. 데이터는 관찰을 통해 얻어지는 자료인 것이다. 관찰자가 모든 것을 기억할 수 있는 대단한 천재가 아니라면 데이터를 모두 암기할 수 없다. 따라서 관찰한 수집 결과인 데이터는 기록되고 관리되어야 한다.

데이터를 신뢰할 수 있는 체계적인 방법으로 분석하고 타당하게 해석하면 그 데이터를 낳게 한 관찰 현상에 대한 설명을 할 수 있게 된다. 여러 관찰자에 의해 같은 현상의 여러 데이터 세트를 얻어 분석한 결과, 유사하거나 동일한 설명을 통해 그 현상을 설명할 수 있게 되면 마침내 그 현상에 감추어져 보이지 않는 본질적인 면이 드러난다. 이것이 일반적인 학문 탐구의 귀납적 절차다.

거창한 학문만이 이런 절차를 수행하는 것이 아니다. 관찰과 귀납적 절차는 우리 주변에서 발생하는 현상이 무엇이고, 어떤 것인지 알기 위해서도 필요하다. 예컨대, 자신의 언어적 습관을 알고 싶으면 하루 중 자신이 말한 바를 관찰해야 한다. 보다 정확히 알고 싶다면 일주일, 한 달 동안에 말한 것 모두를 세심하게 관찰하고 기록해 보는 것이 좋다. 수업 중 산만한 학생의 태도를 고치려고 노력하는 교사라면, 학생의 태도를 주기적으로 관찰할 것이다. 작든 크든 발생한 어떤 문제를 해결하고 싶을 때도 그 문제와 관련한 현상을 관찰해야 한다. 물론 현명한 관찰자는 관찰 결과를 잘 수집하여 유용한 데이터로 기록할 것이며, 신뢰할 수 있는 방법으로 그 데이터를 분석하여 타당하게 해석하고자 할 것이다. 이는 학문 연구와 근본적으로 전혀 다르지 않다. 이런 일을 할 때 우리는 학자이며 연구자다. 동시에 문제를 해결하는 사람이다. 핵심은 우리가 수집하고 기록하는 데이터가 현상을 잘 반영하는 것이어야 한다는 점, 또 잘 관찰하여 타당하고 신뢰할 수 있는 데이터를 수집해야 한다는 점이다. 현상을 잘 관찰할 수 있는 적절한 도구가 필요하다는 의미다. 데이터가 현상을 반영하지 못하거나 데이터가 잘못된 관찰에 의한 것이라면 신뢰할 수 있는 분석은 말할 것도 없고, 타당한 해석도 존재할 수 없기 때문이다.

데이터, 정보 그리고 지식

데이터의 보다 정확한 이해를 위해서는 '정보(information)'와 '지식(knowledge)'의 개념을 비교하여 함께 알아두어야 한다. 매일 인터넷 세상과 연결된 삶을 살아가는 현대에서 데이터와 정보 그리고 지식이라는 용어는 전혀 낯설지 않다. 인터넷을 포함하여 뉴스와 방송에서 수시로 언급되고 있고, 학교에서도 숱하게 그 중요성을 강조하는 마당에 이 용어들은 IT(Information Technology) 전공과는 무관하게 이미 대중적인 용어가 되어 버렸기 때문이다. 그래서인지 데이터, 정보, 지식이란 용어는 여러 분야에서 각각의 의미를 엄밀하게 구별하지 않은 채 사용되는 경우가 많다. 의미를 혼용하거나 동일한 의미로 사용되는 것이다. 하지만 데이터 사이언스라는 맥락에서 언급될 때, 이들은 밀접한 관련을 갖고 있어서 서로 유사하지만 동시에 서로 구별된다는 점을 기억할 필요가 있다.

앞서 기술한 것처럼 데이터는 현상, 사건, 사물에 대한 관찰의 결과로서 측정된 기록이나 수치이며 값이다. 따라서 데이터는 관찰과 측정을 통해 수집한 단순한 사실이나 수치, 값을 말하며, 측정된 것들의 속성이나 특성을 반영하고 있다. 수집한 데이터는 뒤따를 분석과 연구 작업의 기본 재료다.

기본 재료인 데이터를 분석한다는 것은 현상이나 사건을 분석하는 것과 같다. 데이터가 현상과 사건을 반영하는 기록이나 수치이기 때문이다. 정보는 데이터가 분석되어 나온 어떤 결과의 해석이나 자료 사이의 관계를 말한다. 수집된 데이터 사이의 연관관계 속에서 의미가 도출된 것이라 하겠다. 예컨대, A 고등학교 학생들 한 명 한 명의 IQ는 측정된 수치로서의 구체적인 데이터이지만, 이들 IQ 값을 분석하여 평균값을 내고 다른 고등학교 학생들이나 전국 고등학교 학생들의 IQ 평균값과 비교하면 A 고등학교 학생들의 IQ 수준을 알 수 있다. 만일 평균값이 150이 넘는다면 A 고등학교 학생들은 아주 뛰어난 지능을 갖고 있다는 의미가 도출된다. 일반적으로 알려진 바, IQ 150은 천재 수준의 지능이기 때문이다. 이로써 'A 고등학교 학생들은 아주 우수하다.' '아주 우수한 학생들이 A 고등학교에 다닌다.' 'A 고등학교 학생들의 학업성취는 매우 높을 것이다.'와 같은 정보가 생겨난다. 또 다른 예로서 GDP가 매우 낮은 가난한 국가에 있는 어떤 마을 구성원 각각의 1년 소득을 파악한 경우라면, 각 구성원의 1년 소득은 데이터가 된다. 하지만 구성원들의 각 데이터를 분석하여 그 나라의 GDP와 비교할 수 있게 되면, 데이터로부터 정보를 이끌어 낼 수 있다. 만일 그 마을의 GDP가 그 나라의 GDP보다 더 크면 그 마을은 부자 동네라는 정보가 도출되는 것이다. 또한 이 정보를 통해 그 마을은 그 나라에서 지정학적으로 중요한 위치에 있거나 혹은 정치 · 문화적으로 상류층일 것이라는 새로운 정보를 이끌어 낼 수도 있다.

정보가 사회 구성원에 의해 타당하고 신뢰할 만한 것이며, 이들 사이에서 당연하게 받아들이는 상태가 되면 그것은 더 이상 정보가 아니라 지식이 된다. 일단 지식이 되면 왜 그래야 하는지에 대한 정당화 요구를 받지 않는다. 앞서 예를 든 마을의 높은 GDP가 부자 동네라는 것을 뜻한다는 정보를 이끌어 냈다면, 높은 GDP가 어째서 부자 동네를 뜻하는 것이냐는 질문을 받을 수 있다. 이는 정보에 대하여 정당성을 밝히라는 요구다. 하지만 물체가 아래로 떨어지는 중력 현상에 대해 정당성을 밝히라는 요구는 받지 않는다. 중력이 보편적으로 통용되는 지식이기 때문이다. 이제 지식은 다른 어떤 주장에 대한 근거나 이유로서 사람들에 의하여 사용된다.

지식은 또한 정보를 구조화하여 유의미한 정보로 분류하거나 개인의 경험을 조직화할 때에도 사용된다. 예를 들어, 남녀 성차에 대한 많은 연구가 있었다. 각각의 연구는 남녀 사이에는 생각하는 방식이나 행동에서 차이가 있다고 말한다. 이런 각각의 연구 결과는 데이터 분석을 통해 도출한 유용한 정보였다. 유사한 연구들이 많이 수행되었는데, 그 결과가 지속적으로 남녀 성차에 대한 차이점, 즉 성별에 따라 생각과 행동의 차이점을 드러내자 사람들은 그것을 당연하고 타당한 것으로 받아들이기 시작했다. 이제 소개팅이나 맞선을 보는 자리에서 자신의 사고와 행동을 자신의 성별인 남자로서 혹은 여자로서의 경험으로 이해하려 하고 정당화한다. 예컨대, "나는 남자이기 때문에 이렇게 하는 것이 더 남자답다." "나는 여자이기 때문에 이런 행동을 해도 괜찮아."라고 하는 것이다. 『화성에서 온 남자, 금성에서 온 여자』라는 책에서와 같은 현재 이해되고 있는 남녀 성차에 대한 지식은 근대 이후의 많은 데이터 분석의 결과인 정보로부터 파생된 것이다.

이와 유사한 예로서 부모의 SES(Social Economic Status), 이른바 부모의 사회 · 경제적 지위가 자녀의 학업성취에 영향을 미친다는 연구 결과가 있다. 남녀 성차에 대한 연구와 마찬가지로 많은 개별 연구에서 부모의 SES가 자녀의 학업성취도에 영향을 미친다는 결과를 보고하고 있다. 각 연구의 결과는 부모가 자녀에게 어떤 영향을 미치는지를 보여 주는 유용한 정보였다. 부모가 재산이 많으면 자녀에게 경제적으로 투자를 많이 함으로써 자녀가 공부를 많이 하게 되는 결과를 나타낸다는 것이다. 이제 이 정보는 사회 구성원들에게 보편적이며 타당한 것으로 받아들여지기 시작했다. 어쩌면 이미 당연시하게 되어 버린 지식이 되었는지도 모른다.

이처럼 데이터, 정보, 지식은 상호관계 속에서 의미를 확실히 이해할 수 있는 용어들이다. 데이터 사이언스에서 지식의 창출 과정은 데이터가 모여서 정보가 되며, 정보가 모여서 지식이 되고, 지식이 다시 어떤 현상의 데이터를 생성하는 순환과정이다. 이 순환과정에서 어떤 학자들은 지혜(wisdom)를 추가하기도 한다. 내재화된 지식이 축적되어 어떤 아이디어가 결합하면 지혜라는 창의적 산물이 도출된다고 한다. 데이터, 정보, 지식이라는 순환과정에 지혜가 들어와 한 자리를 차지하든, 각 과정에서 분석, 처리, 해석, 판단 등이 개입된다. 비록 이러한 전체 과정이 순환과정이고, 일단 이 순환과정이 시작되어 잘 굴러간다면 시작점이 정확히 어디인지 적시할 수는 없겠지만 기본적으로 첫 출발은 데이터다. 데이터 사이언스에서 데이터를 중시하는 이유다. 데이터가 정보를 거쳐 지식으로 가는 출발점이기 때문이다.

빅데이터의 의미

다음에 제시되는 숫자의 의미는 무엇일까? 힌트를 제시하면 첫 번째 숫자는 대한민국 사람에게 익숙한 것이며, 두 번째 숫자는 지구 전체와 관련되면서 첫 번째 숫자와 관련 있는 것이며, 세 번째 숫자는 한 개인이 갖고 있는 것이며, 네 번째 숫자는 한 개인이 1년 동안 만들어 내는 무엇인가다.

- 52,000,000
- 7,700,000,000
- 100,000,000,000
- 8,000,000,000,000

대한민국 남한의 인구는 현재 약 5천 2백만 명이며, 전 세계의 인구는 우리나라 5천 2백만을 포함한 약 77억 명으로 알려져 있다. 필자는 이 숫자에 포함되어 있다. 1천억이라는 수는 사람의 뇌에 들어 있는 신경세포의 개수라고 한다. 우리 뇌에 엄청나게 많은 신경세포가 자리 잡고 있음을 나타내는 상징적인 수다. 필자는 이 큰 수의 신경세포를 활용하여 이 글을 쓰고 있는 중이다. 마지막으로, 8조라는 수는 한 개인이 1년 동안 만들어 내는 데이터의 양이라고 한다. 굉장히 큰 숫자다. 개인 한 명이 1년 동안 생산하는 데이터의 양이 개인이 가진 뇌의 신경세포보다 많다. 물론 이 숫자들은 정확한 수치가 아니라 대략적인 추정치일 뿐이지만 요즘 얼마나 많은 데이터가 만들어지는지를 보여 주는 예로서는 손색이 없다.

컴퓨터는 이진수를 기본으로 하므로 0과 1로 모든 데이터를 기록한다. 예컨대, yes 또는 no라는 답변을 요구한 질문에서 1은 yes, 0은 no로 기록된다. 따라서 답이 1 아니면 무조건 0이다. 이런 질문은 1비트짜리 질문이다. 컴퓨터 과학에서 단위 바이트(byte)와 비트(bit)는 정보를 측정할 때 사용한다. 1바이트는 8비트로 구성된다. 그런데 보통 한 개인이 1년간 만들어 내는 데이터 양이 거의 1테라바이트라고 한다. 8조 개의 yes 또는 no 질문에 해당하는 것이다.[3] 앞에서 예로 든 8조라는 수는 이렇게 산출했다. 여기에 지구의 인구를 산술적으로 곱하면 실로 엄청난 양의 데이터가 1년에 생산되는 것이다. 지구의 인구를 77억 명으로 잡고 이것저것 다 무시하고 산술적으로 계산하면 1년에 지구상의 모든 사람이 생산해 내는 데이터의 양은 약 77억×8조 비트가 된다. 61,600,000,000,000,000,000,000비트. 억, 조, 경을 넘어 616해(垓) 비트다. 일반적으로 미국에서 빅데이터는 10테라바이트, 즉 80테라비트 이상을 말하는 것이니 요즘 말로 말해 정말 어마무시한 크기의 빅데이터라 아니할 수 없다.

따라서 빅데이터의 빅(big)은 문자 그대로 '큰(big)' 데이터를 뜻한다. '크다'는 뜻은 규모라는 측면에서 용량을 뜻하지만 복잡성도 내포하고 있다. 따라서 기본적으로 빅데이터는 많은 용량의 복잡한 데이터를 의미한다. 현재 여러 분야에서 빅데이터를 활용하려는 움직임이 나타나고 있다. 이런 추세에 따라 빅데이터의 정의 자체나 빅데이터의 활용 방안이 다양하게 드러나고 있다. 몇 가지 정의를 살펴보자.

먼저, 활용하는 데이터의 규모에 중점을 둔 정의가 있다. 일반적인 빅데이터의 정의, 즉 'big'에 초점을 둔 것이다.

> 빅데이터는 일반적인 데이터베이스인 소프트웨어로 저장, 관리, 분석할 수 있는 범위를 초과하는 규모의 데이터다.[4)]

> 빅데이터는 기존의 관리 및 분석 체계로는 감당할 수 없을 정도의 거대한 데이터의 집합으로, 대규모 데이터와 관계된 기술 및 도구(수집, 저장, 검색, 공유, 분석, 시각화 등)를 모두 포함하는 개념이다.[5)]

이에 비하여 다음처럼 데이터의 규모가 아니라 분석 비용이나 기술에 초점을 둔 정의도 있다.

> 빅데이터는 다양한 종류의 대규모 데이터로부터 저렴한 비용으로 가치를 추출하고 데이터의 초고속 수집, 발굴, 분석을 지원하도록 고안된 차세대 기술 및 아키텍처다.[6)]

> 대용량 데이터를 활용·분석하여 가치 있는 정보를 추출하고, 생성된 지식을 바탕으로 능동적으로 대응하거나 변화를 예측하기 위한 정보화 기술이다.[7)]

보다 최근에는 빅데이터가 갖고 있는 자체의 특징이 아니라 빅데이터로 인해 발생하는 사회, 정치, 경제, 문화적인 변화를 포착하고 예측하려는 것에 초점을 둔 정의도 있다.

> 기존 데이터베이스 관리도구의 능력을 넘어서는 대량의 정형 또는 심지어 데이터베이스 형태가 아닌 비정형 데이터 집합조차 포함한 데이터로부터 가치를 추출하고 결과를 분석하는 기술이다.[8)]

> 빅데이터란 큰 규모를 활용해 더 작은 규모에서는 불가능했던 통찰이나 새로운 가치를 추출해 내는 일이라고 봅니다. 빅데이터는 새로운 시각으로 세상을 보게 하지요. 예컨대, 안경 같은 존재입니다. 안경 없이는 세상이 흐릿하게 보입니다. 사물의 형태가 대충 보이기는 하지만, 무엇인지 또렷하게 보이지는 않지요. 안경을 쓰면 세상이 더 정확하고 또렷하게 보입니다. 또 현미경에 비유할 수도 있습니다. 현미경을 통해 사물을 보면 우리의 육안으로 보이지 않는 미생물 등 작은 세상이 또 보이지요. 이전에 미생물이 존재하지 않았던 것은 아닙니다. 다만, 우리 육안으로는 볼 수 없었던 것이지요. 이런 식으로 빅데이터는 우리가 그동안 보지 못했던 세상을 보게끔 해 주는 데 의미가 있습니다. 다시 말해, 빅데이터는 세상을 더 잘 이해할 수 있는 새로운 방식이라고 할 수 있습니다.[9)]

🔓 빅데이터의 중요성과 데이터의 변화

빅데이터가 중요해지고 다양한 분야에서 활용하는 이유는 무엇일까? 빅데이터 연구의 선구자인 빅토르 마이어 쇤베르거(Viktor

Mayer-Schönberger) 옥스퍼드 대학교 교수와 차상균 서울대학교 빅데이터 연구원장의 주장과 예상을 차례로 들어보자.

> 빅데이터는 새로운 시각으로 세상을 보게 해 주는 안경이다. 빅데이터는 단순한 기술이 아니라 인간의 사고방식 자체를 바꿀 것이다. 데이터는 기업의 중요한 자산이자 경제의 필수 원천, 새로운 비즈니스 모델의 기반이 되고 있다. 말하자면 정보경제의 석유가 된 것이다.[10)]

> 지난 100년간 석유가 세계 산업을 이끌었다면, 앞으로는 데이터가 세계 산업을 이끌 것이다. 이 경쟁에서 밀려나면 국내 기업들은 세계 데이터 기업들의 하도급 업체로 전락할 것이다.[11)]

[그림 3-2]는 빅데이터와 데이터 사이언스 분야에서는 워낙 유

[그림 3-2] 데이터는 새로운 석유다[12)]

명한 인포그래픽(Infographic)으로, 마이어 쇤베르거와 차상균 교수의 주장과 예상을 실감나게 잘 표현했기 때문에 여기서도 인용해 본다. 초창기에는 "Data is the new oil(데이터는 새로운 석유다)." 이라는 표어였지만 이제는 "Data is a new currency(데이터는 통화다)." "Treat data like currency(데이터를 통화처럼 다루어라)."처럼 점차로 가시화되어 가고 있다.[13)]

사실 데이터와 데이터 분석은 과거에도 있었다. 케플러가 행성의 궤도를 연구할 때, 갈릴레오가 목성의 위성을 망원경으로 탐사할 때, 뉴턴이 만유인력의 법칙을 고안해 낼 때도 수많은 관측과 측정 자료를 분석했다. 또한 다윈이 진화론을 완성할 때에도 동물들에 대한 기존의 많은 관찰기록과 자신의 관찰기록을 비교했으며, 멘델이 유전법칙을 완성할 때에도 여러 해 동안 식물의 세대 간의 데이터 분석이 필요했다. 데이터 분석은 새롭게 등장한 신개념이 아니다. 그러나 빅데이터 분석은 기존의 데이터 분석과는 다르다. 어떤 면에서? 답은 데이터의 '변화'에 있다. 데이터가 급격하게 변하면서 데이터를 처리, 저장, 관리하는 방식에 있어서도 새로운 접근을 요구하게 된 것이다.

데이터의 변화에서 첫째는 데이터의 규모(volume)가 바뀌었다는 점이다. 무엇보다 규모가 커졌다. 앞서 이야기했지만 한 명이 한 해 동안 생성하는 데이터의 수가 어마어마하다. 중세 봉건시대에 개인의 데이터 생성량은 요즘과는 달리 그리 크지 않았다. 한 사람이 자기가 살고 있는 마을을 떠나 외부로 이동하는 경우가 드물었고, 따라서 만나는 사람도, 대화하는 양도, 관심을 가질 만한 일도 많지 않았다. 다수가 문자를 잘 몰랐기 때문에 생성해서 남길 수 있는 데이터도 별로 없었다. 이에 비해 현대에는 사람들이 세계를 구석구석 여행한다. 직접 방문할 수도 있고, 인터넷을 따라 가상으로 방문할 수도 있다. 이 과정에서 수많은 사람과 만나고 대화한다. 세계 곳곳에서 사진도 찍고, 방명록이나 일기장 같은 곳에 글도 남긴다. 이를 인터넷과 SNS에 올리면 다른 나라 사람들이 이를 보고 읽으며, 어떤 것들은 여기저기로 퍼 나른다. 누구나 스마트폰을 들고 다니므로 스마트폰을 들고 다니는 자체가 위치 데이터, 속도 데이터 등의 데이터를 만들어 내고 있는 것이다. 이뿐만이 아니다. 신용카드로 물건을 살 때에도, 마트 계산대에서 물건의 바코드를 찍을 때에도, 페이스북이나 인스타그램에 로그인을 한 순간에도, 블로그와 유튜브에서 댓글을 달 때에도, 인터넷 쇼핑몰에 가입을 할 때에도, 병원에 가서 진료를 받을 때에도, 하이패스로 고속도로를 달릴 때에도, 심지어 거리를 돌아다닐 때에도 데이터는 생성된다. 이처럼 한 개인이 태어나서 죽을 때까지 일평생 몇 개의 데이터베이스에 기록되어 저장되는지 셀 수조차 없다.

[그림 3-3]은 데이터 양의 증가 추세를 예시하는 유명한 그래프다. 시간이 지날수록 대규모적으로 데이터가 늘어나는 것을 볼 수 있다. 그냥 바이트(byte)에서 시작하여 킬로바이트(kilo byte), 메가바이트(mega byte), 기가바이트(giga byte), 테라바이트(tera byte), 페타바이트(peta byte), 엑사바이트(exa byte), 제타바이트(zeta byte) 순으로 그동안 우리는 데이터의 수량 단위가 바뀌는 것을 넋을 잃고 지켜볼 수밖에 없었다.

데이터 변화의 둘째는 데이터 형태가 다양해졌다(variety)는 점이다. 데이터는 이제 단순한 숫자만이 아니다. 대개 데이터라고 하

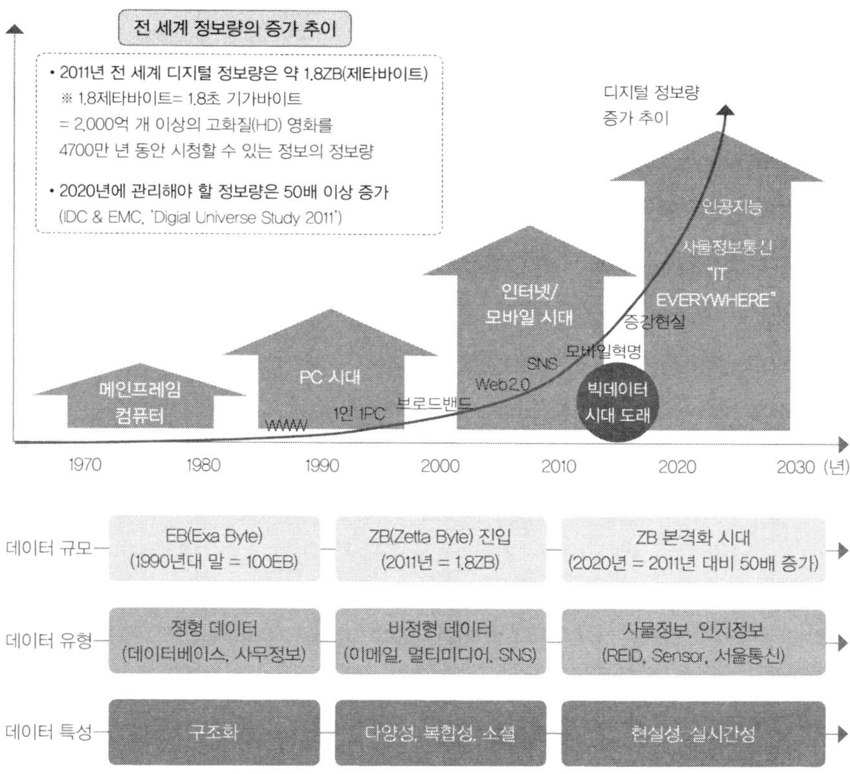

[그림 3-3] 데이터 양의 증가 추세[14)]

면 키와 몸무게, IQ와 성적, 사건이 발생한 날짜, 촛불 집회에 참여한 시민의 숫자, 정당의 지지율, 기업의 매출액, 고용지표, 주가지수, 물가지수 등과 같은 숫자만을 떠올린다. 그렇지만 신문의 기사와 같은 문자, 표도 데이터가 된다. 그림, 동영상, 애니메이션 자체도 데이터다. 매일 누군가와 카카오톡으로 대화하는 대화 메시지도 데이터다. 이런 데이터들은 사람이 직접적으로 만들어 낸다. 한편, 컴퓨터는 여러 형태의 로그 데이터를 생성해 낸다. 컴퓨터 내에서 발생하는 사건을 기록하는 이벤트 로그 데이터, 소프트웨어가 처리한 업무를 기록하는 트랜젝션 로그 데이터, 컴퓨터 내에서 혹은 컴퓨터 간의 대화를 기록하는 메시지 로그 데이터가 그것이다. 이런 데이터는 인간이 컴퓨터를 사용할 때 컴퓨터가 인간의 의지와 관계없이 생산해 내는 데이터들이다. 이런 다양한 데이터가 현대에 와서 크게 늘었다. 이런 다양한 데이터가 빅데이터 현상을 만들며, 데이터 사이언스의 핵심적 분석의 대상이 되는 것이다.

세 번째 데이터 변화는 속도(velocity)에서 나타났다. 우선 데이터 생성이 엄청 빨라진 것이다. 이는 사람들의 행동이 정보통신 테크놀로지에 의해 자동으로 기록되기 때문에 가능해졌다. 누군가의 인위적인 관찰과 측정이 필수적으로 요구되는 것이 아니라는 점이다. 우리가 스마트폰, 컴퓨터, 인터넷 등과 같은 정보통신 테크놀로지를 이용하는 그 순간부터 우리의 모든 행동은 기록된다. 앞에서 기술한 것처럼, 각종 로그 데이터가 이런 역할을 한다. 우리의 삶에서 한순간도 떼어 놓을 수 없는 스마트폰은 정기적으로 기지국과 통신한다. 이는 사용자의 의지와 전혀 관계가 없다. 이것이 싫어서 기지국과 통신할 수 없게 만들면, 그래서 기지국과 통신할 수 없는 스마트폰은 통신기능을 할 수 없는 스마트폰이 된다. 통신기능 자체가 기지국과 스마트폰이 정기적으로 통신하도록 하는 기술에 의해 실현되기 때문이다. 마찬가지로 스마트폰은 기지국이나 서버 혹은 위성에서 쏘아 대는 전파를 받아야만 데이터를 화면에 보여 준다. 사용자가 보내는 대화나 사진과 같은 데이터는 전파를 통해 기지국이나 서버 혹은 위성으로 쏘아야만 보내진다. 이 과정이 모두 기록된다.

데이터 생성의 속도가 빨라지면서 동시에 이를 기록하고 저장하며 처리하는 속도도 빨라졌다. 데이터를 빠르고 효율적으로 관리하는 데이터베이스 기술이 발전한 것이다. 2G, 3G, 4G, 5G라고 하는 용어는 모두 속도와 관련 있다. 얼마나 빨리 데이터를 실어 나르느냐 하는 것은 얼마나 빨리 기록하고 처리하느냐 하는 것과 같은 의미를 지닌 동의어에 다름 아니다. 기지국이나 서버에서 5G 기술로 보내면 사용자의 5G 기술의 스마트폰은 재빨리 내려받기를 하고 스마트폰에 저장한다. 사용자가 찍고 만드는 사진, 동영상은 5G 기술로 인해 빠르게 저장되고, 빠르게 서버로 보내진다. 이쪽에서 분명히 동영상을 보냈는데, 저쪽에서 아직 동영상이 오지 않았다고 하면 얼마 동안 인내심을 가지고 화내거나 짜증 내지 않으며 기다릴 수 있을까? 현대는 이 인내심의 간격을 매우 좁혀 놓았다. 단지 수 초 내에 수십, 수백 메가바이트의 동영상을 전송한다고 하는 것이 광고에 등장한다. 즉, 광고하는 수 초가 지났음에도 데이터가 오지 않는다면 화내거나 짜증 내도 좋다는 의미라고 하겠다. 정성스레 쓴 손 편지를 우체통에 넣고 답장이 오기까지 열흘이고 한 달이고 손꼽아 기다렸던 그 시절은 이제 추억의 책장에서나 찾아볼 수 있다.

🔒 빅데이터와 데이터 사이언스

이처럼 데이터의 변화는 3V(volume, variety, velocity)라고 하는 규모 면, 다양성 면, 속도 면에서의 변화다. 데이터의 변화가 가능한 것은 현대의 ICT라고 칭해지는 정보통신 테크놀로지의 빠른 성장과 발전에 기인한다. 그러면서 이렇게 생성되는 '빅데이터를 어떻게 활용할까?' 하는 생각과 관련 아이디어가 터져 나왔다. 과거에 관찰하고 측정한 필수적인 데이터를 경험적으로 분석해서 많은 정보와 지식을 도출한 것처럼 엄청나게 쌓이고 있는 데이터를 분석하면 새로운 정보와 지식을 도출할 수 있는 가능성이 열리는 것이다. 데이터 사이언스는 빅데이터에 대한 다양한 활용을 추동하고 이를 과학적으로 체계화한다.

그러나 '빅데이터 분석=데이터 사이언스'라는 등식은 올바르지 않다. 빅데이터와 빅데이터 분석은 생성되는 데이터의 양이 현저하게 많은 현대에서 벌어진 일이다. 과거에도 데이터는 있었고, 이를 분석하는 연구자, 학자들이 존재했다. 이들도 넓게 보면 데이터 사이언티스트였다. 그렇다면 데이터 사이언스는 과거에도 있었다고 할 수 있다. 다만, 현대처럼 선형 모델이니 비정형 모델이니 하는 것과 같은 양적 통계분석 방법이 제대로 갖추어져 있지 못했을 뿐이다.

빅데이터 분석은 누가 할까? 당연히 데이터 사이언티스트다. 그럼 데이터 사이언티스트에게 언제나 빅데이터가 필요할까? 역으로 현대가 빅데이터로 가득하기 때문에 데이터 사이언티스트라면 반드시 빅데이터 분석을 해야 할까? 그건 아니다. 적은 수의 데이터를 갖고도 분석한 결과가 빅데이터 분석과 일치할 수 있기 때문이다. 물론 데이터 사이언티스트가 빅데이터 분석을 하지 말아야 할 이유도 없다. 빅데이터 분석이 절대적으로 필요할 경우도 있을 것이다.

그러나 여기에는 조건이 붙는다. 우선 데이터의 품질 문제다. 아무리 빅데이터 분석이 유용하더라도 데이터가 오염되었다면 분석 결과가 좋을 리도 없고, 유용할 리도 없다. 이것은 요리법이 훌륭하더라도 식자재가 썩었다면 맛있고 영양가 있는 요리가 나올 수 없는 것과 매한가지다. 수집되는 데이터가 워낙 대용량이다 보면 원하지 않지만 쓸모없는 데이터들이 포함되기도 한다. 또한 빅데이터 분석의 과정에서 발생하는 비효율성도 생각해야 한다. 빅데이터를 통째로 분석하는 것보다는 적당한 크기로 쪼개어 분석하는 편이, 혹은 빅데이터 내에서 샘플을 추출하여 분석하는 편이 더 좋을 때도 많기 때문이다. 데이터의 양이 많아질수록 데이터의 가치가 반드시 커지는 것도 아니다. 게다가 분석에 사용하는 도구나 소프트웨어가 대용량 데이터 분석에 맞지 않거나 불가능한 경우도 생긴다. 이럴 때는 비싼 비용과 예산 지출을 감수하고서라도 대용량 데이터를 다룰 수 있는 도구나 소프트웨어를 구입해야 하는지에 대한 고민이 필요하다. 빅데이터 분석이 비용과 시간 감수의 가치가 있는지 확인이 요청되는 것이다. 실제로 구글이나 페이스북의 분석가들도 빅데이터를 통째로 분석하는 경우가 드물다고 한다. 일반적으로 빅데이터라 불리는 10테라바이트 이상의 데이터를 분석한 경우는 10% 미만이고, 80% 이상이 1테라바이트보다 적은 데이터를 갖고 분석한다. 더욱이 구글, 페이스북, 다국적 기업, 정부의 공공데이터가 아니면 몇백 테라바이트나 페타바이트 정도의 빅데이터를 접하기는 어렵다.[15)]

그렇다면 수학의 집합 분야에서 포함의 관계처럼 '빅데이터 분석 ⊂ 데이터 사이언스'가 바른 표현이다. 데이터 사이언스 안에 빅데이터 분석이 포함되어 있는 것이다. 빅데이터 분석은 데이터 사이언티스트가 하는 분석 작업의 하나인 것이다. 실제로 데이터 사이언티스트가 지금까지 해 오던 일은 데이터의 양과 크기와는 무관하다. 데이터 사이언티스트에게는 데이터의 양과 크기, 생성되는 속도와 다양성이 절대적인 위치를 차지하는 것이 아니다. 다만, 빅데이터로 인하여 데이터 사이언스의 활용 범위와 가치가 확장되었을 뿐이다.

CHAPTER 04

데이터 사이언스

데이터 사이언스의 출현 배경

20세기 말부터 디지털 네트워크와 정보통신 테크놀로지가 우리 사회 전면에 부각되었다. 이 새로운 기술적 진보가 사회와 삶의 모습을 크게 변화시키고 있다. 이 변화의 배경에는 생성된 데이터의 체계적 분석을 통한 혁신적 서비스와 상품이 존재한다. 사회와 구성원은 이 변화의 바람을 거역할 수 없고, 변화의 결과를 수용할 수밖에 없다. 스스로 수용하느냐 강제로 수용 당하느냐의 차이 그리고 수용 시기에 차이가 있을 뿐이다. 데이터 사이언스가 이 변화의 바람을 일으키고 있다. 데이터 사이언스를 알게 된다면 누구에게나 새로운 가능성은 활짝 열린다.

데이터 사이언스가 출현한 구체적인 배경을 살펴보자. 우선 데이터의 습득이 과거 어느 때보다 지금처럼 용이한 적이 없다. 수

많은 도서관의 자료와 논문 등이 전산화되어 있고, 인터넷은 정보의 바다라고 일컬을 정도로 자료가 지천으로 널려 있다. 참고할 만한 자료가 부족해서, 분야별 지식을 구하는 것이 어려워서 뭔가를 시도하지 못했다는 말은 구차한 변명일 뿐이다. 또한 우리 주변에는 유용하고도 풍부한 디지털 데이터가 산재해 있다. 일단 각 나라별로 공공데이터를 제공하는 포털 사이트가 존재한다. 우리나라는 2013년에 정부 3.0 시대를 열어 데이터 중심의 경제를 구현하고 대국민 서비스를 개선하겠다고 선언했다. 교육부의 대학 정보 공시, 법무부의 모바일 형사 사법 포털 서비스, 경찰청의 경찰 민원 처리, 해양수산부의 해상 교량 현황, 방재청의 계약 정보 공개 등은 소정의 절차를 통하면 누구나 활용할 수 있는 공개된 사례들이다.[1] 우리나라 공공데이터 포털 사이트(https://www.data.go.kr)에 접속해서 데이터셋 탭을 클릭해 보라. 파일데이터, 오픈 API(Application Programming Interface)[2], 표준 데이터, 국가중점데이터, 이슈데이터, 국가데이터맵 등 수만 건의 데이터가 분석을 기다리는 중이다. 공공데이터의 활용 사례도 제시하여 데이터를 어떻게 활용할 수 있는지 벤치마킹의 기회도 제공한다.

또한 교육에 관심이 많은 사람들은 교육 관련 정보와 통계를 제공해 주는 에듀데이터서비스 사이트(EDSS, https://edss.moe.go.kr)를 방문해 보라. 이곳에서 사용자는 초·중등 교육과 관련하여 학교정보공시, 초중등교육통계, 대학수학능력시험자료, 국가학업성취도 평가자료, 특수교육통계, 나이스자료, 에듀파인자료를 구할 수 있으며, 고등·평생 교육과 관련하여 대학정보공시, 고등교육통계, 취업통계, 평생교육통계를 획득할 수 있다.

[그림 4-1] 우리나라 공공데이터 포털 사이트[3)]

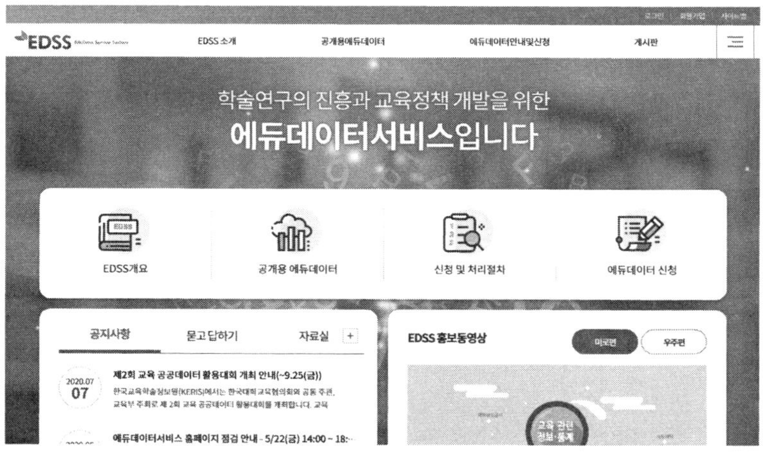

[그림 4-2] 에듀데이터서비스 사이트[4)]

데이터 사이언스 출현 배경으로 또 하나는 변화된 데이터의 성격을 들 수 있다. 데이터의 성격은 '3장 데이터의 이해'에서 이미 설명했다. 데이터의 규모(volume), 데이터 형태의 다양성(variety), 데이터 처리와 전달 속도(velocity)로 요약되는 3V다. 어떤 학자는 여기에 데이터의 가치(value)를 논하고 있다. 데이터의 가치가 과거에 비해 크게 달라져서 데이터 자체가 새로운 가치를 창출한다고 역설한다. 그렇다면 변화된 데이터의 성격은 3V가 아니라 4V인 셈이다.

데이터 사이언스의 출현 배경으로 빠질 수 없는 것이 있다. 눈부시게 발전한 데이터의 수집, 저장, 처리와 분석과 관련한 기술이다. 과거에는 많은 조사원이 여러 날에 걸쳐서 수집해야 할 데이터가 컴퓨터와 네트워크를 통해서 신속하게 그리고 정확히 수집된다. 예컨대, 웹 스크래핑(web scraping) 기술을 이용하여 브라우저 화면에 표시되는 HTML 문서에서 필요한 정보를 추출할 수 있다. R이라고 하는 도구에서 XML 패키지를 이용할 수도 있다. 저장에 필요한 메모리 용량의 확장은 가장 빠르게 성장한 기술 중의 하나다. 과거 초창기 퍼스널 컴퓨터가 시장에 등장했을 때를 기억해 보자. 그때는 하드 드라이브조차 없었다. 컴퓨터를 구동하려면 MS사의 오퍼레이팅 프로그램인 도스(DOS) 디스크(디스켓)를 넣어야 했고, 컴퓨터 구동 이후 그걸 빼고 저장장치인 플로피 디스크를 다시 넣어야 했다. 1990년대 초 3.5인치 플로피 디스크의 저장 용량은 KB 단위로 표기할 만큼 작았으며, 최대 저장 용량은 1.44MB를 넘지 못할 정도로 보잘것없었다. 용량을 확장했지만 대중화되지 못하고 사라진 디스크 종류도 저장장치 역사의 뒤편에 다양하게 포진해 있다.

그중 하나로 플로피 디스크 10장과 맞먹는 100MB의 Zip 디스크가 있었다. 누가 그랬던가? 시대는 더 이상 플로피 디스크를 필요로 하지 않는다고. 필자의 연구실 한쪽 구석에는 당시 쓰던 디스크들이 남아 있다. 과거를 반추하는 추억의 물품인 듯 국내외로 이사를 여러 번 다녔어도 도저히 버릴 수 없었다. CD와 DVD도 출현했다. 완전히 사라진 플로피 디스크와는 달리 CD나 DVD는 아직 연명하고 있는 것으로 보인다. 노트북 컴퓨터에서는 진작부터 사라진 CD나 DVD 드라이브가 아직도 데스크탑 컴퓨터에는 남아 있는 것을 심심치 않게 볼 수 있으니 말이다. 그러나 오래지 않아 몇몇 복고를 좋아하는 마니아를 제외하고는 대중적 삶으로서는 마감할 운명에 처해 있다. 구글에서 검색을 하니 3.5인치 플로피 디스크를 14km 넘게 세워야 저장 용량이 1테라바이트에 이르게 된다고 한다. 도대체 플로피 디스크 몇 장을 쌓아야 14km에 이를까? 땅에 서면 끝이 보이지 않을 것이다. 새끼손톱 크기의 micro SD 카드 중에는 1TB 짜리가 있으니, 과거 1990년대 초반에 지금과 같은 저장 용량의 확대를 감히 상상이나 할 수 있었을까? 이처럼 USB 메모리와 외장 하드 디스켓의 저장 용량은 기하급수적인 증가를 이루어 냈다. 구글이 전 세계의 모든 책을 디지털화하겠다는 야심에 더 이상 데이터 저장의 문제는 이슈가 아니다.

데이터 처리와 분석에서도 큰 발전을 이루었다. 과거에는 기존의 선형 통계 모델에 입각해서 집단 간 차이분석이나 관계분석 또는 인과관계 분석이 대세였다. 선형 모델(linear model)은 분석 대상의 개별적 속성을 수치로 계량화해서 x축과 y축으로 이루어진 좌표 평면에 위치시켜 x에 해당하는 변수와 y에 해당하는 변수 간의 관계로 분석하는 것이다. 만일 분석 대상의 속성을 계량화할 수 없거나 속성이 개별적이지 않고 서로 연결되어 관계를 이루고 있다면 선형 모델로는 분석할 수 없다. 수많은 데이터는 계량화할 수 없는 속성으로 이루어진 것이 많다. 그래서 과거에는 이런 데이터가 쓸모없이 버려지는 데이터로 취급되었거나 아예 수집되지도 않았다. 지금은 이런 데이터가 쓸모없이 버려지지 않는다. 수치로 정형화될 수 없는 비정형 데이터들을 분석할 수 있는 방법이 등장하였기 때문이다. 어쩌면 이 비정형 데이터가 과거에는 분석방법이 없어서 분석할 수 없었고 발견할 수 없었던 새로운 통찰을 제공해 줄 수 있다. 그리고 실제로도 매우 유용한 비정형 데이터가 도처에 자리하고 있다. 게다가 거대한 양의 데이터를 분산해서 처리하고 동시에 병렬로 처리할 수 있는 기술적 진보도 이어졌다. 비정형 데이터 분석을 어렵지 않게 할 수 있도록 하는 통계 프로그램도 개발되었다. SPSS, SAS, AMOS, LISREL과 같은 기존의 유명한 통계 프로그램에 새로운 분석법이 탑재되었고, NodeXL, NetMiner, UCINET 등 사회연결망과 같은 관계 데이터를 분석할 수 있는 새로운 통계 프로그램도 시장에 출시되었으며, 텍스톰(Textom)처럼 텍스트 마이닝 분석을 유료로 해 주는 서비스도 이미 등장했다. 연구자와 분석가는 이 도구들을 사용하여 빅데이터 분석을 실시할 수 있다. 이로써 정형·비정형 데이터를 막론한 빅데이터를 빠르고 쉽게 다룰 수 있는 세상이 도래했다.

데이터 사이언스를 출현시킨 배경에 데이터의 습득, 데이터 성격의 변화, 데이터의 수집, 저장, 처리 및 분석에 관한 기술적 진보만이 있는 게 아니다. 다음의 세 개의 역사적 사례를 통해 데이터가 어떻게 실제 문제해결에 활용될 수 있는지, 데이터가 어떻게 새롭고 혁신적인 문제해결을 이끌어 낼 수 있는지, 데이터의 분석과 시각적 표현이 어떻게 통찰로 이어질 수 있는지를 알 수 있을 것이다. 인류에게는 데이터에 대한 사고의 전환을 촉발시키고 데이터 분석의 잠재된 유용성을 깨닫게 하는 역사적 경험이 축적되어 있었다. 작은 성냥불 하나라도 그어 대면 곧장 활활 타오르는 바짝 마른 장작더미마냥 작은 불꽃을 기다리고 있었던 것이다.

그 첫 번째로 소개할 역사적 경험은 백의의 천사로 알려진 영국 간호사 플로렌스 나이팅게일(Florence Nightingale)의 사례다. 그녀는 러시아와 연합국 사이에서 일어난 '크림 전쟁'[5] 중에 자원하여 야전병원 간호사로 파견을 나갔다. 그녀는 전쟁 중 야전병원에서의 온갖 고초 속에서도 불굴의 의지와 열정을 갖고 불결하고 엉망

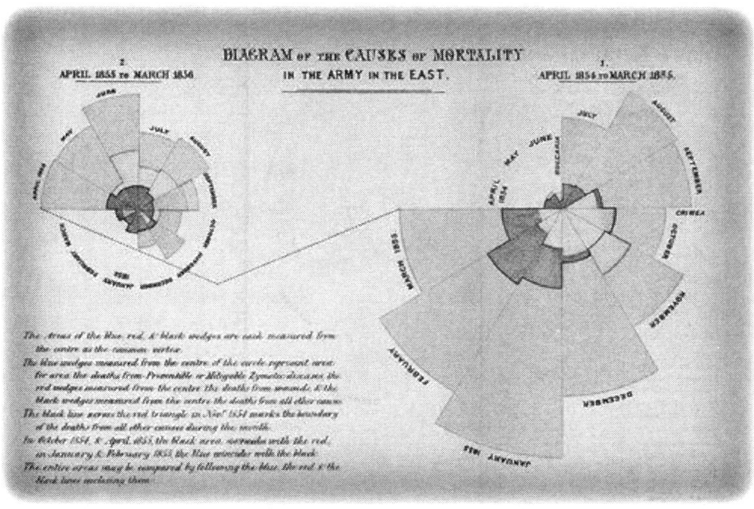

[그림 4-3] 나이팅게일의 폴라 그래프[6]

인 병원의 시설을 개선하고, 필요한 의약품과 물품을 조달하며, 병원의 규율과 행정을 체계화하는 데 성공했다. 이런 탁월한 업적을 바탕으로 죽어 가는 많은 병사를 살릴 수 있었다. 이 탁월한 업적은 부상병 및 사망자에 대하여 꼼꼼하게 기록하여 정리한 데이터와 그 데이터를 분석하여 시각화한 폴라 그래프(polar graph)에서 비롯된다. [그림 4-3]에서 보는 바와 같이 그녀는 조각처럼 쪼개진 부채꼴을 월(month)로 나타내고, 부채꼴을 다시 쪼개 색으로 표시했다. 그리고 콜레라, 장티푸스처럼 예방할 수 있는 전염병으로 사망한 환자의 수를 부채꼴 제일 외곽에, 부분 외상으로 사망한 환자의 수를 부채꼴의 중앙에 그리고 다른 원인으로 사망한 환자의 수를 검은색으로 표현했다. 전쟁터에서 사망한 병사보다 열악한 위생환경 때문에 사망한 병사가 더 많다는 사실을 이 그래프는 직관적으로 보여 주고 있다. 이로써 전쟁 중에 발생하는 병사의 사망 패턴이 밝혀졌고, 영국 정부는 야전병원의 위생을 개선했다. 데이터와 데이터의 분석이 사람을 살린 것이다.

다음으로 소개할 역사적 경험도 사람을 살린 데이터에 대한 이야기다. 1854년 런던에서 유행했던 콜레라의 원인을 밝혀낸 영국인 의사 존 스노우(John Snow)의 사례다. 당시 의사들은 콜레라의 원인을 런던의 오염된 공기라고 믿었다. 그러나 그는 런던의 지도를 펼쳐 콜레라가 발병한 집들과 환자 수, 사망자 수를 실제 제작된 지도 위에 표시했다. 검은색 막대가 사망한 사람의 수를 나타낸다([그림 4-4] 참조). 이 지도에서 그가 발견한 것은 콜레라가 특정 지역에 집중되었다는 것과 그 지역 중심에 식수원 펌프가 있다는 것이었다. 오염된 공기가 아니라 오염된 물이 콜레라의 원인일 수 있다는 것에 생각이 미치자 그는 콜레라가 발병한 집을 방문해 펌프의 물을 마셨는지 여부를 확인했다. 콜레라가 물의 오염이 발병의 주요 원인인 수인성 전염병이라는 것이 밝혀지는 순간이었다. 그의 건의와 설득에 따라 펌프는 폐쇄되었고, 콜레라의 유행은 사라졌다. 나이팅게일의 사례와 존 스노우의 사례는 데이터를 분석하고 시각적으로 표현했을 때 얻을 수 있는 통찰을 보여 준다.

또한 프랑스의 토목공학자 찰스 조셉 미나드(Charles Joseph Minard)가 그린 나폴레옹 군대의 1812년 러시아 원정 지도 역시 역사적 경험에서 빼놓을 수 없다. 그의 다이어그램은 나폴레옹의 군대가 러시아로 진격해서 퇴각할 때까지 공간 데이터와 시간별 숫자 데이터를 연동하여 2차원 차트에 표현함으로써 역사상 가장 훌

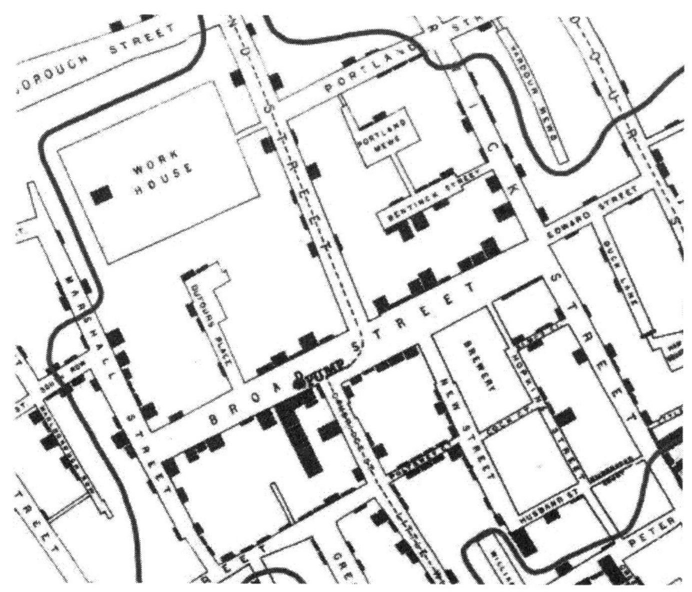

[그림 4-4] 콜레라와 사망자 지도[7]

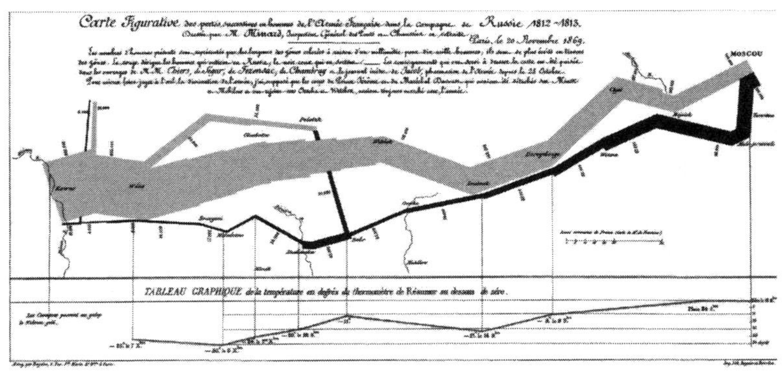

[그림 4-5] 나폴레옹 군대의 러시아 원정 다이어그램[8)]

륭한 인포그래픽이란 평가를 받는다. 구체적으로 연한 회색과 검은색은 러시아로 진격할 때와 퇴각할 때 각 지역에 위치한 군대와 이동 궤적을 의미하며, 생존 병력은 선의 두께로 표시했고, 이와 연동한 기온과 타임라인을 제시했다. 진격할 때와 비교해서 퇴각할 때의 선의 두께가 가늘어지는 것을 통해 희생자가 점점 늘어나고 있다는 것과 당시의 날씨가 영하의 혹한이라는 것을 알 수 있다. 이 사례는 나폴레옹의 군대가 겪어야 했던 참혹한 상황과 실패를 직관적으로 보여 준다.

2019년 말 이래로 지금까지 여전히 전 지구촌을 연일 강타하고 있는 신종 코로나바이러스는 아직까지 해결의 끝이 잘 보이지 않는다. 팬데믹이라는 감염병 대유행이 여전히 진행 중이다. 지금까지 중증으로 진행되어 목숨을 잃은 환자가 전 세계적으로 많다. 이 바이러스가 심각한 문제가 되는 이유는 표준화된 치료법과 백신이 개발되지 않았기 때문이다. 따라서 모두가 바이러스에 접촉하지 않도록 조심하는 것만이 치료제와 백신이 개발되기 전까지 취할

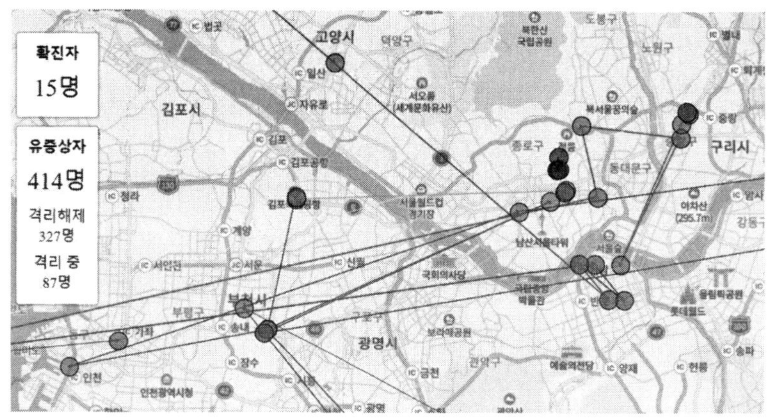

[그림 4–6] 신종 코로나바이러스 감염 확진자 이동 동선 디지털 지도[9)]

수밖에 없는 안전한 대처다. 안전한 대처란 바이러스의 숙주인 감염 확진자와 접촉하지 않는 것이다. 이를 위해서 당연히 확진자들이 다녀간 장소를 피해야 한다. 문제는 그들이 어디를 다녀갔는지를 어떻게 파악할 수 있느냐 하는 점이다. 이를 우아하게 해결한 것이 [그림 4–6]이다. 위치 기반 서비스를 토대로 국내 신종 코로나바이러스에 감염된 확진자들이 다녀간 지역을 디지털 지도에 표시하여 한눈에 볼 수 있도록 했다. 아마도 이와 유사한 그림을 데이터 사이언스를 공부할 때 자주 접하게 될 것으로 보인다. 확진자의 데이터와 위치 데이터를 결합하여 만들어 낸 데이터 사이언스의 결과물이기 때문이다.

데이터 사이언스, 왜 필요한가

다음에 나열한 리스트와 간략한 설명을 빠르게 훑어보자. 우리나라 공공데이터 포털 사이트인 https://www.data.go.kr에서 제공하는 공공데이터의 활용 사례들이다. 아주 많고 다양한 사례 중에서 분야별로 한 개씩만 임의로 선택해서 인용했다.

- 보닥(BOEDOC, 보건의료 분야): 현재 증상을 입력하여 의료 빅데이터를 기반으로 예상되는 질병의 정보를 제공하며, 진료에 따른 진료과 추천, 예상 병원 비용 등을 제공하는 모바일 앱 서비스
- 모아날씨(환경기상 분야): 즐겨찾는 지역을 지정하여 실시간으로 현재 날씨, 시간별 예보, 주간 예보를 확인할 수 있으며, 전국 바람의 방향을 레이더로, 미세 먼지는 가장 가까운 측정소 정보로 간편하게 확인할 수 있는 모바일 앱 서비스
- 랜드 매칭(국토관리 분야): 부동산 실거래가, 부동산중개업 정보, 공동주택 정보 등 부동산 관련 통합 정보를 제공하며, 공동주택별 홈페이지를 통해 관리비와 에너지 정보, 커뮤니티 기능 등을 제공하는 온 국민 부동산 플랫폼의 웹 사이트 서비스
- 나라님(공공행정 분야): 선거 후보자 정보 검색 및 타 유저들의 공약평가 등을 공유하여 모든 선거 후보자를 평가할 수 있도록 도와주는 모바일 앱 서비스
- 옛집 투어(문화관광 분야): 조상의 얼이 깃든 전통가옥의 고택

관광을 제공하는 모바일 앱 서비스

◆ 펫나우(농축수산 분야): 유실견 예방 및 찾기를 위한 목적으로 반려견의 비문(코)을 등록하고 인식하기 위해 수집하는 모바일 앱 서비스

◆ 전기자동차충전소(산업고용 분야): 전국에 설치된 전기자동차 충전소의 주소 및 충전기 보유 현황을 시도별로 쉽게 파악할 수 있는 모바일 앱 서비스

◆ 전국스마트버스(교통물류 분야): 전국의 모든 버스 이용자에게 기존 버스 앱들의 장점은 살리며, 단점은 보완하고, 이용자에게 신기능들을 활용하여 정확한 버스 정보 및 실시간 버스 도착 정보를 제공하는 모바일 앱 서비스

◆ 생활 속 안전(재난안전 분야): 전 세계적으로 어떤 기업에서 무슨 이유로 언제 리콜이 되었는지, 언제 인증을 받았는지에 대한 상세한 정보를 제공하며, 일상생활에서 흔히 찾아볼 수 있는 표지판에 대한 상세한 설명과 세세한 분류로 보다 정확하고 신속한 검색을 지원하는 모바일 앱 서비스

◆ 모두의 WIFI(과학기술 분야): 주변의 모든 무료 와이파이는 물론 유료 와이파이도 서로 공유하여 쓰는 새로운 개념의 모바일 앱 서비스

◆ 출발점(교육 분야): 등교 전에 학생들이 시간표 및 급식 현황을 확인할 수 있으며, 전국 학교의 기본 정보를 확인할 수 있는 모바일 앱 서비스

◆ 더캠프(THE CAMP, 통일외교안보 분야): 입대한 장병과 해당 장병의 가족, 친구, 애인이 자유롭게 소통할 수 있는 커뮤니티 기

능과 전역, 진급일 및 병영생활 정보를 쉽고 빠르게 확인할 수 있는 모바일 앱 서비스

◆ 오늘의 경매(법률 분야): 유튜브 실전경매교육, 무료경매정보, 법원/부동산/아파트 경매 등 다양한 경매에 대한 교육과 정보를 제공해 주는 모바일 앱 서비스

◆ 돌고(사회복지 분야): 지역별 · 기간별 자원봉사 정보 검색 및 자원봉사 관련 정보를 제공해 주는 모바일 앱 서비스

◆ 엄선(식품건강 분야): 식품 첨가물과 주의 성분을 한눈에 확인할 수 있으며, 영양 등급으로 식품의 영양을 체크하고, 알레르기 성분까지 알 수 있는 모바일 앱 서비스

이 사례들을 보며 알 수 있는 것은 이것들이 어느 순간부터 일상생활에서 평범하게 사용되고 있는 서비스란 사실이다. 국가나 기업 단위에서 실행되는 거창하고 화려한 빅데이터나 데이터 사이언스 프로젝트의 결과는 아니지만 이런 서비스들로 인해서 과거보다 우리의 삶이 훨씬 편리해졌다. 주변의 편리한 서비스들이 실은 데이터 사이언스의 결과 활용인 것을 보면 우리와 무관한 다른 별나라 세계에서 벌어지는 일이 아님을 깨달을 수 있다.

앞의 사례를 다시 보자. 이번에는 사례가 다루고 있는 분야에 초점을 두자. 현재뿐만 아니라 미래에도 영향을 미칠 수 있는 분야가 다양하다는 점이 핵심이다. 이런 사례들은 개인이나 정부나 기업의 차원에서 앞으로도 수없이 나타날 것이다. 정부의 입장이야 당연히 국가 안전, 기후나 지질, 교통과 통신, 의료와 교육, 교통 등 국민의 삶의 질 향상을 위한 대국민 서비스 개선이다. 개인의 차원

이 다양한 분야에서 비교적 소규모 프로젝트라면, 정부는 개인의 차원을 훨씬 넘어선 대규모 프로젝트라야만 한다. 기업의 입장에서는 기업 가치의 제고와 경영 성과를 위한 전략으로 접근한다. 이를 위해 데이터를 분석하여 솔루션을 개발하고 비즈니스 프로세스의 최적화를 추구한다. 사용자 로그 데이터를 활용하여 기존의 페이지 랭크의 알고리즘을 혁신한 구글, 구매 패턴을 분석해 상품 진열에 활용한 월마트(Walmart), 페타바이트(PB) 수준의 초거대 데이터 저장소를 보유하고 있지만 그 많은 데이터를 가지고 무엇을 하고 있는지 잘 알려지지 않은 애플, 센서 데이터를 분석하는 지능형 솔루션 산업인터넷(Industry of Things)을 개발한 기업 GE(General Electric), 앱으로 걸음 수, 소비 칼로리, 혈압 등의 건강 상태 데이터를 수집/분석하여 건강 상태를 분류하고 이를 보험료 계산에 활용한 일본 AXA 생명보험회사, 데이터를 기반으로 자사만의 모델을 만들고 전사 차원에서 고객을 세분화하여 마이크로 타기팅(micro targeting)을 통해 마케팅 비용을 최적화한 뱅크 오브 아메리카(Bank of America), 고객의 리뷰와 평가 등급을 이용해 개인 맞춤형 추천 시스템을 개발하여 활용하고 있는 넷플릭스(Netflix) 등 제조, 유통, 금융, 인터넷과 같은 다양한 업종의 사례가 쏟아지고 있다.[10]

더욱이 데이터의 가치는 인터넷과 SNS 세계에서 복합성을 갖게 된다. 무슨 뜻일까? 누군가가 인터넷과 SNS에 글을 써서, 사진을 찍어서, 동영상을 만들어서, 아니면 실시간으로 방송을 한다. 이른바 콘텐츠를 올리는 것이다. 실제 인터넷과 SNS상에서 상당수의 콘텐츠가 무료로 제공되지만 콘텐츠는 자체로 가격을 갖고 수익을 낼 수 있는 1차 데이터다.[11] 콘텐츠의 창작자는 수익만이 아니라 스스로를 표현하기 위해, 콘텐츠를 남과 공유하기 위해, 또는 남에게 평가받기 위해 올리기도 한다. 이러한 1차 데이터를 읽거나 시청한 누군가가 여러 반응을 한다. 예컨대, '좋아요'를 누르고, '별풍선'을 보내고, 여러 다양한 '표정'의 이모티콘을 올리고, '구독자'가 되고, '친구'나 '이웃'을 신청하고, 응원이나 비난의 '댓글'을 단다. 이러한 좋아요, 별풍선, 표정 이모티콘, 구독자, 친구나 이웃, 댓글에 또 다른 누군가가 다시 반응을 한다. 또한 누군가가 이러한 일을 할 때 서버에는 검색 기록, 다운로드 기록, 웹 서핑 기록이 남는다. 이는 1차 데이터에 대한 2차 데이터라고 할 수 있다. 데이터의 가치가 복합성을 갖게 되는 이유는 이처럼 1차 데이터가 인터넷과 SNS에 올라가서 사람들에게 소비될 때 2차 데이터를 생산하기 때문이다. 이로써 데이터의 가치는 1차 데이터에만이 아니라 2차 데이터에도 존재하게 된다. 사실 인터넷과 SNS에는 1차 데이터보다 2차 데이터가 훨씬 많다. 인기 있는 1차 데이터는 끝이 보이지 않는 반응이 이어지는 것이다. 분별 있는 독자는 2차 데이터에 대한 3차 데이터도 존재할 수 있음을 눈치챘을 것이다.

많은 인터넷 기업이 2차 데이터에 관심을 표명한다. 콘텐츠 자체보다 누가, 언제, 어디서, 어떤 상황에서 이용했는지가 중요시되는 것이다. 왜냐면 각각의 개별적인 2차 데이터는 1차 데이터에 비하면 보잘 것 없지만 대량으로 모이면 힘을 발휘하기 때문이다. 어떤 콘텐츠, 즉 어떤 1차 데이터에 사람들이 환호하고 몰리는지를 보여주는 확실한 지표적 자료가 되는 것이다. 이 2차 데이터를 성(性), 나이, 지역, 직업, 국가, 인종 등의 기준으로 세밀하게 분석하면 트렌드를 추론할 수 있고, 앞으로 어떤 내용이 대세가 될 것인가를 예측할 수 있으며, 개개인에게 특화된 맞춤형의 서비스도 창출할 수 있다. 데이터 사이언스가 이 일을 한다.

한편, 1차 데이터인 콘텐츠도 또 다른 1차 콘텐츠가 만나면서 새로운 가치를 창출한다. 콘텐츠끼리, 데이터끼리 연결되는 것이다. 다시 말해, 데이터의 짝짓기 현상이다.[12] 예를 들어 보자. 지도라는 콘텐츠와 홍길동의 GPS 위치 정보가 연결되면 현재 홍길동의 위치를 지도상에서 특정할 수 있다. [그림 4-6]에서 볼 수 있듯이 신종 코로나바이러스 감염 확진자의 동선을 지도에 표시할 수 있는 것처럼 말이다. 이것이 과거 자동차에 항상 비치되어 있었던 전국 지도를 어느 순간 사라지게 만들어 버린 자동차 내비게이션의 작동 원리다. 더 이상 과거처럼 지도를 펴서 목적지로 가는 길을 찾지 않아도 된다. 여기에 속도 정보를 더하면 홍길동이 자동차를 운전하고 있는지, 걷고 있는지를 알 수 있다. 느리게 움직이는데 그곳이 차도라면 차가 많아서 막히고 있다는 증거일 수 있다. 또 시간 정보를 더하면 홍길동이 있는 위치가 사무실인지 집인지도 파악이 가능하다. 홍길동의 움직임이 오랫동안 거의 없는데 그때가 낮이면 십중팔구 직장일 것이며, 그때가 밤이면 집일 가능성이 농후하다. 또한 검색 데이터와 구매 데이터가 연결되면 홍길동의 성별과 취미가 드러난다. 예컨대, 인터넷에서 자주 검색하는 단어나 내용이 주로 화장품이거나 여성 옷이고 그걸 종종 구매한다면 홍길동은 여자일 가능성이 크며, 같은 내용을 매우 적은 빈도로 검색하고 어쩌다 구매한다면 홍길동은 남자로 아내나 여자 친구에게 줄 선물을 고른 것일 수 있다. 대개 남자라면 아마도 검색 주제가 자동차, 스포츠 관련일 가능성이 크다. 왜냐면 3장에서 설명한『화성에서 온 남자, 금성에서 온 여자』처럼 남녀의 성별에 따른 차이를 이미 알고 있기 때문이다. 취미와 취향도 마찬가지다. 특정 내용에 자주 혹은 집중적으로 검색을 한다면 홍길동이 그것에 관심을 갖고 있다고 볼 수 있으며, 그것은 아마 취미 혹은 취향일 가능성이 크다. 여기에 주말의 위치 데이터가 더해지면 취미라는 것이 거의 확실해진다. 이처럼 데이터를 연결시키는 것만으로도 유용한 정보를 추론해 낼 수 있다. 즉, 연결시킨 데이터에 새로운 가치가 생성되고 부가된 것이다. 새로운 가치는 다시 여러 기준에 따라 세밀한 분석을 거쳐 트렌드, 맞춤형 서비스, 미래 예측에 동원할 수 있다. 이것이 데이터 사이언스가 하는 일이다.

이 모든 예가 데이터들이 갖고 있는 유용한 가치를 말하고 있으며, 데이터 분석을 통한 새로운 비즈니스를 이야기하고 있다. 이는 2016년 다보스 포럼에서 예견한 4차 산업혁명이 가져올 고용시장의 변화, 즉 일자리의 감소나 대체와 직접적으로 연결된다. 좋다고 생각되는 일자리는 역량 있는 사람이 획득하는 자본주의 사회에서 데이터 사이언스는 선택이 아니라 필수다.

데이터 사이언스가 필요한 이유는 비즈니스의 가능성에만 국한되지 않는다. 데이터 사이언스는 역사와 세상을 새롭게 바라볼 수 있는 도구로서도 훌륭한 렌즈의 역할을 한다. 마치 데이터 사이언스가 역사적이며 공간적으로 현재 그리고 여기에서 발생하고 있는 미묘하고 작은 변화를 관찰할 수 있는 현미경의 역할을 하는 것과 같으며, 오래된 과거와 멀리 떨어져 있는 거기에서 발생한 변화를 관찰할 수 있는 망원경의 역할을 하는 것과 같다.[13] 왜냐고? 데이터는 시간적으로 과거로부터 현재를 거쳐 미래로 이어지는 매

순간마다 지속적으로 축적이 이루어진다. 과거의 데이터가 현재의 데이터와 연결되고, 현재의 데이터가 미래의 데이터와 연결되는 것이다. 시간적으로 연결된 데이터는 역사적 · 종적인 흐름을 반영한다. 이를 분석하면 과거와 현재의 패턴을 알 수 있고, 미래의 패턴을 예측할 수 있다. 또한 데이터는 공간적으로도 확장되는데, 이 확장의 매 순간마다 지속적인 축적이 일어난다. 이 데이터의 축적은 저기의 데이터가 여기의 데이터와 연결되고, 여기의 데이터가 거기의 데이터와 연결되는 동시대의 횡적 흐름을 반영한다. 이를 분석하면 동시대의 상이한 장소에서 발생하는 패턴을 알 수 있고, 이 패턴끼리 비교를 하면 그 외 다른 지역에서 발생할 수 있는 패턴을 예측할 수 있다. 따라서 수집되는 데이터는 통시적 그리고 공시적 정보를 모두 포함하는데, 어떤 형태로든 인류의 역사적 기록이며 문화적 산물이다. 이 역사 · 문화적 기록과 산물을 적절하게 분석할 수 있는 도구가 있다면 그것이 바로 데이터 사이언스일 것이다.

출현 배경과 선구적인 역사적 사건들 그리고 비즈니스의 가능성과 도구로서의 역할 등에서 추론할 수 있듯이 데이터를 체계적으로 연구하고 분석하는 데이터 사이언스의 가능성은 무한하다. 최근 우리 시대 오피니언 리더의 다음과 같은 언급은 데이터 사이언스의 가능성을 다시금 일깨워 준다.

> 트렌드를 읽는다고 100% 성공을 보장할 수 없다. 하지만 트렌드를 읽지 못하면 100% 실패를 보장할 수 있다.[14)]

세계적인 석학이며 미래학자인 피터 드러커(Peter Drucker)의 이 말은 데이터가 트렌드를 제시할 것이라는 점을 지적하고 있다. 트렌드를 확인하기 위해서는 사람들이 구글에서 어떤 단어나 주제로 검색하는지를 보라는 말이 있을 정도다.

> 1930년대에는 '보이지 않는 손'이 시장에 있다고 믿었기 때문에, 그래서 시장경제가 이겼다. 하지만 손에 데이터를 쥐고 있는 지금의 우리는 예전의 보이지 않던 그 손을 볼 수 있게 되었다.[15)]

알리바바 그룹(Alibaba Group)의 회장 마윈(馬雲, Ma Yun)이 했던 말이다. 자본주의 사회에서 보이지 않는 손은 가격이 시장에서 작동한다는 것을 의미했다. 수요와 공급이 일치하는 곳에서 가격이 설정된다는 뜻이었다. 수요가 많은데 공급이 딸리면 가격은 오르고, 반대로 공급은 많은데 수요가 적으면 가격이 내려간다는 것이다. 온라인 시장으로 크게 성공한 마윈은 데이터가 이런 시장에서 가격과 같은 역할을 한다고 생각했다. 차이가 있다면 가격은 보이지 않는 반면에 데이터는 적절히 가공을 한다면 눈으로 볼 수 있도록 만들 수 있다는 것이다. 그러면서 그는 실시간으로 생기는 데이터 기술에 주목하며 정보기술의 시대가 저물고 데이터 기술의 시대를 예상했다.

> 우리는 절대로 데이터를 버리지 않는다.[16)]

> 데이터는 산업혁명 시대의 석유 같은 자원이다.[17)]

> 모바일 및 IoT 기술을 통해 데이터를 수집하고, 인공지능(AI)과 머신러닝으로 분석한 데이터에서 통찰을 도출하며, 이후 몰입형 및 협업 컴퓨팅으로 통찰력을 실제에 구현하는 일련의 과정을 통해 폭증하는 데이터를 기업의 미래 자산으로 활용할 수 있다.[18)]

아마존(Amazon) 회장 제프 베이조스(Jeff Bezos)와 소프트뱅크(Softbank) 회장 손정의 그리고 델(Dell) 서비스 및 디지털 사장 하워드 엘리어스(Haward Elias)는 모두 유사한 생각을 했다. 데이터가 유용한 가치를 갖고 있는 자원이라는 점이다. 그리고 기업들의 디지털 전환의 현재와 나아갈 방향을 제시한다. 구글, 애플, 페이스북, 아마존, 이베이(e-Bay) 등 정보통신기술을 기반으로 하는 많은 기업이 끊임없이 데이터를 수집하고 저장하여 관리하는 이유다.

🔒 데이터 사이언스, 무엇인가

일반적으로 데이터 사이언스를 우리말로 직역하여 자료과학(資料科學)이라고 하지 않고 '데이터 과학' 혹은 '데이터 사이언스'라고 하는 이유는 이 책의 3장에서 설명했다. 그리고 데이터 사이언스가 단순히 자료를 수집하는 것에 그치는 것이 아니라 분석하고 해석하는 논리적 과정을 포함하고 있다고도 했다. 그렇다면 보다 구체적으로 데이터 사이언스는 어떤 분야에서 무엇을 하는 것일까? 데이터 사이언스에는 여러 정의가 존재한다. 우선 위키백과가 정의하는 데이터 사이언스다.

◆ 다양한 데이터로부터 지식과 통찰을 추출하는 데 과학적 방법론, 프로세스, 알고리즘, 시스템을 동원하는 융합 분야
◆ 대량의 정보와 데이터 분석을 통해 사람의 행동, 습관, 패턴을 알게 하고, 미래를 예측할 수 있는 기술

우리나라 국어사전을 찾아보면 데이터 사이언스를 이렇게 간략히 설명했다.

◆ 데이터로부터 필요한 정보를 추출하는 학문

또한 통계학자들의 데이터 사이언스의 정의는 이러하다.

◆ 데이터 분석에 관한 지식을 기반으로 다양한 데이터로부터 필요한 정보를 활용하는 융합 분야 연구

비록 매우 간략한 것도 있지만 여러 정의는 대체로 의미가 대동소이한 측면이 있다. 데이터 사이언스를 다양한 정의에서 나온 공통적이고 핵심 단어만을 추려 내어 간단히 정의를 내리면, '데이터 분석을 통한 문제해결 분야'가 된다. 이 정의는 외우기는 용이하지만 데이터 사이언스가 어떤 분야에 속하고 무엇을 하는지 정확히 파악하는 데에는 어려움이 있다. 각 핵심 개념에 대한 조건이나 설명이 추가되어야 한다.

먼저, 데이터부터 설명을 추가해 보자. 데이터는 하나의 유형만 있는 것이 아니다. 사람에 대한 데이터일 수도 있고, 자연 현상

에 대한 데이터일 수도 있다. 숫자일 수도, 단어일 수도 있다. 개인에게 속해 있는 나이, 성별, 직업과 같은 속성일 수도 있지만, 그 속성과 속성끼리의 관계일 수도 있다. 데이터가 단순하지 않고 다양하다는 것이다. 또한 데이터는 저절로 주어지는 것이 아니다. 아무 때나 원하는 시기에 내게 필요한 데이터가 놓여 있는 것이 아니다. 통계청과 같은 공공기관이 꽤 유용한 데이터를 확보하여 대중에게 공개하더라도 그 데이터가 내가 바라는 꼭 필요한 데이터가 아닐 경우가 훨씬 더 높다. 사립기관이나 기업에서 확보한 데이터는 쉽게 공개되지도 않는다. 주변에 수많은 데이터가 분석을 기다리지만 내게 꼭 필요한 데이터는 내가 발품을 팔아서라도 확보하고 필요하면 정제해야 한다는 뜻이다.

다음으로 분석의 설명을 추가해 보자. 분석은 아무렇게나 대충하는 것이 아니라 과학적이어야 한다. 과학적이라 함은 따르고 지켜야 할 체계적인 절차와 과정이 있고, 오류의 가능성을 최소화해야 한다는 점을 내포한다. 이를 위해 과학적 분석 절차인 각종 분석법, 통계법이 마련되어 있다. 분석하는 사람은 이에 관한 지식을 갖추어야 한다. 그런데 분석법에 대한 지식만 갖고는 부족하다. 통계는 분석을 위한 수단이나 도구일 뿐이기 때문이다.

아무리 과학적인 절차에 의해 분석을 했어도 분석 결과를 적절하게 해석할 수 없다면 아무짝에도 쓸모가 없다. 해석은 분석 결과를 논리와 근거를 들어가며 설명하는 일이며, 때로는 다른 사람을 납득시키는 일도 포함된다. 무릇 결과에는 여러 원인이나 이유 및 요인이 있기 마련이다. 결과를 어떻게 해석할 것인가는 다양한 원인, 이유, 요인 중에서 단순히 선택하여 제시하는 기계적인 절차가 아니다. 해석은 겉으로 드러나지 않은 원인, 여러 개가 복합적으로 작용하는 이유, 역동적으로 상호작용하는 요인을 고려해야 하는 상당히 복잡한 작업이다. 분석 결과를 원인, 이유, 요인에 연결하는 유의미한 유추와 근거, 설득력을 갖춘 논리성, 때로는 기존의 설명과는 다른 혁신적이며 창의적인 설명이 해석에 요구된다.

이때 필요한 것이 통찰(洞察)이다. 분석하고자 하는 현상과 결과 그리고 해석을 큰 틀에서 전체적으로 바라볼 수 있는 시야와 안목이 필요하다. 통찰은 예리한 관찰력으로 사물을 꿰뚫어 보는 능력이다. 그래서 통찰력 있는 사람들은 대상들(예: 정보, 지식) 사이에 숨어 있는 관계를 찾아낸다. 각각 분리되어 있는 대상 간의 연결고리를 찾아서 상관관계나 인과관계와 같은 보이지 않는 관련성을 파악하는 것이다. 즉, 정보들이 인간의 삶과 어떤 형태로 연결되어 있는지를 확인하는 일이다.

통찰의 개념을 확실히 이해하기 위해서는 관찰(觀察)과 성찰(省察)을 통찰과 한꺼번에 이해하는 것이 좋다. 왜냐하면 통찰은 관찰과 성찰을 모두 한 요소로 갖고 있기 때문이다. 관찰은 나를 중심으로 나의 외부 환경이나 세계를 바라보는 것이다. 다시 말해, 외부 환경의 대상과 그 대상들 사이의 상호작용에 주의하면서 대상들 사이의 관계를 파악하는 작업이 관찰이다. 또한 성찰은 관찰과 반대로 나를 중심으로 나의 내부 환경이나 내면의 세계를 깊이 바라보는 것이다. 이때 내면의 세계란 행동에 영향을 미치는 자신의 사고와 행동을 뜻한다. 나의 사고와 행동이 다른 사람이나 환경에 영향을 미치는 것이다. 따라서 다른 사람과의 관계 이해나 환경과의 상호작용의 올바른 이해는 나 자신을 이해하지 못한 상태에서는 충분하지 않다. 내가 이미 다른 사람의 관계망과 환경 안에 들어와 있으며, 다른 사람과 환경 그리고 그것들과의 상호작용은 나로 인해 적지 않게 영향을 받고 있는 상태이기 때문이다. 통찰은 이처럼 외부를 바라보는 관찰과 내면을 살펴보는 성찰을 기반으로 한다. 이로써 대상과 대상들 사이의 숨겨진 관계 파악이 가능해진다(통찰에 대한 더 많은 정보는 10장 참조).[19]

다음은 문제를 생각해 보자. 문제는 도처에 있다. 사실상 삶 자체가 해결해야 할 문제로 이루어져 있다고 해도 과언이 아니다. 아침에 일어나서 무엇을 먹을까, 입을까 하는 누군가에게는 사소한(다른 어떤 누군가에게는 매우 심각한) 문제부터 어느 펀드에 얼마를 투자해야 하는지, 조직 내 최적의 인사관리를 위해 어떤 의사결정을 해야 할까 하는 누군가에게는 매우 심각한 (다른 어떤 누군가에게는 사소한) 문제까지 문제와 문제해결은 모두의 관심사이면서 모두에게 영향을 미친다. 해결해야 할 문제가 주어져 있다면, 무슨 문제인지를 볼 수 있다면 다행이다. 이럴 경우에는 대책 마련이 쉽다. 그러나 현실은 앞으로 발생할, 보이지 않는 문제로 이루어져 있고, 이것이 진짜 참(authentic) 문제다. 아직 발생하지 않았기 때문에 문제에 의한 상황과 사태가 어떠할지 알 수 없다. 어떤 영향을 미칠지 예측하기 어렵다. 손 놓고 있다가 문제가 발생한 후 해결안을 강구하는 것은 낭비다. 그렇다고 해서 발생 확률이 적은 문제까지도 일일이 해결안을 강구하는 것 또한 낭비다. 필요한 것은 특정의 조건이 다다르면 나타나는 잠재적이면서 파급력이 높은 문제를 선제적으로 대처하는 것이다. 이 또한 앞서 언급한 통찰, 관찰, 성찰의 찰 3총사가 요구된다. 효과적인 기업이나 조직, 훌륭한 사회나 국가는 문제가 발생하기 전에 미리 해결한다.

이런 추가된 논의를 바탕으로 '데이터 분석을 통한 문제해결 분야'라는 간략한 데이터 사이언스의 정의에 개념적 살을 붙여 보면 다음과 같다. 이 책에서 데이터 사이언스는 이 정의를 따른다.

다양한 유형의 수집된 데이터의 과학적 분석을 통찰에 기반을 두고 해석하면서 주어진 혹은 잠재적인 문제를 해결하는 분야

데이터 사이언스, 무엇을 할 수 있는가

데이터 사이언스와 함께 또는 데이터 사이언스를 통하여 무엇을 할 수 있을까? 이 질문에 대한 가장 핵심적인 답은 데이터 사이언스 정의에 이미 드러나 있다. 이 책의 7장에서 기술한 것처럼 다양한 문제의 종류나 유형에 따라 문제를 해결하는 것이다. 문제해결을 어떻게 할지에 대한 구체적인 사항은 이 책의 '2부 데이터 사이언스의 실제'에서 알아보기로 하고 여기서는 과거, 현재, 미래라는 시간성으로 구분하여 데이터 사이언스가 가장 잘할 수 있는 일을 생각해 보자. 물론 결국에는 주어져 있거나 혹은 잠재적인 문제를 해결하는 것에 귀착한다. 시간성이란 꼭 그래야만 하는 당위성에 따른 구분이 아니라 이해를 위한 자의성에 따른 구분이다. 데이터 사이언스가 할 수 있는 일은 시간성에 구애받지 않는 것이다.

과거의 패턴 발견

데이터는 모두 지나간 과거의 흔적이며 그것을 모아 놓은 기록이다. 아직 오지 않은 미래를 기록할 수 없고, 현재는 순식간에 과거가 되므로 당연하다. 그러니 지금 생성되고 있는 데이터를 기록하고 있는 데이터도 현재의 데이터가 아니라 단지 어느 시점에서 조금 지나가 버린 과거의 데이터다. 오래전의 데이터이든 최근의 데이터이든 데이터가 모이면, 그것도 아주 많이 모이면 그간 볼 수 없었던, 보이지 않았던 모습이나 현상이 드러난다. 많은 경우, 어떤 현상의 감춰져 있던 패턴의 모습을 발견하게 된다. 데이터가 무작위적이지 않다면, 일정한 흐름을 따라 질서를 갖고 배열되어 있거나 반복적으로 독특한 순서 혹은 구조로 나타나는 것이다.

조상들은 오랫동안 많은 관찰 데이터를 통해 자연을 패턴으로 파악했다. 식량 채집인 조상은 계절의 패턴을 이해하여 봄에 씨를 뿌리고, 가을에 추수하고 저장하여 추운 겨울을 대비했고, 수렵인 조상은 따뜻할 때 많이 사냥하여 추울 때를 준비했다. 달의 일정한 패턴으로 달라지는 모양에 따라 시간과 계절이 변화하는 것을 깨달았고, 그것을 농사와 삶에 이용했다. 밤하늘의 별자리가 어느 주기로 달라지고 다시 돌아오는지에 대한 패턴을 알게 되자 바다에서 배를 안전하게 항해할 수 있게 되었다. 어느 약초가 어떤 병에 효과를 내는지도 패턴을 통해 알아냈다. 증상에서 어떤 패턴이 나타나면 더 이상의 복용을 중지하거나 다르게 복용했던 것이다. 장티푸스, 콜레라 같은 창궐하는 전염병에 따라 다르게 나타나는 증상의 패턴도 발견했고, 이에 따라 대비하는 방책을 달리했다. 지금

한창 전 세계를 공포로 몰아넣고 있는 코로나바이러스도 전염부터 발병, 사망이나 회복까지 바이러스라는 종(種)적인 패턴을 갖고 있음을 안다. 그래서 전염병이 유행할 때 사람이 모이는 곳에는 가지 않고 마스크를 쓰고 다니며 손을 자주 씻는다.

20세기에 자동차가 발명되어 먼 거리를 빠르게 이동하게 되면서 과거에는 쉽지 않았던 여행도 가능하게 되었다. 하지만 편리한 만큼 새로운 문젯거리를 생산해 냈다. 교통사고로 인해 매년 수많은 사람이 죽고 교통 체증을 유발하여 많은 손실을 낸다. 우리는 이를 어떻게 해결해 왔고, 앞으로 어떻게 해결해 나갈 것인가? 센서가 실시간으로 교통의 흐름을 체크하고 기록하고 있다면, 자동차의 종류와 속도, 위치와 방향을 기록하고 있다면 심지어 운전자의 나이와 특성과 경력을 기록하고 있다면 그리고 이런 기록들을 사고가 많이 나는 곳이나 교통체증이 발생하는 곳의 여러 정보와 연결 짓는다면 어떨까? 모종의 패턴이 나오지 않을까? 패턴의 발견은 문제해결을 가능하게 한다.

21세기가 되자 다들 손 안의 컴퓨터인 스마트폰을 들고 다니는 모바일 시대가 되었다. 친구와 통화하고, 정보를 검색하며, 사진도 찍고, 은행 업무도 한다. 사실상 거의 못하는 것이 없다. 그러나 이 만능 도구로 인해 미증유의 골칫거리들이 생겨났다. 몰래 카메라, 불법 녹음과 같은 사생활 침해 및 성폭력 사건, 보이스 피싱과 같은 금융사기 사건, 휴대폰 중독과 같은 정신적 · 심리적 사건 등과 같은 다양한 문제가 속출했다. 이 문제들도 교통사고로 인한 문제를 해결하는 것처럼 각종 데이터를 수집하여 연결하면 되지 않을까? 수집되는 데이터에는 이미 모종의 패턴이 들어 있지 않을까?

"역사는 되풀이된다(History repeats itself)."라는 서양의 경구는 역사적 사건조차 특정한 조건하에서라면 반복된다는 패턴을 지적한 말이다. 데이터 안에 존재하는 패턴을 찾아낸 결과다. 이 말은 과거의 역사에서 교훈을 발견하면 과거에 범했던 실수와 과오를 피할 수 있고 현명한 결정을 할 수 있다는 의미도 갖고 있다. 데이터 사이언스는 분석을 통해 패턴을 찾아낸다. 데이터 사이언스가 가장 잘할 수 있는 일의 하나다.

현재의 개인화 맞춤형 서비스

수집된 데이터는 여러 특징이나 속성으로 구분할 수 있다. 가장 기본적인 예가 사회인구학적 혹은 인구통계학적 변인이다. 데이터를 성별로, 연령대별로, 거주지별로, 직업별로, 소득별로, 학력별로 나누는 것이다. 이것에 더해 연구가 초점을 두고자 하는 관심사에 따라 데이터를 신체 크기나 특징별로 나눌 수 있고, 출생 순위와 형제자매 유무로 나눌 수 있으며, 출신 학교와 지역 및 나라로도 나눌 수 있다. 또한 심리학자나 교육학자는 개인의 심리적 변인이라 할 수 있는 성격 유형, 인지와 학습 스타일, 태도와 동기 및 포부 수준, 정서적 특징 등으로 데이터를 구분할 수 있다. 의학적 목적을 가진 연구자라면 데이터를 구분할 때 사람의 생리적 수치, 약에 대한 알레르기 유무와 패턴, 체질과 병의 가족력 등을 고려할 것이다. 정치학자라면 고려할 수 있는 데이터 구분 기준을 지지하는 정당, 유권자의 의식 수준, 정치적 성향 등으로 생각해 볼 수 있다.

이러한 특징이나 속성별로 데이터를 분석하면 결과도 그 특징이나 속성별로 구분되어 드러난다. 분석의 목적과 방법에 따라 도출되는 결과는 단순하지 않겠지만, 예를 들어 다음과 같은 결과를 얻을 수도 있다. 20대가 좋아하는 것과 싫어하는 것, 막내의 긍정적인 생활습관, 외향적 학생이 선호하는 과목, 땀을 많이 흘리는 사람들의 전염병 감염 정도, 보수적 성향을 가진 유권자의 지도자 선택 기준 등이다.

세심하게 주의하여 데이터를 수집하면 앞에서 예시한 속성들을 결합해서 분석하는 것도 가능하다. 예컨대, 인문계 고등학교와 학부 사회학과 졸업, 월 소득 300만 원 이상, 외향적 성격을 지닌 보수적 성향의 20대 막내 여성을 연구대상으로 삼는 것이다. 그리고 이 연구대상이 선호하는 영화 장르, 가고 싶은 여행지, 배우자 조건, 스트레스 해소 방안을 알아보는 것이다. 분석 결과가 연구대상 개개인의 결과와 완벽히 일치하리라고 말할 수는 없지만 매우 유사한 결과가 나올 것이다. 우리나라에 이런 속성 조건을 가진 여성은 그리 많지 않을 것이다. 연구대상의 조건을 좁히면 인원수는 더욱 줄어든다. 인원수가 줄어들수록 분석 결과는 개인적이 되고 맞춤형이 된다. 당연한 지적이지만, 데이터 수집이 잘 이루어지면 분석 결과를 더욱 신뢰할 수 있게 된다.

한편, 데이터 수집을 다르게 하고 분석하면 어떨까? 예를 들어, 인스타그램에 외국 여행지 사진을 많이 올린 여성이나 외국 여행 커뮤니티에 있는 여성 회원에게 설문지를 보내는 것이다. 설문지를 보내는 것이 귀찮거나 어렵다면 크롤러(crawler)와 같은 컴퓨터 프로그램을 이용하여 그 SNS 계정에 공개된 이야기와 정보를 가져오는 것이다. 수년간 쌓여 있는 이런 데이터는 이들의 삶에서 중요한 특징을 반영하고 있을 것이다. 따라서 이런 데이터를 분석한 결과는 이들에게, 또 이런 삶을 살고자 하는 사람들에게 적용해 볼 수 있다. 적극적으로는 이들에게 새로운 맞춤형 서비스를 제공하는 것도 가능해진다.

다들 이런 경험을 한 번쯤은 갖고 있을 것이다. 컴퓨터와 주변기기를 30% 할인해서 판매하니까 구경하러 오라는 전자 마트에서 보낸 문자를 받아 본 경험 말이다. 아내에게도 같은 전자 마트에서 문자가 왔다. 그런데 신기하게도 아내에게는 전기 주방 용품을 안내한다. 요즘 길을 걷고 있는 젊은이들은 30~50m 전방의 식당에서 혹은 화장품 가게에서 20% 할인한다는 문자를 받는단다. 인터파크, 알라딘과 같은 인터넷 서점에 가서 로그인을 하면 자신이 관심을 갖고 있는 분야의 읽어 볼 만한 서적을 추천해 준다. KT 올레, SK 브로드밴드 등의 IPTV(Internet Protocol TV) 회사도 고객이 시청할 만한 추천 영화나 드라마의 목록을 소개하면서 버튼을 누르라고 유혹한다. 유튜브에서 어느 동영상을 보고 있노라면 화면 아래에 다음에 볼 만한 다른 동영상을 제안한다. 제안하는 동영상들은 대체로 현재 보고 있는 동영상과 주제가 직접적이든 간접적이든 비슷한 것들이다. 그런데 동일한 동영상을 보고 있는 친구의 화면에는 내게 제안했던 동영상과는 다른 것들도 발견된다. 누구에게나 똑같은 동영상을 제안하고 있지 않는 것이다. 이런 경험, 이런 사례들에서 중요한 점은 모두 개인화되고, 맞춤형으로 이루어지는 경험이란 사실이다. 그렇다면 전자 마트, 통신사, 인터넷 서점, IPTV 회사, 유튜브 등은 수많은 고객이 각기 무엇을 선호하는지를 어떻게 알았을까? 개별 고객이 개인의 정보를 각 회사에 자발적으로 제공했을 리 없다. 그러나 분명한 점은 고객인 우리가 전자마트에 가서 물건을 사고, 식당에서 음식을 먹고, 인터넷 서점에서 책을 구입하고, IPTV에서 영화를 보고, 유튜브에서 뮤직 비디오를 보았다는 것이다. 그리고 인터넷과 SNS에 관련한 글도 작성해 올리고, 사진도 찍어 올리고, 다른 사람의 계정을 방문하여 이것저것 방문의 기록을 남겼다. 나 혼자만이 아니라 많은 사람이 그렇게 한다. 그것도 단 한 번이 아니라 여러 번이다. 이 기록은 데이터로 저장되고 분석된다. 데이터 사이언스가 가장 잘하는 일의 하나다.

사실 고객들도 자신이 무엇을 선호하는지조차 정확히 모르는 경우가 허다하다. 여러 영역에 걸쳐 있는 자신의 소비 욕구, 기호품, 받고 싶은 서비스 등을 깊게 생각하는 사람이 몇이나 될까? 그저 느낌으로 끌리는 것을 검색하여 정보를 알아보고 괜찮다 싶으면 구입했을 뿐이다. 데이터 분석을 통해서 고객들의 결과를 확보하고 있는 회사의 마케팅 담당자가 어쩌면 개인보다 개인의 취향을 더 잘 알고 있을지 모른다. "정말? 내가 이런 걸 좋아했어? 그럴지도……." 하고 체념하듯, 혹은 "맞아, 내가 이런 걸 좋아했지. 용케도 알아냈네." 하고 무비판적으로 자신의 취향으로 받아들이고 있는지도 모른다. 그래서 제공받은 맞춤형 서비스나 정보로 인하여 개인은 그전까지는 몰랐던 또는 별 관심이 없었던 자신의 취향을 깨닫게 될 수도 있다. 이제 자신의 취향을 알았으니 그 취향에 맞추어 구매와 소비를 하게 될 가능성이 크다.

미래의 예측

지금까지 많은 분야에서의 연구는 원인을 밝히는 것에 연구의 초점을 두었다. 어느 환경에서 왜 페스트, 천연두, 콜레라 같은 전염병이 창궐하여 빠른 속도로 많은 사람을 죽였는지, 제3세계 국가는 왜 가난과 독재의 탄압에서 벗어나지 못하는지, 어째서 작년에는 경제가 침체되고 어려웠는지, 부모의 SES가 자녀의 학업성취에 영향을 미치는 이유가 무엇인지 등이다. 이런 연구를 통해 현상의 발생 원인을 알아내고 현상을 적절히 설명하는 이론이나 원리를 발견하고자 한다. 이런 유형의 연구들은 유용하고 필요하다.

하지만 충분히 가치 있는 작업은 현상의 발생의 원인과 이유를 밝히는 것에만 있지 않다. 확실한 이유를 알지 못했더라도 미래를 예측할 수 있다면 그것은 가치 있는 일로서 충분하다. 예를 들어, 고기를 많이 먹는 사람이 고혈압에 걸려서 쓰러지는 경우가 많다면 고기의 어떤 성분이 고혈압에 영향을 미치는지를 파악하는 일도 중요하지만, 고혈압 환자나 잠재적 환자들이 고기를 먹지 않도록, 먹지 못하도록 처방하는 일도 못지않게 중요하다. 아니 어쩌면 이 처방이 고기의 어떤 성분이 고혈압에 영향을 미치는지를 알아내는 것보다 훨씬 중요할 수 있다. 마찬가지로 레몬이 어떤 성분을 갖고 있고 그 성분의 특성을 밝히는 것도 중요하지만, 레몬을 먹으면 특정 병에 걸리지 않는 것 자체를 아는 것이 건강과 보건 측면에서는 더 중요하다. 그래서 이 사실을 빨리 대중에게 알릴 필요가 있다.

이와 관련하여 영국 해군의 괴혈병 치료 사례는 유명하다. 장거리 항해가 가능해진 초기 시대에서 괴혈병은 다른 어떤 것, 예컨대 전투, 사고보다도 선원들을 가장 많이 죽게 만든 원인이었다. 괴혈병의 심각성을 인지했던 영국의 제임스 랭커스터(James Lancaster) 함장은 영국에서 인도로 항해하는 4대의 함선을 지휘할 때 실험 하나를 실천했다. 4대 중 1대의 선원들에게만 레몬주스 3스푼을 매일 먹도록 명령한 것이었다. 결과는 놀라웠다. 항해의 중간 지점 즈음에 도달할 때까지 레몬주스를 먹은 1대의 선원들은 대부분 건강했지만, 레몬주스를 먹지 않은 3대의 선원들은 거의 반이나 목숨을 잃었다. 레몬주스의 효과는 너무나도 확실했다. 당연히 영국 해군은 곧 모든 선원에게 레몬과 같은 종류의 과일을 보급할 것이라고 기대했다. 하지만 시행은 약 195년이 지나서야 이루어졌다. 그것도 군함에 타고 있는 해군 선원들에게만 해당되었다. 괴혈병 예방과 치료에 대한 레몬과 오렌지의 효과가 민간 상선의 선원들에게까지 알려지고 섭취를 의무화한 것은 그로부터 또 약 70년이 지나야 했다. 왜 이처럼 오랜 시간이 흘러야만 했을까? 랭커스터 함장 이후, 오랜 시간이 흘러 영국 해군 의사 제임스 린드(James Lind)가 밝히기 전까지 영국 해군은 레몬 효과의 이유를 몰랐기 때문이다.[20)]

원인과 이유 파악은 몇몇 연구자의 관심사이지 일반인들의 관심사는 아니다. 일반인들의 관심사는 질병에 관한 한 지금 그리고 미래에 병에 걸리지 않는 것이다. 환자가 병원에서 의사에게 기대하는 것은 병의 발생적 기전의 과학적 설명이 아니라 병을 낫게 해 주는 처방인 것과 같다. 같은 이유로 자동차 바퀴에 부착된 공기 압력 센서가 어느 바퀴의 공기가 많이 빠졌다는 것을 계기판에서 경고할 때, 운전자에게는 그 센서의 작동원리가 무엇인지 파악하는 것이나 왜 공기가 빠졌는지를 조사하는 것이 당장 해야 할 시급한 과제가 아니다. 안전을 위해 즉시 공기를 넣거나 바퀴를 새것으로 교체하는 편이 더 현명하고 중요한 일이다. 이런 경우, 원인과 이유가 정확히 무엇인지 밝히는 일은 차후의 문제다.[21)]

어떤 사람들은 자신의 운명을 좌우할 정도로 심각하게 접근하지만, 어떤 사람들은 재미로 해 보는 것이 있다. 토정비결, 사주팔자, 혹은 띠로 보는 오늘의 운세가 그것이다. 혹자는 이런 것이 데이터를 통계적으로 분석한 것이라고 말하기도 한다. 사람들의 인생을 조사해서 태어난 연월일시에 따라 구분하여 데이터로 만들었고, 만들고 있으며, 만들면 된다는 것이다. 사실인즉 논리상 틀리지 않다. 태어난 연월일시의 12개 동물의 띠를 독립변인으로 설정하여 종속변인을 연구할 수 있으니 말이다. 예컨대, 쥐띠의 해와 달과 일에 태어난 사람들의 인생 궤적을 자세히 기록해 두고 이를 분석하여 60년과 12개월과 30일마다 돌아오는 쥐띠인 사람들에게 발생할 일을 예측하는 것이다. 그런데 태어난 연월일시라는 독립변인이 정말로 사람의 인생에 영향을 줄 정도의 관계성이나 인과성을 갖고 있느냐 하는 비판을 포함하여 태어난 연월일시로 인생을 예측할 수 있을 정도로 인생이 그리 단순하냐는 비판을 극복해야 하는 문제점이 있다. 이 비판은 과학적 추론과 검증을 통과할 수 있느냐의 문제다. 과학적 검증의 통과 여부가 지극히 회의적이기는 해도, 역사적으로 동서양을 막론하고 자신의 운명을 신탁과 예언 및 기도를 통해 알게 되었다고 전해지는 수많은 이야기는 오늘날 자신에게 오늘 벌어질 일을 진지하게 또는 재미로라도 알아보고자 신문 한구석에 자리 잡고 있는 '오늘의 운세'를 읽고 있는 모습과 더

불어 말해 주는 바가 있다. 사람들은 미래를 예측하는 것에 관심이 깊다는 사실이다.

대부분의 사람이 매일 외출 전에 체크하는 게 있다. 바로 날씨 예보다. 종종 날씨 예보가 틀리면, '날씨 예보를 못 믿겠다.' '예산을 어디에 썼느냐.'고 비판의 목청을 높이면서도 막상 오늘 오후에 비가 온다고 예보하면 아침에 우산을 챙긴다. 관심이 높다는 증거다. 예보(豫報)란 예상해서 보도하는 것이다. 즉, 미래에 발생할 일을 알리는 것이다. 날씨 예보는 어제의 날씨를 오늘 알릴 필요가 없다. 그렇다고 오늘의 날씨를 내일 알려 줄 수도 없다. 이건 예보가 아니라 밝혀진 정보다. 이런 정보는 일반인에게는 쓸모가 없다. "오늘의 자세한 날씨는 더 알아본 후에 내일 말씀 드리겠습니다." 아나운서가 뉴스에서 이런 멘트를 하면 얼마나 웃기겠는가? 그런데 어떻게 오늘의 날씨, 내일의 날씨, 올 여름의 날씨를 예상할 수 있을까? 축적된 데이터를 통해서 과거의 패턴을 알 수 있다고 했다. 패턴은 일정한 주기의 구조를 갖고 있다. 허면, 패턴 주기에 따라 같거나 유사한 일이 발생할 수 있으리라 예상하는 것은 자연스럽다. 물론 날씨는 많은 변수가 영향을 미치는 여러 기상 조건이 관여한다. 날씨 예보를 위해 기상을 관측한 이래로 수많은 거대 데이터가 구축되었다. 일개 개인 연구원 혼자 이런 데이터를 분석하기는 버겁다. 슈퍼컴퓨터를 분석에 사용하여 결과를 도출하는 이유다.

범죄 예측이나 교통사고 예측은 어떻게 가능할까? 도시 내에서 발생한 각종 범죄 데이터와 교통사고 데이터를 광범위하게 조사하여 분석하는 것이다. 이때 이 데이터를 월, 요일의 시간대와 장소별로 구분하고 지도 위에 배치해 보자. 영국의 의사 존 스노우가 런던의 콜레라 유행을 종식시킬 때 정확히 이런 종류의 작업을 했다. 콜레라로 죽은 사람의 인원수를 일일이 파악하여 지도 위에 배치한 것이다. 여기에 설과 추석, 석가탄신일과 크리스마스 같은 특수한 날을 투입하고, 계절이나 날씨 같은 기상 변수를 투입해 보자. 또 주택가, 유흥가, 시장, 백화점, 극장가, 학원가, 카페거리 등의 장소적 특징을 넣고, 학생과 직장인, 노인 같은 인구적 특성을 넣어 보자. 방송이나 신문에서 범죄 관련 기사를 접할 때 우범지역이란 말을 듣곤 한다. 외등이 설치되지 않았거나 꺼져 있고, 차가 거의 다니지 않으며, 인적이 드물고, 비어 있는 낡은 건물이나 공터가 있는 곳이다. 또 교통사고 소식을 접할 때는 교통사고 다발지역이란 말도 듣는다. 도로가 심하게 굽어져 있는데도 안내판이 미비한 곳, 햇빛이 잘 들지 않는 그늘이어서 겨울철에 블랙아이스가 많이 생기는 곳, 교통 신호등이 없거나 신호 위반이 많은 곳 등이다. 아마 이 정보들도 데이터를 통해 알아냈으리라. 기존에 파악된 이런 데이터를 범죄와 교통사고 예측에 필요한 핵심 요인으로 삼아 다시 분석, 정리하면 새롭게 범죄나 교통사고 발생 가능성이 높은 시간대와 장소가 나타날 것이다. 그럼 예상되는 장소와 시간대에 경찰관을 파견하여 순찰하거나 상주하게 하고, CCTV를 촘촘히 달아 두면 된다. 실제로 미국 로스앤젤레스, 오클랜드, 샌프란시스코 경찰이 기존의 방대한 데이터와 실시간으로 업데이트 되는 범죄 데이터를 분석하여 범죄율을 획기적으로 낮추고 있다.[22] 미국뿐만 아니라 우리나라를 포함하여 전 세계 많은 나라에서 이런 작업을 하고 있다. 데이터 사이언스가 가장 잘하는 일의 하나다.

CHAPTER 05

데이터 사이언티스트

데이터 사이언티스트의 인기

데이터 사이언스가 데이터를 통해 통찰하고 문제를 해결하고자 하는 영역 혹은 분야라면, 이를 수행할 숙련된 전문 인력이 필요하다. 이 전문 인력이 데이터 사이언티스트(data scientist) 또는 데이터 과학자다. 데이터 사이언스를 실제 업무현장에서 수행하는 사람으로서 데이터를 수집하여 분석하고, 통찰을 통해 이 분석 결과를 활용하여 문제를 해결해 가는 과정, 즉 데이터 사이언스 프로젝트를 앞장서서 이끌어 가는 전문 인력이다. 참고로, 어감과 발음이 불편함에도 데이터 과학자보다는 데이터 사이언티스트가 의미를 더 정확히 전달한다. 우리말 '과학자'는 논문을 작성하는 학문적 연구를 주 업무로 하는 학자(scholar), 연구자(researcher)에 훨씬 가깝게 들리는 용어이기 때문이다. 따라서 데이터 과학자라고 하면, 이 분야의 학문의 최전방에서 논문 집필을 하는 학자나 연구자라는 어감이 무척 강하다. 그러나 정작 현장에서의 전문 인력은 마치 법을 연구하는 법학자가 아니라 법정에서 법 적용을 따지는 변호사와 판사 같은 역할을 한다. 즉, 학자나 연구자의 역할보다는 데이터를 통한 문제해결의 실제(practice)를 수행하는 사람에 더 가까운 것이다. 사이언티스트는 적어도 우리말 과학자가 자아내는 학자, 연구자라는 의미가 강력하지 않다. 이것이 데이터 사이언티스트라고 원어 그대로 쓴 이유다.

데이터 사이언스라는 개념과 데이터 사이언티스트라는 직업이나 직함의 이름이 생긴 지는 그리 오래되지 않았다. 2008년 링크드인(LinkedIn)과 페이스북에서 데이터와 분석을 책임졌던 D. J. 파틸(D. J. Patil)과 제프 함머바허(Jeff Hammerbacher)가 처음 데이터 사이언티스트라는 표현을 사용했다. 그전에도 많은 기업에서 실질적으로 지금과 유사한 데이터 사이언스에 관한 업무를 수행하고 있

Data Scientist:
The Sexiest Job of the 21st Century

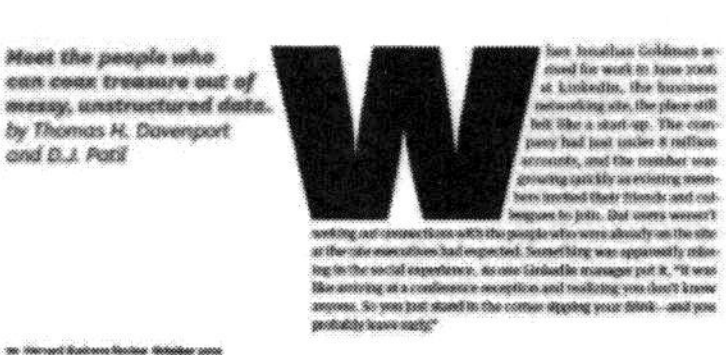
Meet the people who can coax treasure out of messy, unstructured data.
by Thomas H. Davenport and D.J. Patil

[그림 5-1] 『하버드 비즈니스 리뷰』에 소개된 내용[1)]

었던 데이터 사이언티스트는 수천 명이 넘었다고 한다. 개념과 직함은 달랐지만 현재와 같은 데이터 사이언스의 유사한 일을 수행하는 전문 인력은 과거에도 존재했다는 의미다. 최근 들어 데이터 사이언티스트가 경영과 산업계에서 부각되고 있는 이유는 기업들이 다양하고 방대한 양의 정보를 다루고 있고, 이 정보의 분석을 통하여 새로운 통찰을 얻고자 경쟁하기 때문이며, 이 통찰에서 유의미한 결과를 이끌어 내기만 한다면 새로운 서비스를 개발하고 막대한 이윤을 창출하는 것이 가능해졌다는 믿음이 있기 때문이다. 거대 인터넷 다국적 기업들은 자신들이 지금까지 축적한 수많은 데이터를 분석함으로써, 이제 출발점에 서서 시작하려는 많은 스타트업 기업은 공개되어 있는 각종 공공데이터를 분석함으로써 큰 이윤 창출을 기대하고 있다. 특히 스타트업 기업들은 데이터 사이언스를 이용하여 기존 산업을 파괴적으로 혁신함으로써 새로운 블루오션 창출을 바란다.

직업으로서 데이터 사이언티스트의 인기는 매우 높다. 2012년 10월호 『하버드 비즈니스 리뷰(Harvard Business Review)』라는 경영학 관련 잡지에 이를 증명하는 권두 특집으로 한 편의 에세이가 실렸다. 미국 하버드 비즈니스 스쿨의 객원 교수인 토머스 H. 데븐포트(Thomas H. Davenport)가 기고한 에세이의 제목은 이렇다. 〈데이터 사이언티스트: 21세기 가장 섹시한 직업(Data scientist: The sexiest job of the 21 century)〉. 비즈니스 세계에서 데이터의 분석과 활용이 필요하다는 것을 주장하면서 데이터 사이언티스트는 시대가 요구하는 직업임을 말하는 내용을 담고 있다.

2018년 링크드인 10월호에는 네덜란드의 컨설팅 기업가인

키즈 그로엔벨트(Kees Groeneveld)가 〈21세기의 새로운 가장 섹시한 직업(The new sexiest job of the 21 century)〉이라는 제목의 에세이를 기고했다. 이 에세이에서 그는 데이터 사이언티스트가 처한 현실적 어려움을 토로한다. 그 현실적 어려움이란 비즈니스 통찰을 찾는 것보다는 데이터를 수집하고 처리하는 데 많은 시간을 사용한다는 것이다. 그러나 그는 직업으로서 데이터 사이언티스트는 유망하고 성공적이며 성숙되어 가는 전문직이라는 점을 강조하고 있다.

『사이언스타임즈(The Science Times)』 기사에 따르면 거의 모든 산업에 걸쳐 많은 기업이 엄청난 보수를 제시하면서 데이터 전문가, 즉 데이터 사이언티스트를 찾고 있는 중이라고 보도했다. 예를 들어, 인터넷 경매업체인 이베이는 임직원 1만 7천여 명 중 6천여 명이 데이터 관련 업무를 맡고 있으며, 세계 최대 전자상거래업체인 아마존 역시 데이터 중심 문화를 선언하며 데이터 사이언티스트를 구하고 있다고 한다. 그러나 유능한 데이터 사이언티스트를 구하기는 하늘의 별따기다. IBM에서 실시한 연구가 밝힌 바로는, 2020년까지 미국에서 필요한 데이터 사이언티스트의 수는 272만 명에 이를 것이라고 한다. 하지만 충원되는 수는 36만 4천여 명이기 때문에 앞으로도 데이터 사이언티스트의 부족난이 심각해질 것이라는 전망이다.[2)]

해당 업계에서 일하는 사람들의 리뷰를 바탕으로 일자리 정보를 제공하는 미국의 구인구직 사이트 글래스도어(glassdoor)가 발표한 2018년 미국의 최고 일자리 50개에서 데이터 사이언티스트는 3년 연속으로 1위를 차지하며 최고의 직업으로 선정됐다. 일자리 점수, 일자리 만족도, 구인 공고건수, 기본급 중간값에서 모두 1위를 차지했다. 참고로 2위가 개발 엔지니어, 3위가 마케팅 관리자, 4위가 테라피스트, 5위가 인사 관리자였다.[3)]

구인 · 구직 기반 사회관계망 서비스 링크드인은 최근 2019년 미국의 최고 유망 직종을 발표했는데, 1위가 데이터 사이언티스트였다. 유망 직업으로서 데이터 사이언티스트의 인기는 어제오늘의 일이 아니다. 구직 사이트 인디드(Indeed)는 2017년 12월부터 2018년 12월 사이 1년 동안에 데이터 사이언티스트의 구인 수치가 29% 상승했다는 내용의 보고서를 발표하기도 했다. 앞으로도 데이터 사이언티스트의 인기는 지속될 것이다.

🔒 데이터 사이언티스트의 교육과 양성

도구나 기술을 사용하는 것보다, 또 분석에 사용할 데이터를 구하는 것보다 분석을 기획하고 수행하는 필수 인재를 구하는 일이 더 어렵다. 또한 누가 데이터를 분석하느냐에 따라 분석 결과의 품질이나 분석 결과의 활용 그리고 이후의 파급력 등에서 현격한 차이가 노정된다. 비유적으로 말해, 전투기 한 대를 더 생산하는 것보다 그 전투기의 성능을 최대한 활용하면서 조종할 수 있는 조종사를 한 명 더 양성하는 것이 더 어려운 것과 같은 이치다. 그래서 전투기가 필요한 이유가 있는 한 유능한 조종사의 수요 또한 지속될 것이며, 마찬가지로 데이터가 축적되고 그것을 분석할 필요가 있는 한 유능한 데이터 사이언티스트의 수요도 지속될 것이다.

유능한 데이터 사이언티스트를 확보하기 위해서는 교육을 통한 양성이 필요하다. 이 일을 위해서 학계나 산업계에서는 데이터 사이언스가 어떤 일을 하는지 혹은 해야 하는지를 정확히 이해해야 하는 일이 우선되어야 한다. 이것이 선행되어야 누가 이 일을 수행할 수 있는지, 어떤 역량이 이 일에 필요한지를 정할 수 있고, 이에 따라 전문 인력을 양성할 교육내용과 교육과정을 준비할 수 있다.

여기저기서 4차 산업혁명과 더불어 데이터 분석의 중요성을 언급하고 데이터 사이언스에 대한 다양한 견해와 이야기가 오고가고 있지만 그 실상은 대개 인력 양성에 초점을 둔 것이 아니다. 비록 인력 양성에 대한 내용일지라도, 교육의 전문적 식견이 아니라 '이런 일을 한다.' '이런 역량이 필요하다.' 정도의 피상적 수준의 논의가 제시된다. 중요한 것은 데이터 사이언티스트를 교육하고 양성할 체계가 아직 뚜렷하게 정립되어 있지 않다는 점이다. 필요한 교육내용이 무엇이고, 그것을 어느 학년, 어느 학기에 배정할 것인지 정해진 바가 없다. 교육내용이 정해지지 않았으므로 내용에 적합한 교육방법의 구안도 마련할 수 없다. 교육내용은 학계에서가 아니라 사회나 기업의 요구를 충족시킬 수 있는 것이어야만 한다. 그런데 기존의 어느 학문이나 전공에서 어떤 교육내용을 담당할지도 학자에 따라 의견이 갈린다. 대개 학자는 자신의 전공 분야가 내용면과 방법 면에서 핵심이라는 점을 강조하는 경향을 보인다. 이처럼 고려해야 할 사항들이 산적해 있다. 학자나 전문가들의 연구와 사례들이 교육을 통한 전문 인재 양성 논의를 뒷받침해 줄 정도로 충분히 축적되지 못했기 때문이다.

전문 인력 양성이라는 교육적 요구에 체계적이며 전문적인 접근이 필요하다는 맥락에서 태어난 것이 대학에서의 학과 전공 개설이다. 선진국 미국은 역시 빠르다. 하버드 대학교, MIT, UC 버클리(Berkeley) 등 128개 정규 대학이 1년 미만의 단기 교육과정을 제공하고, 시라큐스(Syracuse) 대학교, 서던 메소디스트(Southern Methodist) 대학교, 보스턴(Boston) 대학교 등 30여 개에 이르는 사이버 대학교도 석사과정을 제공하고 있다. 가르치는 주요 커리큘럼은 통계방법론, 데이터 마이닝, 머신 러닝, 정보시각화, DB 관리 등이라고 한다.[4] 최근 우리나라의 고려대학교는 데이터 과학과를, 한양대학교는 데이터 사이언스학과를 학부 학과로 개설하겠다는 내용이 인터넷에 올라와 있다. 비록 데이터 과학, 데이터 사이언스라는 이름의 학과는 아니지만 통계학, 응용통계학, 글로벌융합 등의 이름을 가진 타 학과나 융합 혹은 연계 전공학과에서 관련 내용을 개설하는 대학은 여럿 있다. 필요한 전문 인력 양성에 중요 역할을 해 왔던 대학이 학과를 개설하겠다고 나서는 것은 교육을 통한 전문 인력 양성 논의가 본격적으로 시도되고 있다는 점을 말하고 있다. 또한 동시에 데이터 사이언스가 전도가 유망한 분야라는 것도 알려 준다. 대학 정원이 고등학교 졸업생보다 더 커서 대학 입학자원이 부족한 시기에, 그것도 대학 졸업 후 관련 전공의 일자리가 부족한 전공들이 통폐합되는 시기라는 점을 감안하면 데이터 사이언스 전공의 학과 개설은 일대 모험이지만 충분히 해 볼 만한 모험이라는 인식을 갖고 있는 것이다. 신규 전공을 개설할 정도로 앞으로 졸업한 인력에 대한 수요가 클 것이라는 증빙이기도 하다. 향후 몇 년 후 대학 전공자들이 산업계에서 어떤 작업을, 어떻게 수행하며, 그 수행 결과가 산업계와 사회에 어떤 파장을 불러일으킬지가 관전 포인트다. 모쪼록 산업계에서 생산된 결과들이 학계로 피드

백되어 교육내용과 교육과정을 개선할 수 있는 선순환 관계가 이루어지기를 바랄 뿐이다.

데이터 사이언스의 영역과 핵심 업무

데이터 사이언스의 영역은 어떤 것이 있으며, 그 영역에서 핵심 업무는 무엇일까? 어떤 핵심 업무가 어떤 학문에서 다루어지며 배울 수 있을까? 다음과 같은 세 가지 영역에서 찾아볼 수 있다.[5)]

통계학과 통계방법의 지식은 수집된 데이터를 분석하여 평균과 표준편차 같은 기술통계량을 구해 연구 데이터의 분포를 파악하고 자료를 요약하는 데 유용하다. 또한 통계 지식은 기술통계를 넘어서 가설검증과 같은 추리통계를 실시하여 연구의 변인 간 인과관계를 파악할 때 필수적인 지식이다. 컴퓨터 사이언스는 컴퓨터 하드웨어와 소프트웨어에 중점을 둔 정보과학으로서 정보를 수집하고 전달하며 저장하고 가공하는 이론적이며 동시에 실용적인 분야다. 알고리즘이란 어떤 문제를 해결하기 위해 정해진 절차와 방법을 공식화한 것 또는 단계적 절차를 말하는데, 컴퓨터 사이언스는 이 알고리즘을 컴퓨터 프로그래밍을 통해 구현한다. 경영학, 사회학, 심리학, 교육학 등은 각 학문의 이름이 반영하고 있는 인간 사회에서 벌어지는 여러 현상을 탐구한다. 현상의 탐구는 문제를 설정하고 문제에 관계된 변인 간의 관련성을 파악하여 해결하는 과정이다. 지금까지 여러 학문에서 많은 연구가 현상 탐구를 수행하였고, 많은 사회적 진보를 이루어 왔다.

〈표 5-1〉 데이터 사이언스 영역, 업무 및 관련 학문

영역	핵심 업무	관련 학문
수학 · 통계	데이터 분석	통계학
프로그래밍	알고리즘 활용	컴퓨터 사이언스
인문 · 사회	문제 정의 및 결과 적용	경영학, 사회학, 심리학, 교육학, 언론정보학 등

각각의 학문이 각자의 업무를 수행하는 과정에서 종종 서로의 지식을 차용하였지만 기본적으로 서로 관련이 없는 것처럼 보이는 업무를 수행했던 상이한 학문이었다. 즉, 통계학자, 컴퓨터 공학자, 경영학자 등의 인문사회학자들은 서로 다른 일을 하는 전문가였다. 그러나 데이터 사이언스는 이 세 가지 영역의 업무를 모두 수행해야 할 필요가 있다. 데이터 사이언스가 자연과학과 인문사회과학 사이의 학문 간 융복합적 성격을 띠고 있으며, 매우 실용적인 분야라는 것은 바로 이러한 점 때문이다. 데이터 사이언스가 세 가지 영역의 융복합적 성격을 갖는다고 해서 데이터 사이언티스트가 세 분야의 내용 모두를 꿰고 있는 전문가라는 의미는 아니다. 그러기에는 각 학문마다 두루 알아야 할 지식이 매우 넓고 깊다. 예를 들어, 데이터 사이언티스트가 통계학자처럼 어떤 통계방법의 수학적 모형을 증명할 필요가 없고, 컴퓨터 사이언스 전문가처럼 컴퓨터 언어를 이용하여 알고리즘을 개발할 필요가 없으며, 인지심리학자처럼 문제 자체의 성격과 구조 및 해결과정의 절차를 문제 유형에 따라 연구할 필요가 없다.

데이터 사이언티스트는 데이터를 분석할 때 통계학에서 도출된 통계법을 상황에 맞게 적용할 줄 알면 되고, 컴퓨터 사이언스가 증명한 알고리즘을 데이터의 성격에 알맞도록 활용할 줄 알면 되며, 인문·사회학적 시각을 견지하면서 문제를 잘 정의하고 분석하며 해결한 결과를 적용할 줄 알면 되는 것이다. 하지만 데이터 사이언스를 수행할 때 꼭 필요한 지식들이 적어도 이 세 분야에서 연구되고 창출되었다는 점을 잊어서는 안 된다.

데이터 사이언스가 신생 분야라는 것은 이미 밝혔다. 관련 전공학과가 아직 대학교에 개설되어 있지 않으므로 현재 데이터 사이언티스트로 현장에서 일하고 있는 전문가들은 데이터 사이언스라는 이름이 아닌 타 전공을 졸업한 사람이다. 대체로 컴퓨터 사이언스 혹은 컴퓨터 관련 전공을 하거나 통계학을 전공한 사람들이다. 여기에 경영학이나 심리학, 교육학과 언론정보학 분야를 전공한 소수의 사람이 데이터 사이언티스트로 일하는 경우가 있다. 앞서 각각의 학문이 종종 서로의 지식을 차용했다고 기술한 것처럼, 자신의 분야를 전공하고 데이터 사이언티스트로 일하는 전문가들도 마찬가지다. 자기 분야만의 지식만으로는 충분하지 못한 것이다.

어느 학자는 수직적 데이터 사이언티스트와 수평적 데이터 사이언티스트로 구별한다.[6] 둘 다 처음부터 데이터 사이언티스트라는 직업으로 커리어를 시작한 것이 아니라는 점에 주목할 필요가 있다. 전자는 특정한 분야의 학위를 갖거나 오랜 경험을 쌓은 전문가가 데이터 분석 능력을 갖추어 데이터 사이언티스트가 된 경우다. 이들은 한 분야의 전문 지식을 소유했기에 그 분야의 문제를 정의하고 적용할 때 유리하다. 반면에 한 분야의 전문가가 으레 그러하듯이 자기 분야만을 외골수처럼 고집하는 편협한 면은 보완할 필요가 있다. 후자는 특정 분야의 지식이 아니라 문제해결에 능숙한 사람이 데이터 분석 능력을 갖추어 데이터 사이언티스트가 된 경우다. 이들은 유연하게 문제를 정의하는 것에서부터 다양한 문제해결의 경로와 적합한 문제해결 방안 마련까지 전체 문제해결 과정에 익숙하다. 다만, 어느 한 전문 분야의 식견이 부족하다는 것은 단점이다.

다른 학자는 교육을 통해 획득한 지식과 역량이 현장에서의 경험을 통해 체화되어야 진정한 데이터 사이언티스트가 된다고 말한다. 현장은 예기치 못한 상황이 발생하는 실전이라는 것이다.[7] 정제가 완전하지 않은 데이터를 만나기도 하고, 꼭 필요한 변인의 정보가 확보되지 않은 데이터를 접하기도 한다. 그래서 직접 데이터를 정제해야 하고, 확보 안 된 데이터를 수집하거나 다른 것으로 대체하기도 해야 한다. 어찌어찌해서 분석을 실시하고 결과를 도출했다고 해도 이제는 결과를 해석하는 데에 난관이 따른다. 데이터 분석을 통계적으로나 수학적으로나 잘할 수 있는 것은 그 분석의 결과를 처해 있는 상황적 맥락과 관련해서 유연하게 또는 창의적으로 해석하는 것과는 별개다. 더욱이 의사결정권자가 이해할 수 있도록 쉽고도 바른 설명도 해야 하는 어려움도 존재한다. 현장 경험이 없거나 적으면 데이터 사이언스 프로젝트 맥락의 특수성을 제대로 잡아내기가 어렵기 때문이다. 이른바 경험에서 비롯되는 감(感) 혹은 촉(觸)이 필요한 것이다. 이것은 교육과 훈련만으로는 가능하지 않고 현장에서의 실전 경험이 필요하다.

세 개의 영역 중에서 어느 것이 가장 중요할까? 다시 말해, 데이터 사이언티스트는 어느 영역에 가장 중점적으로 초점을 두어야 할까? 정답은 없다. 세 영역 모두 중요하다. 한 명의 데이터 사이언티스트가 세 영역 모두를 잘 수행할 수 있으면 좋겠지만 말처럼 쉬운 일이 아니다. 때문에 각 분야에서 전문적인 역량을 갖춘 여러 명의 데이터 사이언티스트의 협력과 협동이 필요하다. 작은 기업이면 한두 명 정도, 큰 기업이면 여러 명의 데이터 사이언티스트로 이루어진 팀을 기반으로 해서 데이터 사이언스 수행이 이루어질 것이다. 예컨대, 영역과 분야 전문가, 데이터 관리자, 프로그래머, 통계 전문가 등 서로 배경이 다른 전문가들이 데이터 사이언티스트 팀이 되어 함께 작업하는 것이다.

데이터 사이언티스트의 역할과 역량

데이터 사이언티스트는 구체적으로 어떤 일을 하며, 어떤 역량이 이 일에 필요할까? 이 질문에 대한 답은 대학의 학과 전공 개설에 필요한 교육내용의 선정과 교육과정의 결정에 중요하다. 교육내용의 선정과 구체적인 과목을 좌우할 것이기 때문이다. 정답은 존재하지 않겠지만, 이 책의 2부 '데이터 사이언스의 실제' 편에서 데이터 사이언티스트의 역할을 끄집어낼 수 있다. 즉, 이들이 해야 할 역할은 ① 문제를 정의하고, ② 전략을 수립하고, ③ 데이터를 수집 · 관리하여 ④ 분석하고, ⑤ 분석 결과를 시각화하며 또한 결과를 활용하는 것이다. 이러한 실제적이며 직접적인 역할은 이 책의 2부에서 다룬다. 이런 역할 이외에도 분석 결과를 토대로 기업이나 조직의 혁신을 주도하는 역할 혹은 이를 위한 컨설팅 역할을 덧붙이기도 한다. 물론 혁신 주도와 컨설팅의 역할 일부가 ⑤의 결과를 활용하는 역할에 포함되어 있기도 하다.

데이터 사이언티스트가 갖추어야 할 필수 역량은 앞 절에서 다룬 데이터 사이언스 영역의 핵심 업무와 밀접한 관련을 갖는다. 관련 영역이나 학문에서의 핵심 업무가 필수 역량이라고 말할 수 있다(〈표 5-1〉 참조). 필수 역량에는 통계 분야에서 자리 잡은 다양한 통계법을 이용한 데이터 분석에 대한 역량, 컴퓨터 사이언스에서 개발되고 검증된 알고리즘을 바르게 적용할 수 있는 역량 그리고 인문 · 사회학적 관점에서 문제를 문제로 인식할 수 있거나 문제해결의 방법과 과정을 조망할 수 있는 역량들이 속한다. 이 필수 역량 역시 이 책의 2부 '데이터 사이언스의 실제'에서 구체적으로 언급하고 있다. 다만, 여기서는 역할에 직접적인 필수 역량에는 포함되지 않지만 데이터 사이언스 프로젝트를 원활히 수행해 가는 데 요구되는 것들을 소개한다. 여러 학자가 다양하고 많은 역량을 꼽았지만, 다음의 몇 가지로 추려 낼 수 있었다.

첫째, 공통적으로 자주 등장하는 것 중에서 '강렬한 호기심'을 들 수 있다.[8] 호기심이 많은 사람은 궁금증을 갖고 새롭고 신기한 것을 탐색하기를 좋아한다. 역사상 이름을 남긴 학자, 발명가와 혁신가들은 모두 어떤 것에 호기심을 가졌다. 그리고 이를 만족감으로 채우고자 많은 노력을 했다. 뛰어난 데이터 사이언티스트도 이와 크게 다르지 않아서 데이터를 보면 호기심을 갖고 덤벼야 한다. 호기심이 발동해야 그것을 해결하겠다고 하는 마음이 능동적으로 생긴다. 가설 설정, 데이터의 측정 및 수집, 통계와 분석, 모델링 등의 시작이 호기심에서 비롯된다. 또한 데이터 사이언티스트가 가는 길은 편안하고 안전한 포장도로가 아니라 길이 보이지 않고 울퉁불퉁한 비포장길이다. 등대나 이정표가 세워져 있어 길 잃을 염려가 없는 곳이 아니라 정글이나 오지 같은 곳에서 새로운 길을 만들어야 한다. 이런 작업은 데이터라고 하는 불완전한 지도에서 오는 모호함과의 끝없는 싸움이다. 따라서 데이터 사이언티스트에게 자신이 다루는 문제와 데이터에 대한 호기심은 필수다. 문제의 표면 아래로 파고들고, 문제의 핵심에 위치한 질문을 찾아내고, 불필요한 요소를 제거하여 검증 가능하도록 하는 욕구가 필요한 것이다.

둘째, '변화'를 대하는 태도나 감수성이다.[9] 특히 기존 사고의 틀에서 벗어나서 사고할 수 있어야 한다. 끊임없이 변화하는 문제와 문제 상황에 대해 효과적으로 대응할 수 있어야 하기 때문이다. 데이터 사이언티스트의 가장 기본적인 임무는 수집한 데이터를 사용해서 분석함으로써 현재 또는 미래의 잠재된 문제를 해결하는 일이다. 그런데 문제가 항상 어떤 전형적이고 정해진 틀과 맥락 안에서만 해결되는 것이 아니다. 직면한 문제 상황에 따라 다르겠지만 완전히 새로운 방식으로 문제를 해결해야 하는 경우도 발생한다. 게다가 데이터 분석 결과를 통한 문제해결 과정이 항상 순탄하게 흐르는 것이 아니다. 처음 생각했던 해결안이 막다른 골목에 부딪혀 폐기해야 할 때도 있고, 해결하는 과정에서 새로운 문제점이나 새로운 해결안이 보일 수도 있다. 적절한 대안을 찾아서 분석의 방향을 바꾸거나 과감하게 미련 없이 데이트 분석 프로젝트를 중단해야 하는 경우가 발생할 수도 있다. 이처럼 데이터 사이언티스트는 항상 내외적으로 다양한 차원의 변화에 노출된다. 이럴 때 변화를 두려워하지 않으며, 오히려 변화무쌍한 환경에 당당히 대처하고 대응할 수 있는 능력이 필요하다. 사회가 더 복잡다기해지면서 관련된 분야가 끊임없이 변화하고 있기 때문에 문제와 문제 상황이 문제해결을 더욱 어렵게 하고 있는 것이다.

셋째, 협업과 소통(커뮤니케이션) 능력이 필요하며 팀워크가 요구된다.[10] 기업이나 조직은 독불장군식으로 혼자 일하는 곳이 아니다. 위아래로는 상사와 부하 직원이 있고, 옆에는 동료가 있다. 마찬가지로 데이터 사이언티스트도 대체로 혼자 작업하지 않는다. 물론 혼자서 주어진 문제와 데이터를 갖고 고민하기는 한다. 하지만 데이터 분석을 통해 데이터 사이언티스트가 해결하려는 문제에는 그 문제해결에 참여하고자 하는 사람이 다수 존재한다. 다수의 참여자가 문제해결에 직간접적으로 관여하고 있다는 뜻이다. 여기서 말하는 소통은 PPT를 잘 활용하거나 발표를 잘하고, 회의 운영이 능숙한 것을 의미하지 않는다. 외려 소통은 참여자 간의 협업을 얼마나 잘 이끌어 나가느냐에 대한 것이다. 때문에 기업들은 팀의 분위기를 깨지 않고, 팀워크를 살리면서 함께 협력할 수 있는 사람을 원한다. 데이터 사이언스라는 용어를 창안한 D. J. 파틸은 협업과 소통의 중요성을 다음처럼 강조하고 있다.

> 모든 것을 혼자 할 수 있는 데이터 사이언티스트는 존재하지 않습니다. 데이터 사이언티스트는 팀 스포츠죠. 누군가는 데이터를 모으고, 누군가는 이를 운반하고, 또 누군가는 이를 분석해야 하니까요. 아이디어를 교환할 동료도 필요합니다.[11]

넷째, 스토리텔링 능력이다. 데이터 분석의 결과는 다른 누군가, 예컨대 CEO, 의사결정권자, 직장 상사, 조직 구성원, 데이터 분석을 의뢰한 고객 등에게 전달된다. 전달은 텍스트와 그래프를 중심으로 하는 보고서뿐만이 아니라 구두 설명이 필요할 때가 많다. 보고서를 읽는 사람, 구두 설명의 대상인 이들은 데이터 사이언스에 대해 잘 모르는, 개념에 익숙하지 않은 비전문가다. 따라서 보고서의 내용이 구체적이고 상세하게 진술되어 있지 않다면 이들이 어렵지 않게 내용을 이해하리라고 예상할 수 없다. 보고서의 내용을 읽지 않고 데이터 사이언티스트에게 직접 설명을 요구할 수도 있다. 관련 내용을 이해할 수 있도록 설명할 수 있는 능력이 필요한 이유다. 데이터 사이언티스트는 데이터를 어떻게 수집했는지, 데이터를 어떻게 분석했는지, 분석의 결과가 어떻게 현재와 연결되고 미래를 예측할 수 있는지를 설득력 있게 표현할 수 있는 능력이 필요한 것이다. 스토리텔링 능력이 이를 가능하게 해 준다.

다섯째, 데이터 마인드(data mind)를 들 수 있다.[12] 데이터란 전문가가 만들어 놓은 숫자, 그림, 조합, 표만 있는 것이 아니다. 보통 사람들의 주위에서도 쉽게 만들어질 수 있다. 그리고 데이터 분석으로부터 정보, 지식 그리고 가치를 창출할 수 있다. 따라서 우리 주위의 데이터가 자연이나 사회 현상을 이해할 수 있는 훌륭한 재료를 제공하고 있는 셈이다. 데이터 마인드란 데이터의 관점에서 세상을 바라보고, 이를 통해 세상의 흐름을 읽으려고 하는 마음이다. 데이터 마인드는 이런 데이터를 볼 수 있는 일종의 렌즈 역할을 한다. 구체적으로 데이터 마인드는 다음과 같은 절차적인 생각이다.[13]

① 자연과 사회의 현상을 이해하려는 목적으로 관련된 데이터 수집을 계획하고,

② 계획에 따라 데이터를 수집하여 정리하고,

③ 적절한 분석을 통해서 현상을 이해하려 하고,

④ 이로써 자연과 사회의 현상을 개선하려는 것이다.

역사적으로 데이터 마인드가 투철했던 위인을 들라면, 이 책 4장에서 기술한, 18세기에 폴라 그래프를 창안해서 문제를 해결하려 했던 영국의 간호사 나이팅게일과 19세기에 런던 콜레라 사망자 지도를 그려 문제를 해결한 영국의 의사 존 스노우가 있다.

끝으로, 데이터를 양적으로 분석하고 추론할 수 있는 능력이다.[14] 소프트웨어 회사인 SAS는 데이터 분석과 양적 추론 능력을 강조한다. 여기에는 데이터 분석에 감정을 개입하는 것이 아니라 냉철하게 볼 수 있는 논리와 추론이 필요하다. 뛰어난 데이터 사이언티스트는 논리와 추론으로 데이터 분석 결과에서 사실을 이끌어 낼 수 있기 때문이다. 이를 위해서는 수학과 통계적인 지식이 필요하다.

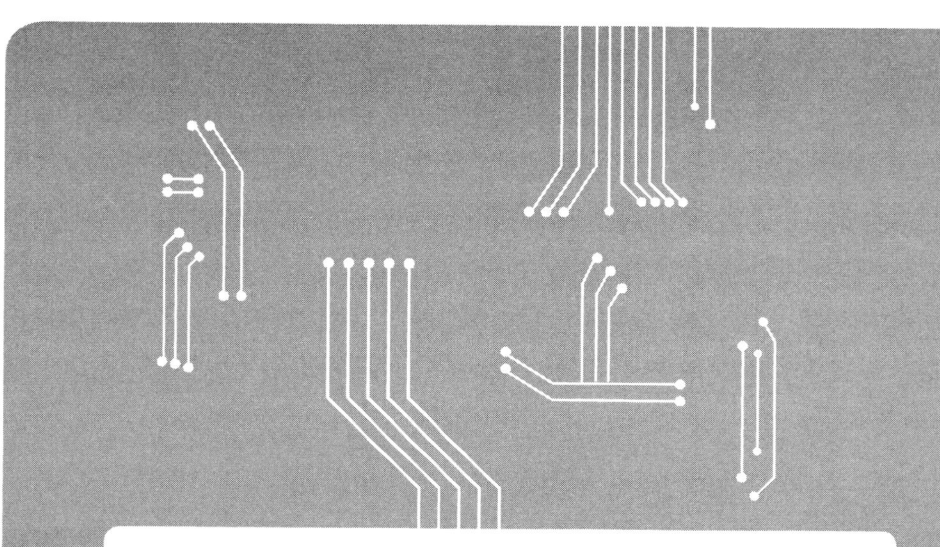

PART II

데이터 사이언스의 실제:

데이터 사이언스 프로젝트 프로세스

D A T A S C I E N C E

CHAPTER 06

프로세스 개관

데이터 사이언스의 수행 결과가 효과적이고 생산적이기 위해서는 프로젝트 산출물이 일정 수준 이상의 품질을 담보해야 한다. 또한 이 수행과정이 효율적이어야 시간이나 재정적 낭비를 막을 수 있다. 이를 위해서는 체계화한 단계와 절차 및 수행방법이 수립되어 있어야 한다. 우연이나 행운을 통해서 산출물을 얻어서는 프로젝트의 성공 가능성이 낮으며, 설사 프로젝트가 성공했더라도 이는 바람직하지도, 지속적이지도 않다. 데이터 사이언스 프로젝트는 낮은 비용으로 짧은 시간 동안 잠시 수행하다가 그만두는 이벤트가 아니며, 단순히 단 한 번에 이루어지는 단일 이벤트가 아니다. 제대로 수행하려면 시간과 재정을 투자해야 하고, 여러 체계적이며 세부적인 하위 단계에 다중의 절차를 가지고 있는 프로세스다. 따라서 데이터 사이언스 프로젝트는 체계적으로 나뉜 여러 개의 하위 단계 내의 절차에 따라 수행된다.

데이터 사이언스 프로젝트를 수행하기 위해서 당장이라도 적용 가능한 프로세스가 없는 것은 아니다. 요즘처럼 데이터 사이언스가 각광을 받기 오래전부터 이미 관련 실무자가 데이터를 분석하기 위하여 밟아 온 프로세스가 개발되어 있다. 그러나 그것들이 다수의 학자나 실무자가 다 함께 합의한 정석적이며, 권위 있는 데이터 사이언스 프로세스는 아니다. 사실 모두가 합의한 프로세스는 있을 수 없다. 즉, 데이터 사이언스 프로젝트를 위해 반드시 따라야 하는 왕도는 없다. 관점이나 전공마다 그리고 데이터 분석을 어디에 초점을 두느냐에 따라 조금 또는 많이 상이한 프로젝트가 진행될 수 있다. 이때 프로세스들이 얼마나 유사한가 혹은 얼마나 차이가 나는가는 중요한 이슈가 아니다. 어떤 프로세스 모형을 채택할 것인가는 프로젝트의 성공적 수행을 위한 방법론일 뿐이기 때문이다. 수행하고자 하는 프로젝트 목적에 가장 적합한 것을 선택하는 것이 핵심이다. 그 목적은 프로젝트를 책임지고 수행하는 데이터 사이언티스트가 가장 잘 알고 있을 것이기에 어떤 프로세스를 선택할지는 그에게 달렸다.

이 장(章)에서는 기존에 알려진 몇 개의 데이터 사이언스 프로세스의 모형을 간략히 소개한다. 자신의 프로젝트에 적용하려고 한다면, 이를 자세하게 소개하고 있는 참고문헌을 찾아보면 되겠다. 이 책 2부의 각 장은 필자가 선택한 프로세스 모형을 구체적으로 제시했다.

KDD(Knowledge Discovery in Database) 분석방법론은 1996년에 정립된, 잘 알려진 방법론으로서 아홉 단계 혹은 다음처럼 다섯 단계로 요약할 수 있다.[1)]

- ◆1단계 데이터 세트 선택(selection): 데이터베이스 또는 원 데이터에서 분석에 사용할 데이터를 선택한다. 필요에 따라 데이터를 추가하여 데이터 세트를 생성하는 것도 가능하다. 이것은 분석에 필요한 목표 데이터를 구성하는 작업이다.
- ◆2단계 데이터 전처리(preprocessing): 목표 데이터를 구성하고 있는 데이터 세트에 포함되어 있는 잡음 요인들, 예컨대 이상값, 결측치 등을 확인하여 정제하는 작업이다. 정제는 필요 없는 것을 제거하거나 의미를 갖도록 처리한다.
- ◆3단계 데이터 변환(transformation): 앞 단계가 완료되면 분석용 데이터 세트는 완성된다. 하지만 분석을 실행하기 전에 분석 목적에 맞도록 변수의 성격을 확인하고 속성값을 계산하거나 결정해야 한다. 이로써 데이터를 분석할 준비가 완료된다.
- ◆4단계 데이터 마이닝(data mining): 이 단계에서 데이터 분석을 위한 데이터 마이닝 기법이나 알고리즘을 선택하게 된다. 선택한 기법과 알고리즘에 따라 분석을 실시하여 데이터의 패턴을 찾거나 데이터를 분류 및 예측한다.
- ◆5단계 데이터 마이닝 결과 해석과 평가(interpretation & evaluation): 분석 결과를 해석하고 평가하는 단계로 결과의 해석과 평가가 분석 목적과 부합하는지를 확인하다. 그리고 이를 업무에 직접 활용하거나 활용할 수 있는 방안을 마련한다.

20세기 말에 시작된 CRISP-DM(Cross Industry Standard Process for Data Mining) 분석방법론도 역시 잘 알려진 방법론이다. 크라이슬러, SPSS, NCR 같은 기업들이 참여했고, 1999년에 시작되었다.

이 기법은 모두 여섯 단계로 이루어져 있다.[2)]

- 1단계 업무 이해(business understanding): 비즈니스 관점에서 프로젝트의 목적과 요구사항을 파악하려면 업무를 이해하는 것이 선행되어야 한다. 업무를 이해하기 위해서 업무의 목적과 상황을 파악하고, 데이터 마이닝의 목표를 설정하며, 프로젝트의 계획을 수립하는 등의 작업을 수행한다.
- 2단계 데이터 이해(data understanding): 분석에 필요한 데이터를 수집하고 데이터 속성을 이해한다. 또한 데이터 품질에 영향을 미치는 문제점을 찾아낸다. 이 단계에서 하는 일은 초기 데이터 수집, 데이터 기술 분석, 데이터 탐색, 데이터 품질 확인 등이 있다.
- 3단계 데이터 준비(data preparation): 데이터가 수집되면 분석 기법에 적합한 데이터 세트를 마련해야 한다. 이 작업 안에서 분석용 데이터 세트를 선택하고, 이를 데이터 정제를 통해 분석용 데이터 세트를 편성하는 일이 수행되며, 필요하면 데이터의 통합과 데이터를 포맷하기도 한다.
- 4단계 모델링(modeling): 이 단계에서 분석을 실시한다. 여러 모델링 기법이나 알고리즘 중에서 분석 목적에 맞는 것을 선택한다. 모델링 기법 선택, 모델 테스트 계획 설계, 모델 작성, 모델 평가 등은 이 단계에서 해야 하는 과업이다.
- 5단계 평가(evaluation): 앞 단계의 결과가 분석의 목적과 일치하는지를 확인한다. 여기서 최종 결과를 수용할 것인지 말 것인지를 판단하게 된다. 이 단계에서 취하는 평가에는 분석 결

과 평가, 모델링 과정 평가, 모델 적용성 평가 등이 있다.

- 6단계 전개(deployment): 모델이 완성되고 이를 수용하기로 평가되면 이를 실무에 적용하기 위한 작업이 필요하다. 전개 계획 수립, 모니터링과 유지보수 계획 수립, 프로젝트 종료보고서 작성, 프로젝트 리뷰 등이 이 마지막 단계에서 수행된다.

다음과 같은 네 개의 단계로 이루어진 데이터 사이언스 프로세스도 있다. 이는 미국 MS 본사에서 검색 품질을 평가하는 검색 엔진 부문의 연구자로 일하는 김진영 박사가 제안하고 있다.[3)]

- 1단계 데이터 문제 정의하기: 문제를 해결하기 이전에 그 문제가 어떤 것인가를 명확하게 정의한다. 주어진 문제를 정확히 이해해야 필요한 데이터와 그 문제를 해결하는 데 필요한 접근방법을 결정할 수 있다.
- 2단계 데이터 수집하기: 분석에 필요한 데이터를 수집한다. 기존의 데이터를 구하는 방법과 직접 새롭게 구하는 방법이 있다. 데이터 수집은 생각 외로 고려할 사항도 많고, 시간과 비용이 소요된다. 데이터를 수집하기 전에 미리 계획을 잘 수립해야 한다.
- 3단계 데이터 분석하기: 분석할 방법을 결정하여 수집한 데이터를 분석한다. 선택할 수 있는 분석방법에는 현상을 이해하고 싶을 때의 탐색적 데이터 분석, 현상을 일반화하고 싶을 때의 통계적 추론, 현상을 예측하고 싶을 때의 기계학습이 있다.
- 4단계 데이터 스토리텔링하기: 데이터 분석 결과를 조직 내의

팀원들, 관계자, 의사결정권자 또는 청중과 공유하고 소통한다. 이때 이들을 대상으로 공유와 소통 및 설득을 위한 스토리텔링이 요구된다. 보고서를 작성해야 하며, 필요에 따라 커뮤니티에서 발표회도 갖고 학회나 학술지에 투고도 한다.

한국데이터베이스진흥원은 빅데이터 분석방법론을 소개하면서 다음과 같은 다섯 단계로 이루어진 모형을 자세히 제시했다.[4)]

- 1단계 분석 기획(planning): 프로젝트의 정의와 수행 계획을 구체적이고 자세히 수립하기 때문에 이 첫 단계의 결과는 전체 프로젝트 진행의 기준이 된다. 구체적으로 분석하려는 비즈니스를 이해하고 프로젝트 수행 시 발생할 수 있는 문제점이나 위험 요소를 파악하면서 프로젝트의 범위를 확정하는 것이다.
- 2단계 데이터 준비(preparing): 앞 단계의 결과로부터 비즈니스 요구사항을 데이터 차원에서 파악하면서 다음 단계인 데이터 분석 단계에서 필요한 데이터를 정의하고, 정의된 데이터를 수집할 계획을 세운다. 어떤 데이터를 어떻게 수집할 것인가를 결정하면 수집된 데이터의 저장을 위해 데이터의 형식과 유형에 적합하도록 데이터 스토어(data store)를 설계하고 분석에 필요한 실제의 데이터를 수집한다. 데이터가 수집되어 저장되면 품질 점검을 위해 데이터의 정합성을 확보한다.
- 3단계 데이터 분석(analyzing): 데이터 분석을 실행에 옮긴다. 적용할 수 있는 분석에는 비정형 데이터를 분석하는 텍스트 분석, 주로 정형 데이터를 여러 통계기법을 이용하여 분석하

는 탐색적 분석과 모델링 그리고 모델링 결과의 평가와 검증 등이 있다.

◆4단계 시스템 구현(developing): 3단계의 데이터 분석 결과를 운영 중인 시스템에 적용하면서 테스트를 실시하여 검증한다. 또는 결과를 이용하여 새롭게 시스템을 구축하기 위한 프로토타입을 설계하고 구현할 수도 있다.

◆5단계 평가 및 전개(deploying): 첫 단계에서 수립된 프로젝트의 목적이 달성되었는지를 평가한다. 또한 3단계와 4단계에서 구축된 모델의 발전 계획을 수립하고 프로젝트 성과를 객관적인 입장에서 정량적이고 정성적으로 평가한다. 평가한 내용은 최종 보고서로 작성하고 지적 자산화를 꾀한다.

전술한 바와 같이, 데이터 사이언스 프로젝트를 위한 여러 프로세스 모형이 존재함을 알 수 있다. 이 밖에도 데이터 사이언스 프로젝트를 수행할 수 있는 프로세스 모형이 존재할 것이다. 재차 언급하지만 어떤 것이 가장 좋은지는 사전에 결정할 수 없다. 각각의 프로젝트가 나름대로 상이하고, 특이한 성격이나 목적 그리고 맥락을 갖고 있기 때문이다. 그래서 어떤 프로세스 모형을 따라 프로젝트를 수행해 나갈지는 데이터 사이언티스트가 결정할 일이다.

이 책에서는 데이터 사이언스 프로젝트를 수행할 때 따라야 할 프로세스로 강원대학교 김화종 교수가 제시한 다음과 같은 다섯 단계 모형을 제안한다.[5)] [6)] 다만, 원래 모형의 큰 틀을 변형시키지 않는 범위 내에서 관련 지식과 분석의 경험을 토대로 내용을 추가하여 보완했다.

- ◆1단계: 문제 정의
- ◆2단계: 전략 수립
- ◆3단계: 데이터 수집 및 관리
- ◆4단계: 데이터 분석
- ◆5단계: 시각화 및 결과 활용

이 책 2부의 각 장은 이 다섯 단계 프로세스 모형에 대한 구체적인 설명으로 이루어져 있다. 구체적인 설명을 제시한다고 해도 이 책 한 권으로 프로젝트를 빈틈없이, 성공적으로 수행하기에는 역부족일 것이다. 기본적이면서 핵심적인 내용만을 담았기 때문이다. 사실을 말하면, 각 단계는 각각을 다룬 책이 따로 필요할 정도로 내용이 깊고 고려해야 할 사항들이 많다. 따라서 프로젝트를 성공시키기 위해서는 다른 여러 참고서적을 참고할 필요가 있으며, 데이터 분석의 경험을 가진 실무자, 전문가들의 조언을 경청하는 것이 필요하다.

CHAPTER 07

프로세스 1: 문제 정의

데이터 사이언스 프로젝트 프로세스의 첫 번째 단계는 '문제 정의'다. 문제 정의란 해결하고자 하는 문제를 명확하게 정의 내리는 것이다. 문제를 정의하지 못하거나 정의하지 않아서 과연 무엇이 문제인지조차 모른다면 문제해결 자체가 없다. 문제 발생 여부를 모르고 지나가 버리는 것이다. 혹은 그것이 문제라는 것, 문제가 지금 발생하고 있다는 것을 모르거나 심각하게 여기지 않는 경우도 있다. 모두가 문제 정의를 분명히 하지 않은 것에서 비롯된다. 이런 경우에 문제를 해결할 방안 마련이 바르게 그리고 빠르게 강구될 리 없다. 그럼 다음에 벌어질 결과는? 다행히도 사소한 문제라면 큰 탈이야 없겠지만, 중대한 문제였다면 벌어질 결과는 대형 사고일 것이 틀림없다. 종종 대형 사고의 문제는 처음에는 눈에 잘 보이지 않는다. 보이더라도 대수롭지 않게 여긴다. 그러나 문제가 심각해지고 잘 드러날 때면 문제해결과 대처에 상당히 늦어 버려 막대한 피해가 발생한다. 2020년 봄, 선진국 유럽과 미국에 불어 닥친 코로나바이러스 사태가 바로 그러하다. 이미 겨울부터 우리나라와 중국 및 이란에서 코로나바이러스로 인한 커다란 피해가 발생하고 있었는데도 유럽과 미국 정부는 이를 심각하게 받아들이지 않았다. 찻잔 속의 태풍처럼 아시아의 몇 나라에서만 그칠 문제로 여겼지 진짜 태풍이 될지 몰랐다. 문제가 정확히 무엇인지 파악했다면 그처럼 수많은 인명 피해와 엄청난 경제적 손실은 막을 수 있었을 것이다. 이 책 1장에서 언급한 싸이월드 꼴이 난 것이다.

> 만약 나에게 문제해결을 위해 한 시간이 주어진다면, 나는 55분 동안 문제에 대해 생각하고 5분 동안 해결책에 대해 생각하겠다.[1)]

세계를 놀라게 한 상대성 이론으로 양자역학과 함께 현대 물리학의 양대 축을 세운 알베르트 아인슈타인의 말이다. 한 시간 중에서 55분 동안 문제를 생각한다는 그의 의중은 문제가 어떤 문제인가를 알기 위해 오래도록 고민하겠다는 뜻이다. 문제를 어떻게 정의하느냐에 따라 문제해결이 바뀔 수도 있다는 뜻이 내포되어 있다. 문제가 무엇인지 파악하는 일의 중요성을 일깨우는 언사다.

프로젝트 프로세스의 각 단계와 절차마다 지속적인 의사결정이 요구된다. 그런데 문제 정의가 명확하지 않으면 합리적이고 타당한 의사결정이 어렵다. 문제 정의가 프로세스의 각 단계와 절차 시기에 필요한 의사결정의 기준으로 작동하는 것이다.

그런데 데이터 사이언스 관련 문헌들 중에는 '문제 정의'에 대한 언급이 없는 책들도 보인다. 이런 책의 저자들은 데이터 사이언스 프로젝트에서 곧바로 데이터 수집으로 직행하며, 이때 문제를 간략히 언급하는 수준에 그친다. 물론 '문제 정의'가 중요하다고 명시적으로 인정한 참고서적들도 있다. 그러나 이 경우에도 '문제'에 관해서는 양적으로는 한두 페이지 정도, 내용적으로는 피상적으로만 다루고 있다. '문제 정의'가 중요하다고 인정은 하고 있지만 책의 저자들은 다들 문제를 상식적 수준에서 파악하고 있는 셈이다. 즉, 모르니까 문제라는 것이다. 상식적으로 '모르니까 문제'인 것은 맞다. 하지만 정작 '모른다는 것이 무엇을 뜻하는지를 모르고' 있으니까 문제다. 문제가 갖고 있는 제반 성격과 속성, 다양한 유형 때문에 문제해결이 매우 복잡한 절차를 통과하는 과정이라는 사실을 간과하고 있는 것이다.

핵심적 질문들

프로세스의 첫 번째 '문제 정의' 단계에서 다루어야 할 핵심적인 질문은 다음과 같다.

- 문제와 문제해결이란 무엇인가?
- 문제는 어떤 성격과 속성을 가지고 있는가?
- 어떤 유형의 문제이며, 문제의 범위는 어디까지인가?
- 문제해결의 성공 및 실패의 척도는 무엇인가?

문제와 문제해결이란

문제를 정의하는 가장 일반적인 방식은 상태(state)를 기반으로 하는 정의다. 여기에는 두 개의 상태가 존재하는데, 하나는 현재의 시작 상태이고 다른 하나는 미래에 도달해야 할 목표 상태다. 아무런 문제가 없을 때는 시작 상태에서 목표 상태의 도달까지 어렵지 않고 불가능하지 않다. 그런데 이 두 상태 중간에 어떤 방해물이 끼어 있어서 이 방해물 때문에 목표 상태에 도달할 수 없게 되는 경우가 있다. 문제가 발생한 것이다. 어떻게 문제를 해결할까? 목표 상태 도달을 가로막는 방해물을 제거해야 한다. 그렇다면 문제해결은 이 방해물을 제거하는 방법을 찾고 그것을 없애는 작업이다. 다음의 두 개의 문제와 문제해결의 정의는 상태를 기반으로 한다.

> 현재 있는 곳과 가고자 하는 곳 사이에 차이(gap)가 있는데, 그 차이를 줄일 수 있는 방법을 어떻게 찾아야 할지 모를 때 문제가 발생한다.[2)]

> 누군가가 어떤 것을 원하지만 그것을 얻기 위하여 수행해야 할 일련의 행위를 즉각적으로 알지 못할 때 그 개인은 문제에 직면한다.[3)]

그러나 상태를 기반으로 하는 문제와 문제해결의 정의는 사람의 개인차에 의존하고 있다는 한계를 갖는다. 목표 상태 도달을 가로막는 방해물이 모든 사람에게 방해물로 작용하는 것은 아니기 때문이다. 다른 누군가에게 방해물로 작용하는 것이 어떤 사람에게는 방해물이 아닌 것이다. 예컨대, 중·고등학교 수학 시간은 이차 방정식의 해를 구할 수 있는 학생과 구할 수 없는 학생으로 나뉜다. 어떤 학생은 이차방정식의 해를 구할 수 있다는 목표 상태에 도달하지 못한 것이다. 그 이유는 학생들이 인수분해를 할 수 있느냐 없느냐 또 근의 공식을 알고 있느냐 아니냐의 차이다. 문제를 풀지 못하는 학생은 이것을 모르는 것이다. 문제해결에서 개인차는 특히 전문가와 초심자 사이에서 잘 드러난다. 어떤 분야든지 초심자에게는 많은 문제가 닥친다. 처음 만나는 새로운 것들은 모두 쉽지 않아 보이는 문제다. 그러나 전문가에게는 전혀 문제가 아닌 경우가 대다수다. 비록 그가 초심자 시절에는 해결하지 못한 문제라 할지라도 이제 그는 수년에서 수십 년간 어느 한 분야에 종사한 사람이다. 그 기간 동안 숱하게 문제를 만났을 것이며, 문제해결의 성공과 실패의 경험으로 인한 나름의 노하우를 지녔을 것이다. 더 이상 문제가 아닌 것이다. 이처럼 상태를 기반으로 하는 문제와 문제해결은 문제 자체가 지닌 본성이나 성격에 의한 것이라기보다는 개인차나 개인의 능력에 우선을 두는 정의다.[4] 상태 기반의 문제와 문제해결이 이런 비판에 직면하고 있지만 '모르니까 문제'라는 식의 단순하고도 피상적이며 상식적인 수준에서 문제와 문제해결이 논의될 수 없음을 잘 보여 주고 있다.

데이터 사이언티스트가 고려하고 검토할 수 있는 문제와 문제해결에 대한 대안으로 데이비드 H. 조나센(David H. Jonassen)의 연구 결과가 있다. 교육에 지대한 관심이 있는 교육공학자이면서 인지심리학자인 조나센은 그의 저서에서 문제가 정확히 무엇을 의미하며, 문제가 어떤 성격과 속성을 지니고 있는지, 어떤 종류의 문제들이 존재하는지를 밝히고 있다. 그의 연구 결과는 문제의 목표나 문제해결의 성공 및 실패의 척도를 결정하는 데 도움을 준다.[5)]

문제의 성격과 속성[6)]

조나센은 문제가 구조성, 복잡성, 역동성, 영역 특수성 또는 추상성이라는 네 가지 성격과 속성을 가지고 있다고 주장한다. 먼저, 문제의 구조성이란 문제가 갖고 있는 구조적 측면을 말한다. 이때 구조성의 정도에 따라 상이한 두 개의 문제로 나뉜다. 하나는 제한된 영역 내에서 직면하게 되는 한정된 수의 개념과 규칙, 원리의 적용이 요구되는 정구조 문제(well-structured problems)다. 정구조 문제는 잘 정의된 최초의 상태, 해결안 그리고 제한된 논리적 연산자, 즉 잘 알려진 해결 절차를 갖고 있으며, 문제의 모든 요소를 문제해결자에게 제공하며, 알기 쉽고 이해 가능한 해결안을 지닌다. 학교 교과서의 각 단원 끝에 있거나 대학수학능력시험, TOEFL과 TOEIC 등 주로 시험에 많이 등장한다. 이런 시험에는 정답이 존재해야 하는 정구조 문제가 요구된다. 시험 문제에서 정답이 여러 개이거나 정답이 아예 없을 때 발생할 수 있는 엄청난 혼란과 사회적 비용을 생각해 보라.

반면에 일상생활과 직장 업무에서 자주 만나는 문제는 짓궂은 문제인 비구조 문제(ill-structured problems)다. 비구조 문제가 짓궂은 이유는 정답이 여러 개이거나 아예 없는 경우도 있기 때문이다. 비구조 문제는 대체로 간학문적 성격을 띠고 있어서 어느 한 영역의 개념과 원칙을 적용하면 해결되지 않는다. 또한 잘 알려져 있지 않은 측면을 포함하고 있어서 해결안을 평가하려면 여러 가지 기준이 필요하다. 이처럼 문제의 구조가 정구조인가 비구조인가에 따라 상이한 지적(intellectual) 기술이 요구된다.

문제는 또한 복잡성 측면에서 다양하다. 문제의 복잡성이란 다양한 요인에 의해 문제해결안 혹은 정답이 결정된다는 것이다. 문제에 수반되는 이슈나 기능 혹은 변수의 수, 변수 간의 연결성의 정도 등 문제의 복잡성에 영향을 미치는 요인은 다양하다. 예컨대, 교과서가 제시하는 문제는 단순한 반면에 국제정치 문제는 복잡하며 해결안을 쉽사리 예상할 수 없다. 문제가 복잡할수록 문제를 해결하는 사람은 변수 조작을 더 많이 해야 하기 때문에 더 많은 인지적 노력이 필요하며, 그만큼 인지적 부담감이 크고, 문제해결에 더 많은 어려움을 호소한다.

문제는 역동성 혹은 안정성 측면에서도 다양하다. 문제가 비구조적일수록, 문제가 복잡할수록 문제는 보다 더 역동적이 되는 경향을 갖는다. 시간의 경과에 따라 문제의 환경과 요인이 변하기 때문이다. 문제의 조건이나 요인이 달라지면 문제해결자는 해결안을 찾는 과정에서 과거와는 다른 새로운 적응이 필요하다. 과거의 오래된 해결안이 더 이상 적합하지 않기 때문이다. 예를 들어, 주식투자가 역동성을 갖는 어려운 문제인 이유는 수요, 배당률, 신용과 같은 시장 조건이 단기간에 급격히 변하는 경향을 갖고 있기 때문이다.

또한 문제는 영역 특수성(domain-specific)을 갖는다. 문제가 상황 · 맥락적 성격을 띠고 있어서 문제해결이 문제가 갖는 맥락, 상황, 영역 지식에 의존한다는 것이다. 예컨대, 수학자는 공학자와는 다르게 문제를 해결하며, 공학자는 정치학자와 다르게 문제를 해결한다. 어떤 조직에서 발생한 문제를 해결하는 방법이 다른 조직에서는 전혀 먹히지 않고 다르게 해결되기도 한다. 따라서 통계나 통계방법, 조건적 추론을 다루는 심리학과 의학을 공부하는 학생들은 이런 형태의 방법론이나 추론을 공부하지 않는 법학이나 화학을 공부하는 학생들과는 문제에 대한 접근법이 다르다.

문제 유형과 문제해결의 성패

일반적으로 잘 알려진 문제해결 과정은 이러하다. 먼저, 문제 상황이 발생한다. 다음에 문제가 무엇인지를 인식하여 문제의 정의를 내린다. 계속해서 정의 내린 문제에 대한 해결안을 탐색하여 하나 아니면 복수의 잠정적인 해결안을 마련한다. 이후 잠정적 해결안을 문제 상황에 적용함으로써 그것이 해결되는지를 확인한다. 문제가 해결되면 그 잠정적 해결안을 평가한다. 만일 잠정적 문제해결안으로 문제가 해결되지 않으면 앞 단계로 돌아가 다른 잠정적 해결안을 적용해 보거나 새로운 잠정적 해결안을 마련하여 적용해 본다. 문제해결이 성공하는 때는 마련한 해결안을 문제 상황에 적용해 본 후 문제 상황이 발생하지 않게 될 때다.

그러나 앞에서 살펴본 문제의 성격과 속성이 다양하다는 사실은, 즉 문제가 구조성, 복잡성, 역동성, 영역 특수성 등에 따라 서로 다르다는 사실은 문제의 해결과정도 문제가 갖고 있는 성격과 속성에 따라 다를 것이라는 것을 암시한다. 따라서 문제해결의 성공과 실패는 다루는 문제의 유형에 따라 상이할 것이다. 문제해결 과정도 다양할 것이라는 점은 조나센이 작성하여 제시한 문제 유형표

(problem typology)에서도 잘 드러난다. 그가 제시한 문제 유형표는 문제의 유형을 열한 개로 분류하고, 이를 학습활동, 투입, 성공 기준, 맥락, 구조성, 추상성이라는 기준에 따라 구체적으로 설명하고 있다.

제시된 기준은 데이터 사이언스의 첫 번째 프로세스인 문제 정의 단계의 핵심 질문에 필요한 내용들이 포함되어 있다. 따라서 데이터 사이언티스트는 성공적인 프로젝트를 원한다면, 이런 상이한 유형의 문제 유형을 검토해야 한다. 열한 개의 문제 유형은 다음과 같다.[7) 8)]

- ◆ 논리 문제(logical problem)
- ◆ 알고리즘(algorithm)
- ◆ 일화형 문제(story problem: 문장제)
- ◆ 규칙사용 문제(rule-using problem)
- ◆ 의사결정(decision-making)
- ◆ 결함해결(trouble-shooting)
- ◆ 진단해결(diagnosis-solution)
- ◆ 전략적 수행(strategic performance)
- ◆ 사례분석(case analysis)
- ◆ 설계(design)
- ◆ 딜레마(dilemmas)

문제 유형에 대한 조나센의 연구 결과는 문제 유형에 따라 다르게 가르치고 학습하는 교수학습 방법을 제시하고 있다는 점에서 특히 유용하다. 직면하는 문제의 유형에 따라 문제해결력 신장을 위해 어떻게 가르치고 학습해야 하는지를 제시한 것이다. 이로써 문제와 문제해결에 대한 지적 안목을 높일 것이며, 빠르게 문제를 발견하고 바르게 문제의 정의를 내릴 수 있는 역량이 향상될 것으로 기대된다. 이런 역량이 데이터 사이언티스트에게도 중요하다는 사실은 두말할 필요가 없다.

인지심리학자 조셉 E. 맥그래스(Joseph E. McGrath)는 조나센이 제안한 문제 유형표와 유사하게 문제의 유형이나 종류를 구분하여 체계화했다. 집단 수행 문제의 원형 분류 체계(task circumplex)가 그것이다. 이 분류 체계 역시 데이터 사이언스 프로세스의 첫 번째 단계인 문제 정의 단계에서 고려할 만하다. 왜냐하면 그의 문제 원형 분류 체계도 문제와 문제해결이 단일한 과정이 아니라 다양한 과정이라는 점을 밝히고 있기 때문이다. 즉, 어떤 유형의 문제를 마주하게 되느냐에 따라 문제 정의가 달라지고, 문제해결의 경로와 절차, 과정이 영향을 받는다는 것이다. 이 분류 체계의 특징은 문제가 모두 개인이 해결해야 할 문제가 아니라 집단이 해결해야 할 문제라는 점이다.

맥그래스는 집단이 해결해야 할 총 여덟 개의 문제를 네 개 분원의 원형 위에 배치했는데, 이를 다시 x축의 좌우와 y축의 상하로 나누어 구조적으로 배치했다. 제1사분원에 있는 문제들은 '생산', 제2사분원에 있는 문제들은 '선택', 제3사분원에 있는 문제들은 '협상', 제4사분원에 있는 문제들은 '실행'과 관련된 문제들로서 각 문제해결 과정에서 지향해야 할 문제해결 목표의 성격이다. 즉, 문제해결안이 어떤 면에 중점을 두어야 하는지를 나타내는 것이다. 그

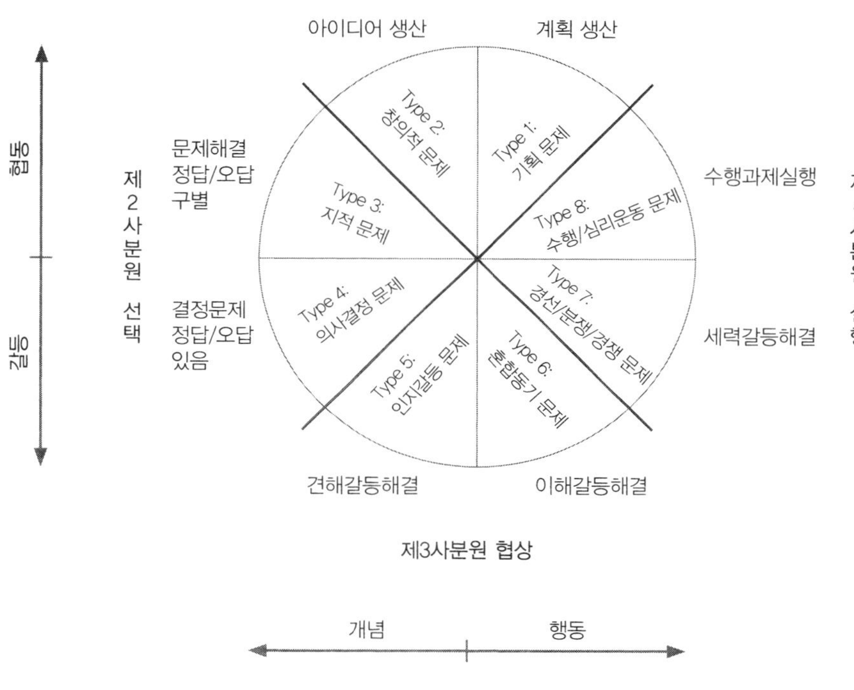

[그림 7-1] 집단 수행 문제의 원형 분류 체계

리고 x축의 좌측에 있는 문제들은 '개념'과 관련된 문제, x축의 우측의 문제들은 '행동'과 관련된 문제다. y축의 위쪽에 있는 문제들은 '협동'과 관련된 문제, y축의 아래쪽에 있는 문제들은 '갈등'과 관련된 문제들로서 이는 문제 자체가 지닌 성격적 측면을 나타내고 있다. 이처럼 맥그래스의 문제의 원형 분류 체계와 여덟 개의 문제 유형은 문제와 문제해결을 체계적으로 잘 제시하고 있다([그림 7-1] 참조).[9) 10)]

〈1사분원: 생산〉

◆ Type 1 기획 문제: 계획의 생산

◆ Type 2 창의적 문제: 아이디어 만들기

〈2사분원: 선택〉

◆ Type 3 지적 문제: 정답이 있는 문제의 해결

◆ Type 4 의사결정 문제: 선호되거나 합치된 해답이 있는, 정답이 있는 문제

〈3사분원: 협상〉

◆ Type 5 인지갈등 문제: 이해관계가 아니라 견해의 갈등을 해소하는 문제

◆ Type 6 혼합동기 문제: 동기와 이해관계의 갈등 해결

〈4사분원: 실행〉

◆ Type 7 경선/분쟁/경쟁 문제: 세력갈등의 해결, 승리를 위한 경쟁

◆ Type 8 수행/심리운동 문제: 객관적 혹은 절대적 우수성을 기준으로 수행된 심리운동

데이터 사이언스 프로젝트는 시작할 때 문제를 정의해야 하는데, 앞서 살펴본 바와 같이 문제는 성격과 속성, 문제의 유형, 성공과 실패의 척도나 범위 등에서 매우 다양함을 알 수 있다. 조나센의 문제 유형표와 맥그래스의 문제 원형 분류 체계가 이를 잘 예시하

고 있다. 데이터 사이언티스트는 문제 유형표와 문제의 원형 분류 체계로부터 많은 유용한 시사점을 얻을 수 있을 것이다.

이에 덧붙여 문제를 정의할 때 주의할 점이 있다. 데이터 사이언스 프로젝트를 통해 해결하려는 문제는 규모가 크다. 프로젝트라고 불리는 이유다. 작은 문제를 프로젝트를 수행해서 해결하려고 하지 않는다. 문제의 규모가 큰 경우에 문제를 한 번에 해결하려는 자세는 피해야 한다. 즉, 해결할 수 있는 작은 문제로 나누어 접근해야 한다. 이것은 구체적으로 무엇을 해야 문제가 해결되는지를 알 수 있는 나누어진 작은 문제를 모두 해결하면 전체의 큰 문제를 해결할 수 있도록 만드는 것이다.[11]

CHAPTER 08

프로세스 2: 전략 수립

데이터 사이언스 프로젝트 프로세스의 두 번째 단계는 '전략 수립'이다. 사전적 의미에서 전략(strategy)이란 특정한 목표를 수행하기 위한 행동 계획이다. 이와 유사하게 프로세스에서 전략이란 프로젝트 성공을 위한 계획을 뜻한다. 첫 번째 단계인 문제의 정의가 이루어졌으면, 이 문제의 해결을 위해 어떤 행동을 취할 것인가를 계획하는 작업이 필요하다. 프로젝트 전반이 합리적이 되고 과학에 기반을 둔 의사결정에 의해 이루어지도록 체계적인 절차와 행동 계획이 수행 전략으로 수립되어야 하는 것이다. 모든 프로젝트가 항상 성공적인 결과를 산출하는 것은 아니다. 다양한 원인과 이유 때문에 기대했던 결과를 얻지 못하는 경우도 종종 발생한다. 따라서 전략 수립은 프로젝트의 100% 성공을 담보하는 것이 아니라 성공의 가능성을 높이는 것으로 이해할 필요가 있다.

핵심적 질문들

프로세스의 두 번째 '전략 수립' 단계에서 다루어야 할 핵심적인 질문은 다음과 같다.

- 해결해야 할 문제의 재검토 사항이 있는가?
- 문제와 관련된 부서는 어디인가?
- 문제와 관련된 필요한 데이터는 누가, 어디에서 갖고 있는가?
- 누가 데이터 사이언스 프로젝트를 주도할 것인가?
- 제약 조건은 무엇인가?
- 가용 자원은 무엇이 있는가?
- 프로젝트의 종료 조건은 무엇인가?
- 어떤 데이터 분석방법을 선택할 것인가?

이 단계에서 첫 번째 수행 계획으로 해결하려는 문제를 재검토하는 이유는 본격적인 프로젝트 수행 시작 직전이기 때문이다. 일단 시작부터 잘못된 단추를 끼우게 되면 프로젝트 중간에 다시 바꾸기가 쉽지 않다. 그래서 프로젝트 시작에 앞서서 최종적으로 문제를 다시 점검할 필요성이 생긴다. 예컨대, 문제 정의 단계에서 고려된 것들 중에서 의사결정권자와 고객의 근본적인 고민이 충분히 고려되었는지, 문제해결을 통하여 그들이 알고 싶고, 수정하고 싶은 결과가 무엇인지, 지금까지 왜 그런 문제가 발생했고, 어째서 잘 작동되지 않았는지 등 문제 정의 단계에서 간과할 수 있는 문제의 본질적 측면을 살펴보는 일이다. 또한 문제와 직간접적으로 관련된 부서는 문제의 재검토 과정에서 드러나거나 부각될 수 있다. 요컨대 그러한 문제가 자주 발생하는 부서가 어디인지, 그런 부서의 특성은 어떠하며 어떤 일을 맡고 있는지 등을 고려하는 것이다.

데이터 사이언스 프로젝트에서 가장 어려운 것 중 하나는 필요한 핵심 데이터를 확보할 수 있느냐 하는 점이다. 데이터의 확보와 수집은 데이터 사이언스 프로젝트의 세 번째 단계에 속하는 것이지만 두 번째 단계인 전략 수립에서 미리 고려할 필요가 있다. 누가 필요한 데이터를 소유하고 있는지, 그들은 누구이며 어디에 있는지, 그들과 소통하고 설득해서 데이터를 얻어 낼 수 있는지 등을 미리 파악해야 다음 단계인 데이터 수집 단계에서 발생할지 모르는 필요 없는 오류와 실수를 줄일 수 있다. 이래야만 데이터와 직접적 혹은 간접적으로 관련된 관계자와의 협력을 위해 어떤 작업을 사전에 마련해야 하는지를 결정할 수 있게 된다. 사람 간의 협력이 프로젝트의 성공과 실패를 가르는 중요한 요인으로 작동하기 때문이다.

데이터 사이언스 프로젝트를 누가 주도하는가도 중요한 전략적 이슈가 된다. 이는 데이터 사이언티스트가 소유한 역량과 그가 작업해 왔던 배경 분야와도 밀접한 관련성을 갖고 있다. 즉, 데이터 사이언티스트의 핵심적 역량인

① 수학 및 통계 역량

② 프로그래밍을 할 수 있는 알고리즘 구현 역량

③ 경영, 사회, 심리, 교육, 언론정보 등의 인문사회학 역량 등이다.

어떤 배경 분야와 역량을 갖춘 데이터 사이언티스트인지에 따라 전체적인 데이터 사이언스 프로젝트 수행 모습이 그려진다. 다시 말해,

① 데이터 분석을 통해 가설검증과 인과관계를 추론하는 작업에 힘을 쏟는 데이터 사이언티스트(통계학자)와
② 예측을 위해 알고리즘을 구현하여 프로그래밍에 초점을 두는 데이터 사이언티스트(컴퓨터 공학자)와
③ 분석 결과의 활용에 중점을 두는 데이터 사이언티스트(경영학자 또는 인문사회학자)는 여러 면에서 다르다.

게다가 프로젝트는 한 명의 데이터 사이언티스트가 혼자 모든 것을 처리하지 않고 다수가 팀을 이루어서 하는 집단 간의 협력 작업이다. 이들 사이의 적절한 권한과 역할 배분이 사전에 조율되지 않으면 프로젝트를 진행하는 과정에서 비효율성과 혼란이 발생할 가능성이 농후하다.

모든 프로젝트가 경제적으로는 풍요하고, 시간적으로는 여유로운 그리고 결과의 기대치가 쉽게 만족되는 이상적 상태에서 수행될 수 없다. 사실 모든 프로젝트는 경제적 여건으로는 항상 예산과 자금이 부족하고, 수행하는 기간에서는 시간이 부족하거나 시간에 쫓기고, 결과의 기대치 면에서는 모두를 만족시키는 경우가 거의 없다. 어쩔 수 없이 방금 언급한 세 가지 직면한 제약 조건의 경중과 우선 조건을 미리 따져 봐야 한다. 최대치의 예산액을 얼마나 투입할 수 있는지에 따라 참여할 수 있는 데이터 사이언티스트의 수

와 팀원이 결정된다.

또 데이터 분석에 들어가는 비용을 예상해야 한다. 데이터 자체가 무료일 수도 있지만 많은 비용을 요구하는 것일 수도 있다. 핵심 데이터가 유료라면 데이터를 구입하지 않고서는 프로젝트가 성공을 거둘 수 없다. 게다가 소프트웨어 구축 비용, 데이터 통신 요금 등 예산 범위를 초과하는 프로젝트가 될 수 있다.

어느 시기나 시간까지 프로젝트를 끝내야 하는지도 검토해야 한다. 너무 늦게 프로젝트가 끝나서 분석 결과가 쓸모없는 상태가 되어 버리는, 그래서 분석하고서도 실제로 도움을 전혀 주지 못하는 상황은 애초에 피해야 한다. 프로젝트의 주제나 내용이 시기적으로 매우 민감한 경우가 종종 있기 때문이다.

그리고 고객이나 의사결정권자가 기대하고 만족할 만한 최소한의 성능 역시 미리 알아 두어야 한다. 예산 범위 내에서 제시간에 프로젝트가 끝났는데, 그 결과가 프로젝트를 수행하지 않더라도 알 수 있는 뻔한 것이라면 구태여 시간과 비용을 들일 필요가 없을 것이다.

가용 자원은 먼저 인적 자원이 포함된다. 여기에는 당연히 팀을 이루는 데이터 사이언티스트가 들어 있지만 또한 데이터 사이언티스트가 아닌 관계자도 해당된다. 예컨대, 이 관계자에는 데이터를 수집하고 수집한 데이터를 데이터베이스에서 작업하면서 데이터 분석을 도와줄 전산 직원이 있다. 인적 자원 말고도 컴퓨터 시스템 성능과 메모리 용량 같은 하드웨어적 측면, 활용할 수 있는 프로그램 같은 소프트웨어적 측면이 존재한다.

기존에 구축된 다양한 데이터 수집과 분석방법이 존재한다. 또한 이 데이터 수집과 분석에 동원할 수 있는 도구들이나 기술들, 예컨대 각종 소프트웨어나 언어, 데이터 처리 기술 등이 있다. 구체적으로 어떤 수집방법을 이용하여 데이터를 수집할 것인가는 세 번째 데이터 사이언스 프로세스인 데이터 수집 및 관리에서, 어떤 분석방법을 이용하여 데이터를 분석할 것인지는 네 번째 데이터 사이언스 프로세스인 데이터 분석에서 이루어진다. 각 단계에서는 수집이나 분석 자체가 초점이 된다. 하지만 이 전략 수립 단계에서는 세 번째와 네 번째 단계에서 결정하고 수행할 데이터 수집방법과 분석방법에는 어떤 것들이 있는지, 그 방법들은 어떤 장점과 목적을 갖고 수행하는지에 대한 사전검토 작업을 한다. 특히 데이터 분석방법은 수행하는 목적에 따라 매우 다양한 방법이 존재한다. 따라서 해결해야 할 문제에 가장 적절하게 적용할 수 있는 데이터 분석방법을 사전에 파악하는 일은 도움이 된다. 문제 유형에 따라 최적의 성능을 발휘할 수 있는 데이터 분석 알고리즘은 사전에 정해지지 않는다. 문제의 조건과 상황에 따라 사용할 수 있는 분석방법이 달라지는 것이다.

CHAPTER 09

프로세스 3: 데이터 수집 및 관리

데이터 사이언스 프로젝트 프로세스의 세 번째 단계는 '데이터 수집 및 관리'다. 이 단계에서는 데이터 분석에 필요한 데이터를 실제로 모아서 저장하는 등의 관리 작업을 한다. 이 단계는 두 개의 작은 단계가 합쳐진 것이다. 첫째 단계는 필요한 데이터의 수집이다. 필요한 데이터가 내부에 이미 존재하는 경우에는 기존의 데이터에서 필요 없는 부분을 걸러 내고 필요한 부분만을 추출하면 된다. 만일 필요한 데이터가 내부에 없다면 직접 수집하는 방안을 강구하거나 비용을 들여 구입하는 방안을 진지하게 고려한다. 둘째 단계는 이렇게 수집된 데이터의 관리다. 일단 필요한 데이터가 수집되었다면 저장을 해야 하고, 추후 데이터 분석을 위해 사용하기 편리하게 관리한다. 어렵게 수집한 데이터를 저장하고 관리하는 과정에서 손실, 손상, 오염되거나 다른 목적으로 수집된 다른 데이터와 섞이는 일이 없도록 주의해야 한다.

핵심적 질문들

프로세스의 세 번째 '데이터 수집 및 관리' 단계에서 다루어야 할 핵심적인 질문은 다음과 같다.

◆ 필수적인 데이터는 무엇이고, 수집이 가능한가?
◆ 데이터의 수집은 어떻게 할 것인가?
◆ 데이터의 형식과 유형은 어떤 것이 있는가?
◆ 수집된 데이터의 품질은 어떠한가?
◆ 데이터의 저장과 관리는 어떻게 해야 하는가?

필수 데이터와 수집 가능한 데이터

가장 중요한 핵심은 수집하려는 데이터가 문제 정의 단계에서 정의한 문제와 그 문제해결에 관련이 있어야 한다. 관련성의 여부와 관련성의 정도에 따라 필수 데이터인지 아닌지가 결정된다. 관련이 없는 데이터, 즉 필수적이지 않은 데이터를 수집해야 할 이유가 없고, 필수적이지 않은 데이터를 갖고 분석을 해 보아야 별 의미가 없을 것이다. 실제의 예를 들어 보자. 휴대폰 사용자의 통화량, 휴대폰 장비 등에 따른 통화 패턴에 대한 문제를 해결하려고 통신사에서 데이터를 수집하는 경우를 가정해 보면, 필수적으로 수집해야 할 데이터는 다음과 같은 것들이 있다.[1)]

- 발신 전화 번호(calling party)
- 수신 전화 번호(called party)
- 통화 시작 시간과 날짜(date and time)
- 통화량(duration)
- 요금 정산 전화 번호
- 통화 기록 장비, 내부 고유 식별 번호
- 로밍 타입, 로밍 시간
- 서비스 타입, 서비스 코드, 서비스 요금
- 추가 요금 내역 및 번호
- 통화 연결 상태 코드
- 통화 타입(voice, SMS 등)
- 기타 통화 불량 코드

앞의 모든 데이터가 전화 통화와 직접적으로 관련된 것임을 알 수 있다. 이처럼 필수적인 데이터가 어떤 것이지 밝혀지면 다음은 수집을 통한 데이터의 확보다. 먼저, 데이터를 과연 수집할 수 있는지 확인해야 한다. 프로젝트를 수행하고 있는 기업이나 조직에서 필수적 데이터를 보유하고 있다면 데이터 수집에 큰 어려움이 없을 것이다. 쉽게 활용할 수 있는 내부 데이터이기 때문이다. 물론 이때에도 보유한 데이터 전체를 분석에 사용하지 않는 경우라면 필요 없는 데이터는 그대로 놓아두고 필요한 데이터만을 추출해야 한다.

만일 분석에 필요한 필수적 데이터를 보유하고 있지 않다면, 즉 내부 데이터가 아니라 외부에 존재하는 데이터라면 수집 계획을 세워야 한다. 이때 크게 두 가지 방법을 고려할 수 있다. 직접 수집하거나 구매를 통해 수집하는 것이다. 직접 수집할 때 소요되는 비용이 데이터를 구매할 때 소요되는 비용보다 클 수도 있다. 데이터를 직접 수집하는 것이 항상 비용이 덜 드는 것은 아니라는 뜻이다.

수집할 데이터가 매우 까다로운 경우도 많다. 이때는 수집하는 비용보다 수집 자체가 더 큰 문제가 된다. 수집할 데이터가 외부에 공개될 수 있는 공공데이터라면 데이터를 보유한 공공기관이 어떤 정책을 취하는지도 고려해야 한다. 데이터 분석을 통해 경제적 이윤 추구라는 상업적 목적을 가졌다면 기관이 데이터를 제공하지 않거나 무료로 제공하지 않을 가능성이 크다.

데이터의 수집

수집해야 할 데이터의 규모가 거대하지 않거나 적당한 규모의 연구 프로젝트에서는 종종 설문지나 질문지를 이용하여 데이터를 구한다. 이런 방식의 데이터 수집은 비록 조사 대상자에게 설문지를 배부하고 수거하고 나중에 코딩해야 하는 번거로움으로 귀찮은 작업이지만, 연구자가 꼼꼼히 설문지 설계를 한다면 연구 목적에 알맞고 분석에 필요한 데이터를 얻을 수 있는 장점을 갖고 있다. 요즘에는 컴퓨터와 인터넷이 발달하면서 설문지의 배부와 수거, 수거된 설문조사의 결과를 자동적으로 코딩해서 저장까지 가능한 온라인 설문조사가 많이 사용되고 있지만 지금도 종이 설문지를 사용하는 경우가 상당하다. 온라인이든 오프라인이든 설문지를 통한 데이터 수집은 연구와 분석 목적에 최적화된 데이터를 얻게 된다. 이때 중요한 것은 설문지를 어떻게 설계하느냐 하는 것이다.[2)]

소규모의 데이터를 수집하는 것이 아니라 큰 규모의 데이터를 수집하는 것이라면 대체로 공인된 기관에서 발표한 자료들을 이용하는 경우가 생기게 마련이다. 예를 들어, 국민건강보험공단의 데이터, 고용노동부의 HRD-Net에서 제공하는 데이터, 통계청에서 발간하는 데이터 등의 공공기관 데이터를 이용하는 경우다. 또는 공공기관이 생성하거나 취득하여 관리하는 창구인 공공데이터 포털 사이트(https://www.data.go.kr)를 이용하는 경우다. 이렇게 데이터를 구하는 것은 대규모의 자료를 빠르게 구할 수 있는 장점이 있다. 설문지를 설계하고 배부하고 수거하는 번거로움을 피할 수 있기 때문이다. 또한 무료라는 장점도 있어서 데이터 수집에 드는 비용을 절약할 수 있다. 하지만 대개 무료일수록 가치가 떨어지는 데이터들이 많다. 데이터들이 데이터 분석에 꼭 필요한 필수적인 데이터가 아닐 수도 있고 없을 수도 있다. 필수적인 데이터인 것은 맞는데, 중요한 몇몇 정보가 누락되어 있기도 하다. 공공기관에서 많은 데이터를 공개하고는 있지만 정작 필요한 데이터는 제시되어 있지 않거나, 찾기가 어렵거나, 있어도 완전하지 못하거나, 다 갖추고 있어도 많은 시간을 들여 가공을 거쳐야 할 때가 있다. 게다가 특정한 변인의 데이터를 특정한 연구법이나 통계법으로 분석하겠다고 사전에 엄격하게 설정을 했다면, 공공기관에서 제공하는 데이터가 이를 충족시키지 못할지도 모른다. 이렇게 되면 설문지를 직접 설계하는 것이 더 낫다.

공공데이터 포털 사이트에서 구할 수 있는 데이터가 필수 데이터로서 유용한 것이라면 적극 이용할 것을 권한다. 데이터 수집방법으로는 파일 데이터 다운로드와 오픈 API 등을 이용할 수 있다. 파일 데이터는 포털에 접속하여 다운로드 하거나 전자우편이나 웹페이지로 연결하여 이용할 수 있다. API는 대용량 데이터를 표준화하여 프로그램에서 데이터를 읽을 수 있도록 허용한다. 이는 데이터 제공자 측이 미리 정한 웹 주소, URL 형태로 데이터 소재지 주소를 알려 주고 데이터를 읽어 들이는 방법이다. 실제 구글, 페이스북, 네이버와 같은 정보통신 기업은 상위 검색어를 알려 주거나 뉴스, 검색 결과, 지도 정보, 카페나 블로그 정보 등을 API 형식으로 제공하고 있다. 트위터도 마찬가지로 API를 이용하여 서버에 접속하여 특정 키워드가 들어가 있는 트윗 데이터를 구할 수도 있다. 일반적으로 API를 제공하는 측은, 예컨대 구글, 네이버, 트위터, 페이스북은 사용자별로 하루에 읽을 수 있는 양을 제한하거나 혹은 한번에 다운로드 할 수 있는 데이터의 수량을 제한하기도 한다. API를 이용하려면 사전에 사용자 등록을 하고 인증키를 받아야 하는 절차가 있다.[3)]

앞 절에서 데이터는 구매가 가능하다고 했다. 여기에는 두 가지 경우가 있다. 데이터 수집을 의뢰하는 경우와 말 그대로 데이터를 직접 구매하는 경우다. 데이터 수집을 의뢰하는 것은 현재 필요한 데이터를 누구도 갖고 있지 않을 때 데이터 수집을 아웃소싱하여 구하는 경우다. 데이터 수집을 외부 기관에 의뢰하여 시키는 것이다. 예컨대, 방송사가 유력 정치인이나 정당의 지지율을 알아내어 뉴스 프로그램에서 보도하려 할 때, 여론 조사의 데이터 수집을 외주 업체에 맡긴다. 그러면 외주 업체는 조사를 해서 결과를 도출하여 제공하기도 한다.

데이터의 직접 구매는 어느 기관이나 누군가가 필요한 데이터를 갖고 있을 때 그것을 돈을 주고 구입하는 것이다. 만일 그 데이터가 기업이나 조직의 영업과 운영의 노하우와 관련된 민감한 정보라면 판매할 가능성이 없다. 하지만 판매를 목적으로 데이터를 확보하여 그것을 시장에 내어놓는 기업이 존재하는데, 이에 데이터를 거래하는 장터로서 데이터 마켓(data market)이 존재하는 것이다. 필요한 데이터가 시장에 존재하면 그것을 구입하면 된다. 일일이 데이터를 수집하기에는 시간과 노력이 많이 들 때 데이터 마켓은 좋은 대안이 될 수 있다. 빅데이터 시대에는 데이터의 직접 수집보다는 데이터 마켓에서 데이터를 구입하거나 아웃소싱하는 편이 시간과 비용 면에서 보다 효율적이 될 수도 있다.[4] 물론 데이터 구매에 소요되는 비용이 문제가 되기도 한다.

미국은 데이터 마켓이 활성화되어 있어서 데이터를 사고파는 기업이 많다. 이들은 공공기관이나 일반 기업에서 생성되는 다양한 데이터, 예컨대 공공데이터, 기업 고객 데이터, 판매 유통 데이터, 주소 메일 데이터, 위치 데이터, 웹로그 데이터, 모바일 데이터 등을 전문적으로 수집한다. 그런 후 데이터를 저장, 정제, 가공, 통합이라는 일련의 처리과정을 거쳐 품질 관리 데이터, 개인 소비자 데이터, 세분화된 고객 데이터, 사용 가능 위치 주소 데이터, 마케팅 스코어 데이터, 접촉 가능 데이터 등으로 변환시킴으로써 원천 데이터를 데이터 분석에 유용한 데이터로 만든다. 이 처리된 데이터가 외부 판매용 상품이 된다. 이제 마치 데이터 공장에서 생산된 물건을 사듯이 데이터를 구매하는 것이다.[5] [6] 우리나라도 최근 데이터 3법이 국회에서 통과되었으므로 미국의 데이터 공장 혹은 데이터 전문 기업처럼 공공기관과 일반 기업에서 생성하고 있는 다양한 데이터를 미리 수집하고 가공, 처리하여 판매용 데이터 상품을 생산하는 스타트업 기업이 나타날 것으로 기대한다.

데이터의 형식

데이터 사이언티스트라면 수집하는 데이터의 형식을 인지하고, 각기 다른 형식을 구분할 수 있어야 한다. 데이터의 형식은 데이터를 분석할 때 제한점으로 작용하기 때문이다. 특정한 분석방법은 특정한 데이터 형식에 의해 좌우된다. 데이터의 형식 때문에 적용할 수 있는 분석방법이 달라진다는 뜻이다.

데이터는 일정한 모양, 즉 형식(format)을 갖고 있다. 데이터 형식은 다음과 같이 세 개의 형식으로 구분된다.[7) 8)]

- ◆정형 데이터(structured data): 특정한 형식이 정해져 있는 데이터로서 고정된 필드에 저장된다. 행과 열로 구성된 표(table)에 저장되는 형태의 데이터다. 예컨대, 정형 데이터는 스프레드시트 프로그램인 엑셀 서식으로 혹은 데이터베이스에 저장된다. 또한 표 형식은 아니라도 콤마로 구분되어 구조를 표에 옮길 수 있는 CSV 형식의 데이터도 정형 데이터에 속한다.
- ◆반정형 데이터(semi-structured data): 정형 데이터처럼 데이터의 형식이 정해져 있지는 않지만 처리를 통하여 정형화된 정

	A	B	C	D	E	F	G
1	일자	요일	업종	시도	시군구	읍면동	통화건수
2	20190612	수	음식점	서울시	강남구	논현동	7
3	20190613	목	음식점	서울시	강동구	길동	8
4	20190613	목	음식점	서울시	서초구	양재동	7
5	20190708	월	음식점	서울시	서대문구	연희동	5
6	20190709	화	음식점	대구시	수성구	범어동	5
7	20190710	수	음식점	대구시	수성구	시지동	4
8	20190712	금	음식점	대구시	수성구	만촌동	8

[그림 9-1] 정형 데이터(CSV 형식)

보를 추출할 수 있는 데이터다. 따라서 반정형 데이터는 그 자체로 연산이 불가능하다. XML, HTML, JSON, 로그 형태가 있다. 최근에는 주기적으로 측정되는 센서 데이터, 시간대별로 측정한 웹 사용자의 기록 등이 반정형 데이터로서 많이 수집된다. 온도, 습도, 바람과 같은 기상 데이터를 비롯하여 토양 · 수질 · 지진 · 방사능 · 미세먼지 데이터도 최근 사람들의 관심 속에서 측정이 많아지고 활용하는 사례도 늘고 있다.

◆ 비정형 데이터(unstructured data): 미리 정해진 형식이 없는 데이터이며, 연산이 불가능한 데이터다. 각종 소셜 데이터(트위터, 페이스북, 블로그의 댓글), 영상, 음성, 텍스트 등이 여기에 속한다. 현재 트위터에서는 텍스트 데이터가, 인스타그램에서는 이미지 데이터가, 유튜브에서는 영상 데이터가 매일 수십만 건씩 만들어지고 있다.

데이터 형식에서 중요한 점은 반정형 데이터와 비정형 데이터를 데이터 분석에 바로 사용할 수 없다는 점이다. 연산이 가능하지 않기 때문이다. 반정형 · 비정형 데이터를 연산이 가능하도록 하기 위해서는 정형화 작업이 필요하다.

데이터의 유형

데이터의 유형(type)도 데이터 사이언티스트에게는 필수적인 지식이다. 데이터의 유형도 데이터의 형식과 마찬가지로 적용할 수 있는 분석방법에 영향을 미치기 때문이다. 따라서 데이터를 수집하기 전에 데이터가 어떤 유형인가를 확인해야 한다. 데이터의 유형이란 컴퓨터와 컴퓨터 소프트웨어, 예컨대 통계 패키지 프로그램, 기계학습 알고리즘 등이 데이터를 인식하는 유형이다. 일반적으로 다음과 같은 유형으로 나눌 수 있다.[9)] [10)]

- 문자형: 이름, 주소, 텍스트 본문처럼 문자를 기반으로 저장된 데이터 유형이다(예: '대한민국' '서울시' 'welcome home' '우리는 민족 중흥의 역사적 사명을 띠고 이 땅에 태어났다').
- 숫자형: 아라비아 숫자로 표현되는 수로 표시된다(예: 0.08, 0.6, 1, 2, 7, 12, 34).
- 바이너리형: 그림 파일인 jpg, png, 음악 파일인 mp3, 실행 파일인 exe 등 문자나 숫자로 읽을 수 없는 일반 파일의 형태다.

또는 다음과 같은 유형으로 구분하기도 한다.[11)] [12)] 다음과 같은 데이터 유형은 특히 통계에서 선형 모델(linear model)을 적용할 때 자주 언급되는 척도의 개념과 함께 유념해야 한다.

- 범주형(categorical): 클래스나 범주처럼 집단을 구분할 때 숫자를 부여하지만 수의 특성은 갖고 있지 않다. 척도의 유형으로 보면 명명척도에 해당한다. 예를 들어, 성별(남=1, 여=2), 학교급(초등=1, 중등=2, 고등=3), 집단(상=1, 하=2) 등이 있는데, 이때 숫자는 의미가 없고 범주만을 구분해 준다.
- 순서형(ordinal): 순서가 의미를 갖는 데이터다. 서열척도가 순서형 데이터다. 예컨대, 여성의 옷 사이즈 44, 55, 66은 커질수록 크다는 의미를 가지며, 학교 등수인 1등, 2등, 3등은 커질수록 학업성취가 낮은 학생이라는 의미를 가진다.
- 연속형(continuous): 무게, 길이, 온도, 속도, 성적처럼 숫자의 크기가 의미를 갖는 데이터다. 예컨대, 성적 점수 90, 60, 40, 30은 서열 정보를 갖고 있어서 순서대로 1등, 2등, 3등, 4등을 나타낸다. 비록 서열에서 90과 60은 1등과 2등으로 1개 등수의 차이가 나고, 40과 30도 3등과 4등으로 1개 등수의 차이가 나지만 이들의 점수 차이는 30점(90−60)과 10점(40−30)으로 점수의 차이는 크다. 척도로 보면 동간척도 혹은 비율척도다.

데이터의 품질 관리

우수한 데이터는 당연히 데이터 분석에 필수적인 데이터다. 그런데 수집된 이 데이터, 즉 원본 데이터 자체에 다양한 문제가 존재할 가능성이 있다. 무응답이 있거나, 수치가 잘못 되어 있거나 하는 문제점은 수정과 보완을 통해 관리가 가능하기 때문에 심각한 품질 문제를 불러오지 않는다. 허나, 데이터 분석이 의미가 없을 정도로, 혹은 데이터 분석이 현상 이해를 현저히 왜곡시킬 수 있는 오류투성이의 데이터가 존재하기도 한다. 데이터의 품질이 담보되지 않은 상태에서의 데이터 분석은 분석기법이 무엇이든 상관없이 결과가 타당하다고 신뢰할 수 없다. 비유하자면 부패한 재료로 만든 요리는 레시피에 관계없이, 셰프에 관계없이 먹어서는 안 된다. 오염되거나 잘못된 품질의 데이터를 갖고 수행한 데이터 분석의 손해가 시간 낭비일 뿐이라면 그나마 다행에 속한다. 왜곡과 허구의 결과가 가져올 폐해는 이보다 훨씬 심각하기 때문이다. 실제 데이터 분석에 들어가기 전에 데이터에 문제가 없는지 점검하고 확인하는 데이터의 품질 점검이 필요한 이유다. "데이터 과학자는 데이터 품질 전문가가 되어야 한다. 이는 선택이 아닌 필수다!"[13] 이것만큼 '데이터 사이언스' 분야에서 데이터 품질을 강조한 말도 없을 것이다. 데이터 품질을 결정하는 기준에는 다음과 같은 세 가지 기준이 있다.[14]

◆ 정확성: 수집된 데이터는 현상을 정확히 반영해야 한다. 이를

위해 데이터를 측정할 때는 성능이 좋은 도구를 사용해야 한다. 도구가 좋지 못하면 측정할 때 잘못된 측정치를 얻게 된다. 예를 들어, 키나 몸무게를 잴 때 줄자나 체중계의 영점을 보정해야 한다. 데이터의 정확성을 위해 데이터를 얻는 표본의 수도 적절한 규모 이상으로 확보해야 한다. 표본의 수가 적으면 극단으로 치우쳐 있는 몇 개 안 되는 수치가 평균값에 지대한 영향을 미치기 때문에 현상을 왜곡할 가능성이 커지게 된다.

◆ 완전성: 수집된 데이터가 문제와 문제해결에 필요한 대상과 속성을 모두 포함해야 한다. 꼭 필요한 속성이지만 데이터 수집에서 빠져 있으면 수집된 데이터는 분석할 때 좋은 데이터가 될 수 없다. 예를 들어, 우리나라 교육청에서 지출하는 교육비와 교육효과를 분석하려는 프로젝트를 수행하고 있는데, 가장 규모가 크고 영향력이 센 서울시 교육청의 데이터와 통계가 빠져 있다면 올바른 분석 결과를 기대할 수 없다. 또는 교육효과 중에서 가장 중요한 학업성취에 대한 데이터가 누락되었다면 그 결과는 교육효과에 대한 진정한 시사점을 제시할 수 없다.

◆ 일관성: 일관성은 데이터 자체에 모순이 없는지를 검토하는 일로서 수집된 데이터는 데이터를 이루는 각 속성이 서로 모순되지 않아야 한다. 일반적으로 데이터의 각 속성은 서로 연관되기 마련이다. 예를 들어, 학생들의 성적 데이터에서 총점은 개별 과목의 점수를 모두 더한 값보다 클 수 없다. 평균 점수도 각 과목의 최고 점수보다 클 수도, 최저 점수보다 작을 수도 없다. 만일 수치가 이 범위에 들어 있지 않다면 데이터 자

체에 무언가 오류나 잘못이 있다고 생각할 수 있다. 또한 데이터의 유형과 수치 사이의 불일치도 일관성 있는 데이터라고 할 수 없다. 예를 들어, 자연수 값으로 데이터가 기록되어야 하는데, 음수가 들어가 있다거나 문자열이 들어 있다면 오류가 있는 것이다.

데이터를 수집하는 방법도 일관성을 가져야 한다. 데이터를 수집하는 과정에서 수집방법이 달라지면 데이터 품질은 담보할 수 없다. 같은 데이터라면 동일한 방법으로 수집하는 것이 옳다. 예컨대, A 지역을 전화 조사로 데이터를 수집했다면 B, C 지역도 전화 조사로 수집하는 것이다. 조사하는 시간대도 일정하게 유지하여 A 지역에서 낮에 했다면 다른 지역에서도 낮에 해야 한다. 물론 데이터 수집방법 자체를 하나의 중요한 변수로 생각하여 지역이나 시간대를 비교하려는 연구 목적을 가진 경우라면 예외다.

또 패션에 관한 데이터는 유행에 민감하며, 정치적 이슈에 관한 데이터는 선거가 가까울 때 더욱 민감해지기 마련이다. 따라서 어떤 데이터를 수집할 때는 시기적으로 적합해야 하는 경우가 있다. 즉, 적절한 시기에 수집해야 하는 것이다. 이를 적시성이라고 한다. 또한 좋은 품질의 데이터는 으레 메타데이터가 포함되어 있다. 메타데이터란 데이터가 누구에 의해, 어떤 목적과 방법으로 언제 어디에서 수집되었는지에 대한 정보를 말한다. 예를 들어, 데이터로서 이미지를 수집했다고 하면 이미지의 포맷, 크기, 카메라, 촬영 장소 등이 메타데이터다. 데이터 사이언티스트는 항상 메타데이터를 확인하는 습관을 들일 필요가 있다.

데이터의 저장과 관리

필요한 데이터를 수집했다면 이를 저장하고 관리하는 작업은 필수다. 추후 분석에 사용할 때 접근하기 쉽고 사용하기 편리하게 하기 위해서만이 아니다. 빅데이터 시대에는 저장하고 관리해야 하는 데이터의 수가 매우 많아지는 것도 고려해야 하기 때문이다. 웬만한 데이터 크기라면 개인용 컴퓨터에서 엑셀과 같은 스프레드시트 프로그램을 가지고서도 충분히 관리가 가능하다. 하지만 데이터의 크기가 현저히 크다면 개인용 컴퓨터에서는 처리 속도가 느려지거나 운이 없으면 컴퓨터가 다운되어 그간의 작업을 날려 버릴 수도 있다. 즉, 저장과 관리가 버겁게 되는 것이다. 게다가 빅데이터 시대에는 저장하고 관리해야 할 데이터의 형식과 유형이 다양해지기 마련이다. 따라서 데이터 저장과 관리에 더욱 신중해져야 할 필요성이 높아진다.

데이터를 저장하고 관리할 때 다음과 같은 방법에서 선택할 수 있다.[15) 16)]

첫째, 가장 기본적인 방법으로 파일로 저장하고 관리하는 방법이다. 대표적인 예로는 CSV 형식, XML 형식, JSON 형식이 있다. CSV 형식은 데이터 분석에서 가장 많이 사용되는 서식으로, 엑셀에서도 저장과 관리가 가능하다. XML 형식은 웹 페이지를 구현할 때 사용되는데 체계적인 구조를 갖고 있다. JSON 형식은 웹 응용 프로그램에서 널리 사용하는 프로그램 언어인 자바 스크립트로 만든 데이터 형식이다.

둘째, 데이터베이스를 사용하는 방법이다. 파일보다 훨씬 편리하게 다룰 수 있는데, 데이터를 행과 열의 테이블 구조로 저장함으로써 체계적인 데이터 구조를 이루며, 검색 조건을 사용하여 빠르게 필요한 데이터를 찾고 수정할 수 있는 장점을 가진다. 작은 규모의 데이터는 개인용 컴퓨터에서도 사용할 수 있는 MS사의 액세스(Access)가 있고, 대용량 데이터를 다룰 때 사용되는 오라클(Oracle), MySQL 등이 있다.

셋째, 데이터베이스에서도 처리하기 힘든 대용량 데이터를 다룰 때 사용하는 맵리듀스(Map Reduce) 방법이 있는데, 이를 위해 소프트웨어로 구체화한 하둡(Hadoop) 프로그램을 사용한다. 하둡은 공개 소프트웨어로서 각종 SNS의 비정형 데이터를 저장하고 관리하는 데 유용하다.

끝으로, 클라우드 서비스를 이용하는 방법이 있다. 클라우드 서비스란 사용자의 환경 밖에서 컴퓨팅 자원 비용을 지불받고 제공되는 서비스다. 쉽게 말하면, 필요한 컴퓨터, 소프트웨어, 저장 용량 등을 돈을 주고 빌려 쓰는 것이다. 그러나 빌려 사용할 컴퓨팅 자원을 물리적으로 자신의 사무실로 가져와서 사용하는 것은 아니다. 컴퓨터가 네트워크로 연결되어 있기 때문이다.

데이터의 저장과 관리에 어떤 방법을 사용하든지 각기 장점과 단점을 갖고 있다. 따라서 어떤 방법을 선택하느냐는 고려해야 할 여러 조건이 존재한다. 안정성은 가장 기본적인 고려 사항이다. 어렵게 수집한 귀중한 데이터를 안전하게 보관하는 일은 무엇보다 중요하기 때문이다. 편리성 또한 간과할 수 없다. 데이터의 규모가 커질수록 관리해야 하는 데이터 항목이 많아지기 때문이다. 비용도 무시할 수 없다. 데이터 분석 결과의 편익이 데이터 분석에 투자하는 비용보다 적으면 바람직하지 않다. 결국, 데이터 저장과 방법의 선택은 하나의 정답이 있을 수 없다. 기업과 조직에 따라, 연구와 분석의 목적에 따라, 사용할 수 있는 가용 예산에 따라 다를 수밖에 없다. 어느 경우든 데이터의 체계적인 관리를 보다 안전하고 편리하게 하는 것을 가능케 하는 방법을 구축할 필요가 있다. 데이터 사이언스 프로젝트가 일회성의 이벤트로 끝나는 것이 아니라면 말이다.

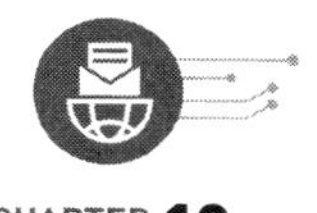

CHAPTER 10

프로세스 4: 데이터 분석

데이터 사이언스 프로젝트 프로세스의 네 번째 단계는 '데이터 분석'이다. 프로세스의 1단계에 의해 정의된 문제와 2단계에 의해 수립된 전략에 따라, 3단계에 의해 수집되고 관리되는 데이터는 문제해결을 위해 분석되어야 한다. 이 단계에서는 구체적으로 데이터를 분석하는 여러 방법 중에서 가장 적절한 것을 선택하여 해결책을 유도하고 결과를 도출하는 작업을 한다. 데이터 사이언스 프로젝트를 수행하는 이유를 프로세스의 단계에서 찾는다면 이 단계라고 할 정도로 데이터 사이언스의 진수를 보여 주는 핵심적인 단계다.

그런데 본격적인 데이터 분석을 시작하기에 앞서 두 가지를 선행해야 한다. 데이터의 탐색과 데이터 정제(cleaning)다. 크게 보면 이 둘은 모두 '데이터 분석'의 과정 안에 포함시킬 수 있지만, 연구자에 따라 '데이터 분석'과 독립된 단계로 다루는 경우도 발견할 수 있다. 그만큼 데이터의 탐색과 데이터의 정제가 데이터를 분석하는 데 있어서 중요하다는 것을 알려 주는 사실이다.

한 가지 더 미리 언급해야 할 것은 '통찰'이다. 대부분의 데이터 사이언스 문헌이나 연구자는 통찰의 중요성을 직접적으로 혹은 간접적으로나마 밝힌다. 특히 문제와 관련한 조직과 환경, 문제가 발생하는 맥락이나 조건을 위시한 전체 상황을 종합적으로 조망하고 판단해야 한다는 점을 강조하면서 통찰을 이야기한다. 하지만 데이터 사이언스 프로젝트 프로세스를 이루는 단계 내에서 통찰을 하나의 독립된 단계로 포함시킨 경우는 찾아볼 수 없다. 필자도 이 책 안에서 통찰을 데이터 사이언스 프로젝트 프로세스의 독립된 단계로 다루지 않는다. 그 이유는 통찰과정을 단계화할 수 없어서가 아니다. 실제로 한국데이터베이스진흥원은 통찰의 과정을 탐색, 분석, 활용이라는 3단계로 나누어 설명한다.[1] 진짜 이유는 통찰이 특정한 단계를 순차적으로 거쳐야 발현되는 것이 아니기 때문이며, 또한 데이터 사이언스 프로젝트 프로세스 단계 어디에서나 필요하기 때문이다. 따라서 어느 프로세스 단계에서든 통찰의 발현은 긍정적이며 환영받는다. 다만, 다른 어떤 단계보다 '데이터 분석' 단계에서 통찰의 유용성과 파급력이 가장 크다.

핵심적 질문들

프로세스의 네 번째 '데이터 분석' 단계에서 다루어야 할 핵심적인 질문은 다음과 같다.

◆ 통찰과 창발이란 무엇이고, 통찰이 필요한 이유는 무엇인가?
◆ 데이터 탐색이 왜 필요한가?
◆ 데이터 정제란 무엇이고, 어떤 정제 작업들을 해야 하는가?
◆ 데이터 분석의 목적과 그 목적에 알맞은 분석방법으로는 어떤 것들이 있는가?
◆ 어떤 분석도구를 활용할 수 있는가?

통찰과 창발

통찰의 의미를 파악하기 위해 먼저 사전적인 뜻부터 살펴보기로 한다. 통찰은 한자로는 洞察인데, 이를 우리말로 풀면 '꿰뚫다'의 '통', '살피다/살펴서 알다/조사하다'의 '찰'이다. 따라서 한자의 통찰은 '꿰뚫어 살피다.' '꿰뚫어 살펴서 알다.' '꿰뚫어 조사하다.'라는 뜻을 지닌다. 민중 국어사전에서는 통찰을 '전체를 환하게 내다보다.' '예리하게 꿰뚫어 보다.'라는 뜻으로 풀이했고, 네이버 국어사전에서는 '예리한 관찰력으로 사물을 꿰뚫어 보다.'라고 풀이했다. 한자 어휘 뜻풀이든 국어사전이든 통찰에서의 핵심은 '꿰뚫다'에 있다. 어떤 것의 내용이나 본질을 속속들이 알고 있을 때 우리가 '꿰뚫다'는 말을 사용한다는 것을 감안할 때, 통찰은 어떤 것을 속속들이 살펴서 보는 작업이다. 전체를 훤히 내다보는 것이다.

통찰은 학습심리학에서도 나오는 용어로 볼프강 쾰러(Wolfgang Köhler)의 통찰학습으로 유명하다. 행동주의 계열의 학자인 에드워드 L. 손다이크(Edward L. Thorndike)는 학습이 자극과 반응의 반복적 실수를 여러 번 겪으면서, 즉 시행착오(trial and error)를 하면서 발생한다고 주장했다. 이 주장의 핵심은 사람을 포함한 유기체는 어떤 문제에 직면했을 때 어떻게 해결할지 모르면 이렇게도 해 보고 저렇게도 해 보는 등의 시행착오를 반복하면서 해결한다는 것이다. 실제로 어떤 문제를 해결하고자 할 때 시행하는 횟수가 증가하면 문제해결에 걸리는 시간이 단축되는 것을 확인할 수 있다. 그러나 이 경우는 문제가 복잡하지 않거나 고차원적인 문제가 아닐 때가 많다. 형태주의 심리학자인 쾰러는 통찰과 통찰학습으로 시행착오설을 반박한다. 어떤 문제에 직면했을 때 문제를 이루는 전체 구조의 관계를 이해하고 그 구조를 분석함으로써 그리고/또는 재구조화함으로써 문제해결을 한다는 것이며, 이때 그 과정은 어느 순간 급격히 이루어진다. 실제로 어떤 문제 상황에서 한참 동안 문제해결에 진전 없이 골똘히 생각만 하다가 갑자기 해결안이 떠오르는 순간을 경험한 적이 있을 것이다. 이른바 '아하, 그렇구나!'라는 경험이다. 역사적으로 이와 유사한 유명한 일화가 있다. 바로 고대 그리스의 수학자인 아르키메데스(Archimedes)가 부력의 원리를 발견할 때의 이야기, 즉 금관이 순금인지 아닌지를 감정하여 판별하라는 왕의 명령을 어떻게 풀어낼지 몰라 골몰하다가 우연히 목욕탕에 들어갔는데 물이 넘치는 것을 보고 흥분해서 옷도 입지 않은 채 목욕탕에서 뛰어나와 '유레카(eureka, 알아냈다)'를 외치며 집으로 달려갔다던 일화 말이다.

통찰은 영어로는 insight다. 옥스퍼드 영어사전을 보면 'an understanding of what something is like' 'the ability to see and understand the truth about people or situations'로 나와 있다. 직

역을 하면, insight는 '어떤 것이 무엇과 같은지를 이해하는 것' '사람과 상황에 대한 진실을 보고 이해하는 능력'이다. 이때 insight의 핵심은 진실을 볼 줄 아는 정확한 '이해'다. 정확한 '이해' 없이는 진실을 볼 수 없다. 따라서 정확한 '이해'는 부분적인 관계만을 알아서는 안 되고 전체의 관계를 속속들이 알고 있다는 가정하에 가능하다. 그렇다면 통찰이든, insight이든 전체를 훤히 내다볼 수 있는 능력이라 하겠다.

통찰의 사전적 의미를 알아봤다면 우리의 관심사인 데이터 사이언스에서는 구체적으로 어떤 의미를 가지고 있을까? 무엇을 꿰뚫어 보아야 하며, 어떻게 전체를 훤히 내다볼 수 있을까? 통찰은 대상 사이의 숨어 있는 관계, 겉으로는 잘 드러나 있지 않은 관련성을 찾아내는 것이다. 이때의 대상은 데이터 사이언스가 주목하는 데이터, 정보, 지식을 말한다. 그래서 통찰이 찾고자 하는, 숨어 있는, 잘 드러나 있지 않은 대상 사이의 관계란 구체적으로 수집하거나 수집하지 못한 데이터 사이의 관계일 수도 있고, 데이터와 이미 밝혀지거나 밝혀야 할 정보 사이의 관계일 수도 있고, 데이터와 지식 사이의 관계일 수도 있고, 정보와 지식 사이의 관계일 수도 있다. 대상 사이의 관계는 중요하다. 관계란 서로가 어떤 방식으로든 연결되어 있는 사이다. 따라서 짝지어진 두 대상을 유사하지만 통일된 또는 상이하지만 통일된 어떤 하나로 생각할 수도 있다. 관계의 종류로는 서로에게 논리적인 관계일 수도, 영향을 미치는 인과관계일 수도, 시간과 공간 사이에 놓여 있는 관계일 수도 있다. 아니면 이와는 다른 새로운 차원의 관계가 나타날 수도 있다. 무엇보다 핵심은 드러난 관계가 대상 사이에서 존재하는 어떤 현상을 유의미하게 해석하는 데 도움을 줄 수 있거나 어떤 현상에서 발생하는 문제를 해결하는 데 필수적인 요소로 작용할 수 있다는 점이다. 특히 데이터 사이언스가 문제를 해결하려는 작업이라는 점에 비추어 볼 때 대상 사이의 관계 파악은 문제해결에 결정적 단초를 제공한다. 관계를 파악하면 문제를 해결하는 경우가 많은 이유다.

그러나 데이터 사이언스에서 통찰이 숨어 있거나 잘 드러나 있지 않은 관계를 찾아내는 것만으로 끝나서는 부족한 느낌이다. 숨어 있는 관계가 무엇인지 타인이 이해할 수 있는 수준에서 설명할 수 있어야 한다. 필요한 경우 그것을 새로운 개념으로 새롭게 조망할 수 있어야 한다. 창발이 요구되는 것이다. 창발이란 부분으로 이루어진 합이 개별적 부분이 갖고 있는 성질/특성과는 질적으로 다른 성질/특성을 가질 때 혹은 한 수준(단계)에서 다른 수준(단계)으로 이동 중에 성질/특성이 완전히 바뀌어 이전 수준의 성질/특성으로는 다른 수준에서의 성질/특성을 설명도 할 수 없고 예측도 할 수 없을 때를 말한다. 물의 화학식은 H_2O다. 물은 산소 원자 하나와 수소 원자 두 개가 모여 이루어진다. 물은 산소와 수소가 결합된 특수한 합이다. 개별적인 산소와 수소의 성질을 아무리 따져 보아도 물의 성질을 발견할 수 없다. 물 분자의 성질은 산소와 수소의 특수한 결합으로부터 창발된 것이다. 암모니아를 이루는 것은 냄새가 없는 수소와 질소다. 하지만 암모니아는 지독한 냄새를 풍긴다. 이 냄새는 수소와 질소에서 기인한 것이 아닌 창발된 것이다. 우리가 살고 있는 세계는 수도 없이 많은 물질로 이루어져 있지만 이를 구성하는 기본 원자의 수는 현재 총 118개다. 118개의 원자 몇몇이 어떻게 결합되느냐에 따라 수많은 물질이 탄생하는 것이다. 주지하다시피, 물질을 이루는 원자의 성질이 그 물질의 성질과 특성을 그대로 반영하지 않는다는 사실로부터 물질은 원자들에서 창발된 성질을 지니고 있음을 알 수 있다. 우리의 물질 세계는 118개의 기본적인 재료로 이루어진 창발된 세계라고 할 수 있다. 창발은 자연계에서 흔히 일어난다.

수집된 데이터를 분석하고 해석하는 과정에서 정보를 산출한다. 즉, 여러 낱개의 데이터를 가지고 정보를 찾아낸다(낮은 수준 → 중간 수준). 또 정보가 모여서 지식이 출현한다. 즉, 여러 정보가 일관성 있고 지속적으로 특정한 무엇인가를 의미할 때 지식이 된다(중간 수준 → 높은 수준). 분석과 해석이라는 과정을 통해 데이터 → 정보 → 지식이라는 하위부터 상위까지 수준의 위계를 보여 준다. 따라서 데이터에서 정보가 산출될 때 그리고 정보에서 지식으로 산출될 때 창발이 일어날 수 있다. 산출된 정보가 각 데이터의 성질 그리고 산출된 지식이 각 정보의 성질과 전혀 다른 특성을 가지고 있을 때다.

물론 모든 정보와 지식이 데이터와 정보로부터 창발된 성질을 갖고 있지 않다. 산소와 수소를, 수소와 질소를 이리저리 섞어도 물과 암모니아가 되지 않는다. 특정한 조건하에서만 물과 암모니아가 되기 때문이다. 특정한 조건은 창발이 일어나는 환경과 상태라고 할 수 있다. 그렇다면 창발이 발생하는 그 특정한 조건과 환경 및 상태를 파악하는 일은 매우 중요한 일이 된다. 그것이 산소와 수소 사이에, 수소와 질소 사이에 완전히 새로운 관계를 맺어 주기 때문이다. 숨겨진, 드러나지 않은 대상 사이에 관계가 발생하는 근원적 이유가 될 수도 있기 때문이다.

그러나 가치 있는 정보라고 해도 모두 데이터로부터 질적으로 전혀 다른 차이점을 가지고 있어야 하는 것은 아니다. 데이터로부터 산출된 정보가 창발적이지 못하다고 해서 산출된 정보가 가치가 없는 것도 아니다. 정보가 가지고 있는 가치가 창발성으로만 결정되지 않는다는 뜻이다. 다만, 분석과 해석 과정에서 통찰의 결과가 창발성을 발견할 때 진정한 발견이라는 점은 의심할 나위가 없다.

데이터 탐색

수집된 데이터가 있다고 해서 곧바로 분석에 들어가지 않는다. 정확성, 완전성, 일관성이라는 데이터 품질 관리에 신경을 쓰면서 데이터를 수집했겠지만 이 수집된 데이터가 분석에 들어가서 문제를 해결하고 결과를 도출하기에 적합한지는 확실치 않다. 특히 수집된 데이터가 데이터베이스 형식의 파일로 이루어져 있기 때문에 데이터베이스의 각 셀(cell, 칸)의 전체 모습을 조망하면서 데이터의 구조를 파악해 보는 것이 중요하다. 그리고 데이터의 전체적 특성이 무엇인지 미리 파악한다. 예를 들어, 데이터를 기본적인 정보인 인구통계학적 변인(예: 성별, 연령, 거주지)에 따라 분류하고 이에 따른 정보를 확인해 볼 필요가 있다. 데이터가 수로 이루어졌다면 빈도와 평균이나 분산, 최고값과 최저값, 분포도 등을 계산할 수 있으며, 데이터의 특성을 여러 형태의 차트와 그래프(예: 막대그래프, 꺾은선 그래프, 원그래프, 히스토그램, 산포도, 트리맵, 플롯 차트)를 이용하여 나타내는 것도 가능하다. 데이터가 질적 변수라면 데이터의 문자나 언어적 속성, 데이터에 담긴 의미 등을 살펴보는 것도 좋다.

우리는 대개 여행을 계획할 때 목적지에 대한 위치와 거기서 무엇을 볼 것인가를 사전 정보를 통해 알아본다. 사전 정보를 알아보지 않고 무작정 출발했을 때, 엉뚱한 곳에 가거나 보아야 할 축제가 취소되었다면 낭패가 아닐 수 없다. 마찬가지로 데이터 분석을 계획할 때 데이터를 갖고 무엇을 해야 하는지를 사전에 살펴볼 필요가 있다. 본격적인 데이터 분석을 수행하기에 앞서 데이터를 탐색해야 데이터를 분석할 때 발생할지 모를 어떤 문제점을 미연에 방지하고 시간과 노력 및 비용을 아낄 수 있는 것이다. 분석에 사용하는 데이터가 크면 클수록 분석에 소요되는 시간과 노력 및 비용이 많이 들며, 오류 발생 가능성이 커진다. 이를 사전에 차단할 수 있다면 차단하는 것이 데이터 사이언티스트의 올바른 자세다. 데이터 탐색이 이를 돕는다.

데이터 정제

데이터를 수집하고 관리할 때 데이터의 품질 관리를 하는 과정에서 개별적 데이터가 가지고 있는 문제점을 해결하려고 노력하지만 충분하지 않을 때가 많다. 그래서 데이터를 탐색하는 과정에서 데이터베이스 안에 있는 데이터들의 셀을 관찰하고 실제 데이터를 확인하게 되면, 종종 셀 안의 데이터들이 갖고 있는 문제점을 발견하게 된다. 예컨대, 중간중간에 데이터가 비어 있거나, 들어갈 수 없는 틀린 수치가 있거나, 맞춤법이나 스펠링이 이상한 것도 있을 수 있다. 소수점의 위치가 잘못 찍혀 있거나, 단위가 잘못되어 있거나, 부호가 맞지 않을 때도 있다. 이런 문제점이 데이터 시트 전체에 분포되어 있을 수도 있고, 한두 개의 행이나 열에만 분포되어 있을 수도 있다. 이런 문제점이 체계적인 것일 수도, 간헐적이며 무작위적인 것일 수도 있다. 이런 문제점을 지닌 데이터를 가지고 데이터 분석을 실시할 수 없다. 수집한 데이터를 바로 분석에 사용할 수 없는 이유다.

데이터를 분석에 투입하기 위해서는 데이터가 알맞은 상태가 되어야 한다. 이를 위해 적절한 가공의 과정을 거쳐야 하는데, 이 작업이 데이터 정제(data cleaning)다. 영어 단어 cleaning에서 알 수 있듯이, 데이터가 가지고 있는 오류를 깨끗하게 씻어 내어 수정한다는 뜻을 가지고 있다. 데이터 정제와 동일한 의미로 데이터 전처리라는 단어도 빈번하게 사용한다. 전처리에서 '전'은 '앞서다'란 뜻의 한자 '前'이다. 즉, 데이터 분석에 앞서서 처리한다는 뜻이다. 데이터 정제 작업에는 크게 데이터의 수정, 데이터의 변환이 있다.

데이터의 수정

데이터 시트 셀 속에 정보가 비어 있다면 분석에 오류가 발생하거나 분석 결과를 왜곡할 수 있다. 결측값(missing value), 즉 비어 있는 데이터 때문이다. 또 틀린 값(invalid value)과 이상치(outlier)로 인해 결과가 잘못되었을 가능성도 있다. 틀린 값이란 잘못된 값이 들어 있는 데이터를 말하며, 이상치란 값이 일반적인 범위를 벗어나 극단에 위치하는 것을 말한다. 결측값은 데이터 셀이 비어 있기 때문에 발견하기 쉽다. 하지만 틀린 값이나 이상치는 쉽게 발견하기 어렵다. 물론 틀린 값의 경우, 숫자가 들어가야 할 곳에 문자가 있다면 이를 발견하기는 어렵지 않겠으나 숫자가 들어가야 할 곳에 있는 800이 틀린 값인지 아닌지는 한 번에 알기 어렵다. 만일 이것이 kg으로 측정된 개인별 체중을 나타내는 숫자라면 틀린 값임이 거의 틀림없다. 만일 숫자가 200이라면 틀린 값이라기보다는 이상치일 가능성이 더 높다. 체중이 800kg인 사람은 존재하지 않지만 200kg인 사람은 드물지만 존재할 수 있기 때문이다.

이를 수정하기 위해서 결측값과 틀린 값의 항목을 모두 버리는 방법, 결측값과 틀린 값을 적절한 값으로 대체하는 방법, 분석하는 과정에서 처리하는 방법이 있다. 결측값이나 틀린 값이 들어 있는 항목을 모두 버리는 방법은 쉬운 해결책이지만 이 항목이 중요하지 않거나 영향력이 미미한 경우에만 버릴 수 있다. 중요하지 않으면 결과에 미치는 영향이나 효과가 작기 때문이다. 허나, 이 항목들이 중요한 변인이라서 결과에 미칠 영향력이 클 것으로 판단되면 결코 버리는 방법으로는 해결할 수 없다. 이때는 적절한 값으로 대체하는 방법을 써야 한다. 대체하는 값으로는 전체 평균값을 사용하거나 인접한 값으로 추정한 값을 사용할 수 있는데, 주의할 사항은 추정값은 실제 수집한 데이터가 아니기 때문에 분석 결과를 해석할 때 조심해야 한다는 점이다. 끝으로, 분석하는 과정에서 처리하는 방법은 데이터를 수정하지 않고 일단 분석을 실시하고, 분석과정에서 주의하여 해석하는 것이다. 이상치는 데이터 정제를 통해서 데이터를 수정하지 않고 데이터를 분석하는 과정에서 처리한다.

데이터의 변환

데이터의 변환은 앞서 설명한 데이터의 수정과는 유사하면서도 다르다. 데이터의 수정은 개별적 데이터에서 비어 있거나 틀린 값을 바꾸지만 데이터의 변환은 관련 데이터 전체의 값을 바꾸기 때문이다. 대표적인 변환에는 점수 체제를 모두 동일한 만점 체제로 통일한다든가, 서로 다른 거리나 무게나 부피나 속력 등의 단위를 미터(m)에 맞도록 통일한다든가, 역채점 문항을 다시 거꾸로 채점한다든가 하는 것들이 있다. 점수 체제가 다르면, 예를 들어 대학교는 과목당 만점이 4.5인데, 초 · 중 · 고교는 만점이 100점이라고 했을 때 이 점수를 가지고 대학교와 초 · 중 · 고교의 점수를 비교하는 것은 합리적이지 않다. 어느 것으로든지 만점이 통일되도록 점수들을 환산해야 한다. 또 어떤 수치는 3인데 단위가 kg이고, 어떤 수치는 30인데 단위가 g이면, 실제로는 3이 30보다 큰 수다. 이런 단위를 무시하고 분석하는 것은 바르지 않다. 단위를 통일해야 하는 것이다. 거꾸로 채점되어 있는 점수를 바르게 채점되어 있는 점수와 비교하는 것도 타당하지 않다. 역채점 문항은 점수를 되돌려 놓아야 한다.

숫자로 이루어진 데이터를 범주형으로 변환할 때도 있다. 예컨대, 성적을 조사할 때 점수로 기입하게 했지만 90점 이상의 점수는 상(上) 집단으로, 70점에서 89점까지의 점수는 중(中)집단으로, 70점 미만의 점수는 하(下)집단으로 속하도록 범주화하는 것이다. 또 거주지를 조사할 때 읍면동 수준까지 기입하게 했지만 거주지의 주소를 보면서 이를 도시, 농어촌, 산촌으로 범주화할 수 있다. 연령이나 소득을 조사할 때도 실제 나이와 월 보수 총액을 쓰도록 했지만, 나이를 보고 이를 청년층, 장년층, 노년층으로 구분하여 범주화하는 것이 가능하며, 월 보수 총액을 보면서 저소득층, 중간소득층, 고소득층으로 나눌 수 있다. 이처럼 데이터를 수집할 때는 숫자를 기록하여 조사하지만 이를 범주형으로 변환하여 분석에 사용되는 경우가 많다.

이 외에도 필요한 경우에 자연수와 정수로 측정한 데이터 전체를 로그값으로 치환하여 분석에 사용하기도 한다. 통계분석을 실시할 때 데이터들이 정규분포를 이루는 것이 요구되는데, 원래의 데이터 분포보다는 치환된 로그값이 정규분포를 이루는 경우에 종종 사용된다.

분석의 목적과 방법

데이터를 수집했으면 분석을 해야 한다. 그런데 마구잡이로 아무렇게나 아무것이나 할 수는 없다. 어떤 특정의 목적과 이유를 갖고 시작해야 한다. 왜 이런 분석을 하는지를 사전에 인지해야 한다. 목적이나 이유는 어떤 행동의 정당성을 부여하므로 매우 중요하며, 또한 목적에 적합한 분석방법을 결정해야 하므로 중요하다. 분석결과가 분석의 목적을 달성할 수 없었다면 애당초 선택한 분석방법이 바르지 못한 선택이었을지도 모른다. 때문에 분석의 목적을 확실히 해 두고 그 목적에 부합하는 분석방법을 신중히 선택해야 한다. 분석의 목적은 다음과 같이 크게 세 개로 나뉜다.

탐색적 데이터 분석을 통한 현상에서 패턴 발견

수집한 데이터를 탐색하여 현상에 대한 다양한 패턴을 발견하는 것이다. 이를 탐색적 데이터 분석(exploratory data analysis)이라고 하는데, 데이터의 각 특성이나 속성 사이의 관계를 밝히는 것이다. 이를 위해 우선 데이터를 개관하고(예: 항목의 개수, 속성의 목록 작성, 속성의 특성 확인, 수치나 범주, 텍스트, 시간 등의 속성값을 확인), 각 속성을 계산/분석함으로써 요약하고(예: 평균, 표준편차, 분산, 최빈치, 중앙치), 데이터를 시각적으로 표현한다(예: 히스토그램, 막대 · 꺾은선 · 파이 그래프, 각종 분포도, 모자이크 · 스캐터 · 박스 플롯 등의 각종 차트나 추세선). 이렇게 함으로써 데이터를 잘 이해할 수 있으며, 현상에서 더 탐구할 가치가 있는 가설을 세울 수 있다.

통계적 추론을 통한 현상에서 인과적 관계나 효과 변인의 도출

숫자로 이루어진 데이터를 수집하여 집단과 변인에 대한 정보를 구하고, 이를 바탕으로 그 집단과 변인에 대하여 의사결정을 하는 작업이 통계분석이다. 통계적 추론(statistical inference)이란 통계분석을 할 때 특정한 가설을 설정하고 이 가설을 채택하느냐 기각하느냐를 판단하는 것이다. 가설검정의 절차를 통해 데이터 변인들 혹은 대상들의 관계를 인과적 관계로 도출하거나 영향이나 효과를 주고받는 관계로 밝힐 수 있다. 현상에서 작동하는 여러 변인의 관계를 영향을 주는 변인과 받는 변인으로 구분하여 그 영향력의 크기 등을 파악하는 것도 가능하다. 이로써 현상을 보다 정확히 이해할 수 있게 된다. 구체적인 통계적 추론방법에는 분산분석, 회귀분석, 시계열분석, 상관분석, 경로분석, 주성분분석 등이 있다.

데이터 마이닝을 통한 현상의 이해와 예측

영어 mine이 명사로는 '광산', 동사로는 '채굴하다'의 뜻을 가졌으므로 데이터 마이닝(data mining)은 데이터 광산에서 채굴한다는 의미다. 철광산의 돌 속에서 철을 뽑아내고 금광산의 돌 속에서 금을 뽑아내는 것처럼, 데이터 광산의 데이터에서 유용한 정보를 뽑아내는 것을 말한다. 진짜 광산과 차이가 있다면 진짜 광산에서는 철이면 철, 금이면 금처럼 무엇을 뽑아내는지가 확실한 반면에 데이터 광산은 뽑아낼 그 정보가 '무엇'인지 확실하지 않다는 점이다. 그래서 데이터 안에서 뽑아낼 혹은 찾아낼 정보가 어떤 것이 있는지, 그것이 유용한지는 데이터 마이닝을 해 보아야 한다. 데이터 마이닝을 통해 통계분석과 추론과는 다른 차원의 현상 이해를 도모할 수 있다. 현상이 한 가지 버전으로만 이해되는 것은 아니기 때문이다. 현상의 올바른 이해는 새로운 정보를 만났을 때 다음에 무엇이 발생할 것인지를 바르게 판단할 수 있도록 돕는다. 관찰할 수 있는 현상의 속성을 바탕으로 관찰하기 힘든 속성을 알아내는 것이다. 이를 통해 현상을 예측하고, 이 예측을 바탕으로 적절한 의사결정을 할 수 있다.

탐색적 데이터 분석, 통계적 추론, 데이터 마이닝이라는 세 개의 분석 목적 중에서 어떤 목적을 갖고 데이터를 분석하느냐에 따라 선택할 수 있는 구체적인 데이터 분석방법이 있다고 언급했다. 하지만 데이터를 분석하는 방법이 분석 목적에만 입각하여 선택, 결정되는 것은 아니다. 다음과 같이 수집된 데이터의 형식(정형 데이터, 비정형 데이터)에 의해서도 선택할 수 있는 데이터 분석방법이 있다.[2)]

정형 데이터의 통계분석[3)]

통계분석은 기본적으로 수학에서 연구된 확률 및 확률분포와 중심극한정리에 기반을 두고 있다. 일반적으로 데이터로부터 유용한 정보를 이끌어 내어 새로운 아이디어를 검증하고, 앞으로의 일을 예측하며, 논리적인 의사결정을 내릴 목적으로 사용한다.

통계분석은 실제에서 많이 사용되고 있다. 기업에서는 신상품을 개발하려고 할 때, 생산되는 상품의 판매 전략을 세울 때, 상품 판매의 추이와 변동을 알아보고자 할 때 등, 정당과 같은 정치 쪽에서는 선거의 여론 조사나 출구 조사를 할 때, 유권자의 투표 성향을 파악하려고 할 때, 정치인이 이미지를 개선하려고 할 때 등, 방송국에서는 시청률의 변동 추이와 이유를 조사할 때, 인기 있는 프로그램과 인기 없는 프로그램의 차이를 파악하려고 할 때, 시청자가 선호하는 주제별 · 연령별 · 시간대별 프로그램을 분석하려고 할 때 등, 의료계에서는 신약이나 백신이 환자에게 미치는 효과를 알아보려고 할 때, 잘못 처방된 약의 부작용을 파악하려고 할 때, 특정한 진료 행위와 질병 호전의 관계를 확인하려고 할 때 등처럼 헤아리기 어려울 정도로 통계분석은 사용 범위가 매우 넓다.

우리가 알고 있는 지식들은 이런 통계분석의 과정을 거친 것들이 많다. 특히 학계에서 현상을 탐구하는 과정은 통계분석에 상당 부분 의존한다. 학계에서 통계분석은 연구를 수행하는 기본적인 방법론에 해당한다. 평균, 표준편차, 분산, 정규분포, 신뢰도 구간, 표본, 표집, 통계량, 모수, 비모수, 모집단, 가설검정, 유의수준(알파), 유의확률(p 값) 등 심심치 않게 귀에 들리기도 하고, 또 흔히들 사용하는 이런 용어들은 모두 통계분석과 관련된 개념들이다. 특히 대학의 학과에서 개설하는 강좌의 이름 중에서 '(양적)연구방법론' '(양적)분석방법' '통계법' 또는 이와 유사한 강좌에서 다룬 용어들이다.

그런데 통계분석은 기본적으로 데이터가 수(數, 숫자)이어야 분석에 사용할 수 있다. 수가 아닌 데이터는 통계분석을 사용할 수 없다. 수는 이해하기 가장 쉬운 전형적인 정형 데이터의 한 유형이다. 사용할 수 있는 통계분석은 기술통계, 회귀분석, 분산분석, 상관관계분석, 주성분분석, 경로분석, 확인적 요인분석, 다차원 척도법, 시계열분석 등으로 다양하다. 데이터 사이언티스트는 프로젝트 목적에 부합하고 수집된 데이터의 형식에 알맞은 통계분석방법을 선택하여 적용하면 된다. 참고로 정형 데이터의 통계분석은 앞서 분석의 목적에서 기술한 '탐색적 데이터 분석을 통한 현상에서 패턴 발견'과 '통계적 추론을 통한 현상에서 인과적 관계나 효과 변인의 도출'과 밀접히 관련되어 있다.

정형 데이터 마이닝

대표적인 정형 데이터 마이닝 분석에는 군집(clustering), 연관분석(association analysis), 분류(classification), 예측(prediction)이 있다. 군집은 비슷한 성격의 항목들을 그룹으로 묶어 주는 것을 말하는 것으로, 연구나 분석의 대상을 몇 개의 유형으로 나눌 수 있는지 알아보려는 목적을 갖고 있다. 군집과 유사한 것이 분류인데, 분류는 나뉘어 있는 기존의 그룹 속으로 대상을 넣는 것이다. 예를 들어, 자동차 구입 고객의 패턴만으로 고객을 기존에 나뉘어 있는 청년층, 장년층, 노년층 중에서 어디에 속하는가로 구분하는 일은 분류다. 반면에 그 고객들의 패턴 특성에 의거하여 고객을 기존에는 없던 새로운 유형(예: 모험 선호형, 패션 지향형, 안정 추구형)으로 나누어 묶는다면 군집이다. 이때 유형의 이름은 구매 패턴의 특성을 고려하여 명칭을 붙인다. 이렇게 군집과 분류가 제대로 이루어지면 그 분류된, 군집된 유형에 특화된 맞춤형 전략을 세울 수 있다. 사용할 수 있는 분류분석 알고리즘에는 로지스틱 회귀(logistic regression) 모형, 신경망(artificial neural networks) 모형, 의사결정나무(decision tree) 모형, 앙상블(ensemble) 모형, 랜덤 포레스트(random forest) 모형 등이 있고, 군집분석에 사용되는 알고리즘에는 계층적 군집(hierarchical clustering) 모형, k-평균 군집(k-means clustering) 모형, 혼합 분포 군집(mixture distribution clustering) 모형, 자기조직화지도(self-organizing maps) 모형 등이 있다.

연관분석이란 자주 함께 발생하는 사건, 항목을 찾아내는 것이다. A 사건이 발생할 때마다 B 사건이 발생한다면, 사건 A와 B는 연관이 있다. 예컨대, 사람들은 피자를 주문할 때 콜라도 함께 주문하는 경향이 있다. 즉, 피자와 콜라는 상이한 음식이지만 연관성이 크다. 따라서 피자 가게는 콜라를 함께 판매해야 더 큰 이익이 생긴다. 사람들 사이의 유사한 취향을 알아낼 때에도 연관분석으로 가능하다. 그래서 공포 영화를 보는 것을 선호하는 사람들이 공통적으로 좋아하는 과자가 무엇인지 밝혀진다면 공포 영화를 상영하는 영화관 내의 매점은 그 과자를 비치하려고 할 것이다. 사실 백화점, 슈퍼마켓, 할인 매장 등에서 상품의 배열 및 배치는 연관분석의 결과를 수용한 것이다. 백화점 1층에 남성용 정장이나 여성용 의류 혹은 스포츠 용품 매장이 아니라 여성용 화장품 매장이 입점한 이유는 백화점의 주요 고객이 남성이 아니라 여성이라는 점, 여성 의류는 비싼 상품이라 입어 보고 생각해 보고 구매하는 데 시간이 걸린다는 점, 반면에 화장품은 옷처럼 고가의 상품이 아니며 선택과 구매에 걸리는 시간이 짧게 걸린다는 점(대개 자신이 써 본 경험이 있고, 선호하는 화장품 브랜드를 구매할 가능성이 높지만 옷의 구매 요인은 브랜드보다는 패션과 디자인에 더 민감함) 등을 알려 준다.

예측이란 미래의 양상이나 어떤 값이 나타날지를 예상하는 것이다. 예를 들어, 매년 월별 매출을 알고 있다면 올해 7월의 매출을 예상할 수 있다. 7월이 열두 달 중에서 가장 높은 매출을 올렸고, 특히 여름 휴가 기간이 몰려 있는 7월 하순에 매출이 집중되어 있다는 것을 안다면, 매출을 높이기 위해 판매 요인을 파악하여 선제적으로 광고 마케팅에 적용할 수 있다. 물론 기존에 했던 광고효과에 대한 데이터들이 존재하고 이를 분석해 둔 결과를 가지고 있다면 광고로 인한 판매량 향상 또한 예측할 수 있다. 분별 있는 데이터 사이언티스트라면 이런 요인에 만족하지 않고 날씨, 요일, 상품의 종류, 경쟁 제품 등의 다양한 요인을 고려한다. 각 증권사의 애널리스트들은 각 상장 기업별로 간단한 투자 브리핑이나 장문의 체계적인 투자보고서 등을 작성한다. 투자를 유치하고 투자에 대한 정보를 제공하는 것이므로 주가변동 추이의 정확한 예측은 투자자들이 최고로 관심을 갖는 핵심 기재 사항이다. 이를 위해 주가에 영향을 미치는 것으로 밝혀진 많은 변인과 지금까지의 주가 추세를 면밀하게 조사해야 한다. 이렇게 보았을 때 증권사의 애널리스트는 예측이라는 정형 데이터 마이닝의 분석을 수행하는 데이터 사이언티스트라고 할 수 있다.

정형 데이터의 통계분석과 정형 데이터 마이닝은 개념적으로는 구별되지만 실제 프로젝트를 수행할 때는 엄격히 구별할 필요가 없다. 군집, 분류, 연관분석, 예측 등의 정형 데이터 마이닝 분석의 실제는 대체로 숫자로 이루어진 데이터를 가지고 수행된다. 기존의 많은 전통적인 통계 관련 서적이 이 책에서 정형 데이터 마이닝으로 소개한 분석방법을 정형 데이터 마이닝이란 이름으로 소개하거나 설명하지 않는다. 개념적으로 정확한 구별 없이 통계분석의 방법론으로 다루어지고 있는 것이다. 이러한 이유에는 데이터 사이언스가 최근에 대두된 분야라는 점도 있겠지만 이 분석방법들이 데이터 사이언스가 대두되기 이전에 개발되었고, 여러 영역에서 이미 사용되어 왔다는 점이 크다. 물론 몇몇 정형 데이터 마이닝 분석방법에 속하는 어느 구체적인 분석 알고리즘들은 기존 통계 서적에서는 잘 다루어지지 않고 있다. 대신 인공지능 관련 분야, 빅데이터와 데이터 사이언스 관련 분야 서적에서 찾을 수 있다. 데이터 사이언스와 빅데이터가 관심을 받는 분야로 부상한 이후, 빅데이터의 분석에 적합한 분석 알고리즘으로 재조명되었거나 데이터 사이언스와 인공지능의 부상과 함께 새롭게 등장했기 때문이다.

그러나 비정형 데이터 마이닝에서 소개되는 분석방법은 이와 사정이 다르다. 정형 데이터 마이닝의 분석방법들과는 달리 이것들은 기존의 통계 서적에 거의 등장하지 않는다. 이유는 분명하다. 비정형 데이터는 통계분석에서 사용하는 숫자 데이터가 아니라서 확률과 확률분포 그리고 중심극한정리에 의존하는 기존의 통계분석을 실시하는 것 자체가 불가능하다. 또한 비록 비정형 데이터를 숫자화시켜 놓았어도 이 숫자들이 확률과 확률분포를 따른다고 가정할 수도 없다. 그러니 기존의 전통적 통계분석은 가능하지 않다.

비정형 데이터 마이닝

대표적인 비정형 데이터 마이닝에는 텍스트 마이닝과 사회연결망 분석이 있다. 텍스트 마이닝의 역사는 의외로 짧지 않다. 1980년대에 이미 등장했지만 지금과는 달리 컴퓨터라는 하드웨어와 텍스트를 쉽게 다루어 분석할 수 있는 분석 소프트웨어가 세상에 나오지 않았을 때다. 따라서 많은 양의 텍스트를 분석하려면 시간과 수고로운 노동이 많이 필요한 힘든 작업이었다. 텍스트 마이닝은 최근 여러 유용한 분석도구가 개발되면서 그리고 텍스트도 중요한 데이터로서 인정받으면서 각광을 받고 있다. 빅데이터와 데이터 사이언스의 부상과 꾸준히 향상되어 온 데이터의 저장 기술의 테크놀로지 발전이 한몫을 톡톡히 했다. 저장되는 상당한 양의 데이터가 숫자가 아닌 텍스트이기 때문이다. 게다가 전 세계 수많은 이용자에 의해 인터넷에서, SNS상에서 매일 생성되는 거대하고 다양한 포맷의 데이터가 기업의, 정부의 데이터베이스에 자동적으로 저장되고 있는 것이다. 텍스트 마이닝의 여러 발전된 분석방법은 이러한 비정형의 데이터 안에서 유의미한 정보를 추출하도록 돕는다. 대략적인 예를 들자면, 시간적 흐름에 따른 키워드의 변화, 정책 변화에 따른 키워드 사이의 관계, 특정 사건이 영향을 미치는 사람들의 관심 주제들, 사람들의 관심을 끌고 있는 핵심적인 주제와 주변적인 주제들의 연결, 특정 사건이나 유명인의 개념 이미지 등을 분석해 낼 수 있다. 자주 사용되는 분석에는 텍스트에 직접적으로 드러나 있는 개념들 사이의 연결 패턴을 분석하는 텍스트 네트워크 분석, 주요 단어들이 연결되어 있는 패턴을 분석하는 키워드 네트워크 분석 그리고 텍스트가 전달하고자 하는 의미를 숨겨진 맥락까지 고려하여 분석하고자 하는 의미연결망 분석(semantic network analysis) 등이 있다.

사회연결망 분석(social network analysis)은 '연결망(네트워크)'이라는 단어에서 유추할 수 있듯이 개인과 개인, 개인과 집단, 집단과 집단 사이에 존재하는 네트워크를 분석하는 것이다. 개인 사이의 관계는 개인 주체인 '노드'와 노드 사이를 연결하는 '링크', 즉 '선'으로 표시할 수 있다. 따라서 두 명의 개인이 연결된 네트워크 모습은 두 개의 노드에 하나의 링크로 연결된 모습이 된다. 여기에 여러 개인을 더 추가하고 이들의 관계를 나타내는 선을 추가하면 여러 개의 노드에 여러 개의 링크가 있는 보다 복잡한 네트워크가 형성된다. 이 개인들의 연결 네트워크를 보면 어느 누군가는 다른 개인보다 더 많은 연결선을 가지고 있거나, 개인들 한가운데에 위치하거나, 개인과 개인 사이를 연결해 주는 모습이 관찰될 수 있을 것이다. 또 누군가는 연결선이 아주 적거나 변두리에 위치할 수도 있다. 이런 네트워크 모습은 개인 사이에 존재하는 사회적 관계를 보여 준다. 연결선을 많이 가지고 있는 개인은 그 집단에서 큰 영향력을 가진 사람일 가능성이 크다. 네트워크의 한가운데에 위치한 개인은 많은 정보가 그에게 집중되어 오거나 그가 많은 사람에게 정보를 보내는 것이 틀림없다. 어떤 개인은 사람들 간의 관계를 서로 연결해 주는 사람일 것이다. 또 이들의 네트워크는 누가 누구와 연락하고, 그들이 몇 개의 다리를 거쳐 서로를 알게 되는지도 알 수 있다. 잘 정립된 네트워크는 이처럼 많은 노드가 지닌 관계적 정보들을 제시해 준다. 사회연결망 분석이 바로 이런 네트워크에서 제시하는 관계적 정보를 행렬이란 수학 정리를 통하여 분석하는 방법이다. 이 분석에서 많이 활용되는 기법으로 중앙성(centrality), 연결 정도(degree), 밀도(density), 중심화(centralization) 등이 있다.

분석도구

한창 글을 쓰고 있는 소설가를 잠시 생각해 보자. 어떻게 작업하고 있을까? 원고지 위에 펜으로? 한참을 써 내려가다 마음에 들지 않으면 원고지를 부-욱 찢어 쓰레기통으로 던져 버릴까? 쓰레기통

주위에는 던져 버렸으나 들어가지 않고 널브러져 있는 구깃구깃한 원고지 뭉치들. 아니면 여러 글쇠가 쉼 없이 반복해 오가는 타자기를 사용하고 있을까? 뭔가 내키지 않으면 타이핑하다 말고 종이를 뽑아내어 갈기갈기 찢어 버릴까? 혹시 지금도 이런 상상을 하는 사람이 있을까? 아마도 없을 것이다. 한글과 컴퓨터사의 '한글'이나 MS사의 '워드' 같은 컴퓨터 기반의 워드 프로세서 프로그램이 등장했기 때문이다. 워드 프로세서 프로그램은 글을 쓰고 문서를 작성하며 관리하는 도구로서 유용성과 편리함에 있어서 기존의 그 어떤 도구(원고지, 펜, 타자기)보다 탁월하다. 그런데 소설가의 도구인 워드 프로세서 프로그램이 단순히 유용함과 편리함에만 머물지 않고 그의 소설 창작방식에 영향을 주기 시작한다. 예컨대, 과거에는 원고지나 타자기로 소설을 쓰다가도 어떤 아이디어가 떠오르면 쓰는 것을 잠시 멈추고 다른 빈 종이를 찾아 그 위에 손글씨로 아이디어를 써서 메모해 두어야 했다면, 이제는 소설을 쓰고 있는 도중에 엔터키를 여러 번 눌러 빈곳에 아이디어를 타이핑해서 메모해 두거나 새 문서를 열어 타이핑해서 메모해 둘 수도 있다. 아이디어를 적은 메모지를 따로 모아 보관할 필요도, 잃어버릴 염려도 없다. 컴퓨터를 켜면 그 안에 소설가의 아이디어와 생각, 여태까지의 모든 작업이 그대로 다 들어 있다. 동일하거나 유사한 표현, 전부터 생각해서 타이핑해 두었던 아이디어를 처음부터 원고지 위에 쓸 필요도 없고, 타자기로 다시 칠 필요 없이 간단히 복사하기(Ctrl+C), 붙여넣기(Ctrl+V)를 이용하면 된다. 폰트를 바꾸거나 색깔을 다르게 하여 어떤 단어와 문장을 강조할 수도 있다. 각주, 미주, 후주와 같은 주석도 마우스 클릭 몇 번으로 해결된다. 소설의 전개나 결말의 내용을 다르게 한 여러 버전을 만들어 둘 수도 있다. 이처럼 소설가의 창작도구인 워드 프로세서 프로그램이 창작의 모습과 방식을 변형시키면서 소설가의 사고에도 영향을 미친다. 왜냐하면 모든 도구는 사용하는 방식에 있어서 도구 나름의 규칙과 순서가 있으며, 도구의 기능은 그 규칙과 순서에 의해 결정되기 때문이다. 도구가 사용자의 사고에 영향을 주는 이유다. 또한 도구의 중요성이 비롯되는 곳이다. 따라서 어떤 도구를 사용했고 사용방식을 파악했다면 그 도구를 사용한 사회나 개인이 무엇을 어떻게 수행했는지를 알 수 있고, 수준도 파악할 수 있다. 인간의 활동은 사용하는 도구가 중재하면서 인간의 지능과 지식의 습득을 돕는다. 그리고 인간은 도구와 함께 공진화한다.[4)]

데이터 사이언티스트가 데이터를 탐색하고 분석하기 위하여 사용하는 도구도 이와 다르지 않다. 데이터 분석도구는 데이터 사이언티스트의 분석 작업에 지대한 역할을 한다. 사실을 말하면, 분석도구를 사용하지 않고 데이터를 탐색할 수도, 데이터 정제도, 데이터를 분석할 수도 없다. 데이터 사이언티스트의 데이터 분석을 그가 사용하는 분석도구가 규정하는 셈이다. 그런데 이것이 소설가가 사용하는 도구와 결정적으로 차이가 나는 지점이다. 워드 프로세서가 소설가에게 중요한 도구이기는 해도 필요불가결한 도구는 아니다. 소설가에게는 펜과 종이라는, 워드 프로세서와는 완전히 다른 방식이지만, 완벽한 대안이 있기 때문이다. 그러나 데이터 사이언티스트에게 분석도구는 중요할 뿐만 아니라 필요불가결하다. 다른 대안적 도구가 없다.[5)] 따라서 데이터 사이언티스트에게 분석도구의 활용법 숙지는 아무리 강조해도 지나치지 않다.

도구 사용과 관련해서 도널드 노먼(Donald Norman)은 "보조 장치 없는 인간의 지적 능력은 미약하기 짝이 없다. 종이와 펜, 컴퓨터 같은 인지보조장치의 사용으로 인간의 기억력과 사고력은 극적으로 향상된다."라고 하면서 도구 사용의 중요성을 지적했다.[6] 데이비드 H. 조나센에 따르면, 인지도구(cognitive tools)는 인간이 단순하고 반복적인 일에서 벗어나 주로 인간의 고차원적 능력인 사고와 문제해결에 초점을 맞출 수 있도록 해 준다. 또한 마음도구(mindtools)는 인간으로 하여금 관심 있는 현상을 시각적으로 모델링할 수 있도록 함으로써 문제해결을 도와준다. 즉, 주변의 도구를 어떻게 활용하느냐에 따라 데이터 분석도구를 인지도구로서, 혹은 마음도구로서 활용할 수 있다는 의미다.[7]

현재 데이터 분석을 위해 개발된 여러 유용한 도구가 준비되어 있다. 중요한 점은 문제 정의에서 파악된 문제의 성격에 맞는 도구를 선택해야 하고, 필요에 따라 여러 개의 도구를 목적에 맞도록 조합해서 사용해야 한다는 것이다. 다음에 제시된 소프트웨어는 데이터 분석을 위해 사용할 수 있는 프로그램의 범주와 이름이다.

- 스프레드시트 프로그램: Excel, Lotus 1-2-3, 한셀 등
- 통계 패키지 프로그램: SPSS, SAS, AMOS, LISREL 등
- 사회연결망 분석 프로그램: NodeXL, NetMiner, UCINET, Pajek 등
- 텍스트 마이닝 프로그램: 텍스톰(Textom) 등
- 프로그래밍 언어: R, Python 등

스프레드시트 프로그램

스프레드시트 프로그램인 Excel, Lotus 1-2-3, 한셀 등은 가장 대중적으로 잘 알려져 있으며, 쉬우면서도 데이터 사이언스를 시작하기에 매우 적합하고 유용하다. 비록 처리할 수 있는 용량과 고급 분석 기능이 부족하지만 데이터에 관한 문제를 이해하고 해결하는 데는 충분하다. 또한 스프레드시트 프로그램은 시트상에 원본 데이터를 기록하기 때문에 데이터를 직접 보며 작업할 수 있다는 장점이 있다.

스프레드시트 프로그램의 데이터 기록, 저장, 관리의 기능은 범용의 데이터 시트를 작성하는 데에도 도움이 된다. 통계 패키지나 사회연결망의 어떤 프로그램이든 분석을 위해서는 기본적으로 행과 열로 구성된 행렬 형태를 이루어야 한다. Excel과 같은 스프레드시트 프로그램이 만드는 데이터 시트가 바로 행렬 형태로 되어 있으며, 범용성을 갖추고 있다. 때문에 통계 패키지나 사회연결망 프로그램에서 그 데이터 시트를 불러 읽을 수 있는 것이다. 물론 통계 패키지나 사회연결망의 프로그램들은 데이터를 직접 입력해서 분석용 데이터 시트를 작성할 수 있는 기능을 갖추고 있기는 하다. 하지만 각 프로그램에서 직접 데이터를 입력하여 데이터 시트를 만든다면, 그 데이터 시트는 오직 직접 작성한 프로그램에서만 사용할 수 있고, 그 프로그램 외에서는 사용할 수 없는 경우가 허다하다. 각 프로그램이 갖고 있는 독자적인 코딩방식 때문에 발생하는 호환성 문제다. 데이터 분석을 오로지 특정의 한 프로그램에서만 실시하고 추후에라도 다른 프로그램에서는 분석할 상황이나 이유가 전혀 없다면야 그 특정 프로그램에서 데이터 시트를 작성해도 무방하다. 그러나 혹시라도 다른 프로그램에서 분석해야 할지도 모를 여지가 있다면 스프레드시트 프로그램을 이용하여 범용적으로 사용할 수 있는 데이터 시트를 만들어 두는 것이 훨씬 이득이다. 이 데이터 시트를 원본으로 삼는 것이다.

특히 스프레드시트 프로그램은 데이터 사이언스의 초보자에게 데이터의 기초 개념, 데이터의 저장과 관리, 데이터 수치의 연산, 연산 결과를 그래프와 도표로 나타내는 시각화 등을 익힐 수 있게 해 준다. 기본 함수를 이용하여 간단한 사칙연산과 자동 연산이 가능하며, 기초적 통계분석부터 중간 수준 정도의 통계분석도 가능하다. 몇몇 통계분석 기능은 굳이 통계를 전문으로 하는 통계 패키지 프로그램을 사용하지 않아도 될 정도다. 그러나 뭐니 뭐니 해도 조건부 서식이나 차트, 스파크라인과 같은 다양한 시각화 기능의 제공이 스프레드시트 프로그램의 강점이다. 세로 막대형, 꺾은선형, 원형, 가로 막대형, 주식형, 영역형, 분산형, 도넛형, 방사형, 거품형 등 여러 형태의 그래프와 차트는 데이터에 내재된 패턴을 찾는 데 유용하다. 개발도구의 양식 컨트롤을 사용하면 사용자가 변인들을 조절하거나 선택할 수 있는 버튼을 만들 수도 있다. 이를 이용하여 사용자가 버튼을 누르는 동안에 발생하는 그래프의 역동적 변화과정을 목격할 수도 있다.

그러나 데이터 사이언스의 프로젝트를 수행하다 보면 스프레드시트 프로그램의 기구축된 기능만으로는 부족하거나 불편을 느낄 때가 오게 된다. 장점이 곧 단점이 되는 것이다. 무슨 말인가 하면, 스프레드시트 프로그램의 유용한 여러 기능은 특정한 기능을 수행하도록 만들어 놓은 구축된 기능인데, 이런 기능을 사용하다 보면 다른 방식으로 데이터를 다루고 창의적으로 분석해 볼 수 있는 기회는 적어지거나 없게 된다. 즉, 제공하는 기능 외에 다른 분석은 시도할 수 없는 것이다. 이것은 기능의 확장성 문제다. 예를 들어, 텍스트를 분석하여 텍스트 데이터의 분포를 알고자 할 때 스프레드시트 프로그램을 갖고는 불가능하다. 이런 기능이 없기 때문이다. 또한 데이터 시트를 매번 보면서 작업할 때 발생하는 작업의 효율성 문제도 단점이다. 예컨대, 다루어야 할 데이터 시트가 많고 복잡하면 자주 스크롤업과 스크롤다운을 해야 하고, 이 때문에 버퍼링 문제가 발생하여 느려질 때가 있으며, 데이터 시트를 업데이트하거나 변경할 때마다 오류 가능성도 커진다. 게다가 반복 작업을 자주 해야 할 때가 있게 된다. 더욱이 스프레드시트 프로그램의 통계분석이나 시각화 기능도 통계 패키지 프로그램에 비해 전문적이지 못하거나 한계를 갖고 있다.[8] 이러한 부족과 불편을 느낄 때, 자연스럽게 전문적 통계분석과 사회연결망 분석을 위해서 그리고 작업의 효율성과 기능의 확장성 및 다양한 데이터 분석을 위해서 통계 패키지 프로그램이나 사회연결망 분석 프로그램으로 눈을 돌리고, R이나 Python(파이선)과 같은 프로그래밍 기반의 데이터 처리 도구를 찾는다.

통계 패키지 프로그램

통계 패키지 프로그램을 사용하는 이유는 말할 것도 없이 통계분석을 위해서다. 사회연결망 분석도 엄밀하게 말하면 통계분석이다. 하지만 둘 간에는 깊은 차이점이 존재한다. 전자는 선형 모델에 기반하는 통계분석인 반면에 후자는 비선형 모델(non-linear model)에 따른 통계분석이란 점이다.

선형 모델은 중 · 고등학교 수학 시간에 배웠던 x축과 y축의 좌표 평면으로 나타낸 1차 함수를 생각하면 이해하기 쉽다.

$$y = ax + b$$

수학적으로 이 함수식은 다음과 같은 여러 정보를 제공한다. 1차 함수는 미지수 x의 지수가 1인 직선이며, a가 0이 아닐 때 딱 한 번 x축과 교차한다. 수학에서 이를 해 또는 근이라고 하는데, y값이 0이 되는 x의 값을 말한다. 1차 함수는 이 값이 한 개밖에 없다.[9] 직선이기 때문이다. 이 1차 함수의 해는 x절편인 $-b/a$가 된다. 만일 a가 0보다 큰 양수이면 그래프는 각도로 보았을 때 0에서 90도 사이, 즉 좌측에서 우측으로 올라가는 직선이 되어 x값이 커지면 y값도 커지고, 또한 y값이 커지면 x값도 커진다. x값과 y값은 커지고 작아지는 방향이 동일하다. 이를 정적관계라고 한다. 만일 a가 0보다 작은 음수이면 그래프는 90도에서 180도 사이, 즉 좌측에서 우측으로 내려가는 직선이 되어 x값이 커지면 y값은 작아지고, y값이 커지면 x값은 작아진다. x값과 y값의 커지고 작아지는 방향이 반대다. 이를 부적관계라고 한다. a는 이 직선 그래프의 기울기로서, a의 절대값이 커질수록 그래프가 가파르며 작아질수록 완만해진다. a가 0이면 b를 지나면서 x축과 평행한 직선이 된다. 이때는 x축과 만나는 점이 없으므로 해는 없다. b는 y의 절편으로서 좌표는

(0, b)를 의미하며, x절편의 좌표는 ($-b/a$, 0)이다. 따라서 이 그래프는 x의 절편 ($-b/a$, 0)과 y의 절편 (0, b)를 지나는 직선이 된다.

통계에서의 선형 모델은 알아보고자 하는 변인끼리의 관계를 변인 x와 변인 y가 이루는 그래프의 좌표평면처럼 생각한다. 따라서 1차 함수식에서 보는 바와 같이, 변인 x값이 +쪽으로 혹은 −쪽으로 변화할 때 변인 y값도 +쪽으로 혹은 −쪽으로 변화하는지를 알아본다. 다시 말해, x값이 우측으로 갈수록, 즉 커질수록 y값이 커지는지 또는 작아지는지를 살핀다. x값이 커질 때 y값이 커지면 기울기 a는 양수이며, x값이 커질 때 y값이 작아지면 기울기 a는 음수가 된다. 동일한 설명이지만 기울기 a가 양수인 경우에 x값이 커지면 y값도 커질 것이며, a가 음수인 경우에 x값이 커지면 y값은 작아질 것이다. 그리고 이때의 기울기 a값이 통계적으로 유의미한지 아닌지에 관심을 둔다. 만일 통계적으로 유의미하다면 변인 x와 y의 관계는 서로 영향을 주고받는 밀접한 관계이며, 유의미하지 않다면 변인 x와 y의 관계는 관계가 없거나 우연에 의한 관계일 뿐이다. 따라서 선형 모델에서의 통계분석은 변인 x값의 변화로 변인 y값의 변화를 알아보는 선형관계를 전제로 한다.

이처럼 선형관계를 전제하므로 변인들의 데이터는 개별적 속성을 지닌 데이터이어야만 한다. 데이터가 개별적 속성을 지녔다는 것은 이 데이터의 관계를 독립적으로 다룰 수 있다는 뜻이다. 부모의 사회경제적 지위가 자녀의 학업성취도에 미치는 영향을 연구하는 경우를 예로 들어 보자. 부모의 사회경제적 지위를 나타내는 변인으로 아버지의 월평균 소득, 아버지 직업의 종류를 들 수 있고, 자녀의 학업성취도는 국영수 과목의 기말고사 점수가 될 수 있겠다. 이때 아버지의 소득과 직업은 아버지의 개별적 속성으로서의 데이터이며, 자녀의 학업성취도 점수는 자녀의 개별적 속성으로서의 데이터다. 그리고 통계분석은 부모의 속성과 자녀의 속성 데이터를 비교하면서 그 사이의 관계를 파악하려는 목적을 지니고 있다. 여기서 부모의 속성과 자녀의 속성을 비교한다는 것은 두 개의 변인이 서로 독립적인 것임을 보여 준다.

의학이나 약학 분야에서의 연구도 마찬가지다. 치료법이나 약의 효능이 환자에게 영향을 미치는지도 선형관계를 가정하여 연구가 가능하다는 뜻이다. 예컨대, 약 A가 효과가 있는지를 알기 위해 약 A를 투여한 환자집단과 위약(플라시보)을 투여한 환자집단을 비교한다. 여기서 환자집단은 무작위로 할당, 배정해야 함은 말할 것도 없다. 이때 투여하는 약 A는 영향을 미치는지 알아보려는 독립변인으로서 약에 대한 속성 데이터이며, 치료효과는 약에 의해 영향을 받는지를 알아보려는 종속변인으로서 환자의 속성 데이터가 된다. 두 개의 변인은 서로에게 독립적이다.

선형 모델의 장점은 통계의 꽃이라고 불리는 추리통계가 가능하다는 점이다. 만일 모집단에서 추출한 표본이 모집단을 대표한다면 표본의 특성은 모집단의 특성을 가지고 있다고 말할 수 있다. 이처럼 추리통계는 표본(sample)의 특성으로 그 표본이 속해 있는 모집단의 특성을 추론하고자 한다. 인과관계, 예측 등은 추론이 필요한 추리통계를 해야 보다 정확히 파악할 수 있다. 통계 패키지 프로그램은 이러한 변인들의 선형관계를 전제로 하는 데이터를 분석할 때 사용하는 도구다.

사회연결망 분석 프로그램

사회연결망 분석 프로그램도 사실은 통계 패키지 프로그램이라고 보아야 한다. 다만, 비정형 데이터를 분석하는 비선형 모델에 따른 통계분석이란 점이 일반 통계 패키지 프로그램과 다르다. 비선형 모델은 변인 간의 선형관계를 고려하지 않거나 선형관계를 가정할 수 없는 경우에 해당하는 모델인데, 변인들의 개별적 속성을 독립적으로 고려하지 못한다.

사회연결망 분석은 앞 절 '분석의 목적과 방법'에서 기술한 것처럼, 네트워크(망)의 형태로 서로 연결된 관계를 파악하는 분석법이다. 목적은 네트워크 형태로 도출된 관계성을 토대로 관계의 특성, 관계를 이루는 체계의 특징을 설명하고 이 관계망을 구성하고 있는 단위의 행위를 파악하고자 한다. 네트워크를 이루는 각 단위의 행위가 어떻게 네트워크의 연결된 선에 영향을 주면서 퍼져 나가는지를 알아냄으로써 행위자의 행위를 설명하고 이해하는 것이다.

관계에 대한 관심은 그 어느 때보다 높아졌다. 특정한 행동이나 행위가 독립된 개체가 발생시키는 현상이라기보다는 서로 연결된 관계 때문에 발생하는 것으로 보는 관점이 대두되었다. 독립적인 속성이 아니라 연결된 관계가 중요하게 된 것이다. 이런 관계적 관점에서 보면, 나의 성격과 성향, 나의 각종 점수, 나의 학력과 직업 등 내가 갖고 있는 속성 때문에 어떤 선택을 하는 것이 아니라 내가 누구를 만나고, 누구와 대화하고, 누구와 친하게 지내는지 등에 대한 관계 때문에 그 선택을 하는 것이다. 비유적으로 말하면 친구 따라 강남에 가는 것이다. 친구가 가지 않았으면 나도 강남에 가지 않았을 것이다.

최근 정보통신공학의 발전으로 기인한 SNS 활동은 수많은 개인 행위자의 네트워크 총합체라고 해도 크게 틀리지 않다. SNS상에서 국적과 나이, 성별에 상관없이 서로 소통하고 관계를 맺기 때문이다. 개인의 내성적 성격, 만남의 어색함, 의사전달의 어려움, 시간과 공간상의 제약 등 다양한 이유로 관계가 쉽게 맺어지기 어려운 대면적 관계는 SNS로 인하여 빠르게 회복되고 성립된다. 이 네트워크 안에서 주고받는 정보의 흐름과 중요성, 대화 내용의 양과 질은 개인 행위자가 갖고 있는 관계망의 차이다. SNS에 대한 많은 연구가 사회연결망 분석을 통해 이루어지고 있다.

텍스트 마이닝 프로그램

텍스트 마이닝은 그 이름 속에 힌트가 있다. 텍스트는 언어로 이루어져 있는데, 언어는 문법이라고 하는 단어와 문장들의 사용 규칙에 의해 의미가 정해진다. 따라서 텍스트 마이닝은 텍스트 내의 단어와 문장의 개념이 어떻게 연결되어 있는지를 나타내는 개념 사이의 관계망, 연결망을 추출하는 작업이다. 텍스트 마이닝이 유용한 이유는 텍스트에서 나타나는 주요 개념 사이의 관련성을 시각적으로 제시해 줌으로써 개념 사이의 영향력의 구조와 체계 및 역할을 밝힐 수 있고, 어떤 맥락에서 사용되는지를 알 수 있기 때문이다. 또한 주요 개념의 사용 빈도를 보여 줌으로써 핵심적인 개념이 무엇인지, 개념 사이의 패턴이 어떠한지를 인식할 수 있다는 점 때문이다. 사회연결망 분석을 통해 개별 행위자 사이의 관계를 알아보는 것처럼 사용되는 단어와 개념의 관계성을 밝혀내는 것이다.

프로그래밍 언어

지금까지 기술한 기존의 프로그램들은 잘 짜인 틀과 형식 및 체계적인 순서를 갖추고 있다. 분석을 하려면 이런 틀과 형식에 맞아야 하며 정해 놓은 순서를 따라야만 했다. 모든 분석의 결과는 이미 설정해 놓은 규칙에 의해 생성된다. 어떤 결과도 프로그램이 산출하는 방식에 의존하며, 프로그램이 설정한 범위 내에서 이루어진다. 물론 기존의 프로그램을 십분 활용함으로써 원하는 분석의 결과를 도출할 수 있다. 기존 프로그램을 활용하는 것만으로도 데이터 분석의 결과를 도출하는 것이 충분할 때도 많다.

그러나 어떤 프로그램은 유료로 매우 비싼 비용을 요구하기도 하고, 분석의 목적에 따라 상이한 여러 프로그램을 사용해야 하는 번거로움도 있다. 이때 고려할 수 있는 도구가 컴퓨터 프로그래밍 언어다. 사실 프로그래밍 언어는 데이터를 분석하는 데 최적의 결과를 제공해 준다. 분석의 절차를 프로그래밍 언어로 작성하여 원하는 방식으로 결과를 도출할 수 있기 때문이다. 다만, 그것도 언어이므로 제대로 활용하려면 컴퓨터 언어에서 요구하는 언어 구조와 논리, 명령어 등을 학습해야 한다는 단점이 있다. 프로그래밍 언어에 집착하다 보면 데이터 사이언티스트인지, 컴퓨터 프로그래머인지 혼동을 느낄 수도 있다. 다행스럽게도 프로그래밍 언어 중에서 학습하기가 까다롭지 않은 언어가 존재한다. 더구나 데이터 분석을 수행하는 데 쉽게 적용할 수 있는 언어이기도 하다. 이 때문에 전 세계 데이터를 분석하는 많은 사람이 사용하며, 그 인기가 더욱 증가하고 있다. 바로 R과 Python이다.

앞에서 나열한 여러 데이터 분석방법과 분석도구 각각은 하나의 장을 구성할 정도로 내용이 풍부하고 깊다. 이 방법과 도구 각각에 대한 자세한 설명과 구체적인 절차 및 상황별 적용방법을 기술하는 일은 이 책의 범위를 훨씬 넘어선다. 이 책은 데이터 사이언스의 길을 안내할 목적의 가이드다. 그래서 이를 제대로 공부하려면 통계와 연구 분석 관련 서적들, 데이터 마이닝과 비정형 통계 관련 서적들 그리고 각 프로그램에 대한 여러 관련 서적을 참고할 필요가 있다. 필자는 이 책의 후속편으로 방법과 도구에 대한 책을 준비하고 있다.

CHAPTER 11

프로세스 5: 시각화 및 결과 활용

데이터 사이언스 프로젝트 프로세스의 다섯 번째이며 마지막 단계는 '시각화 및 결과 활용'이다. 이 단계에서 데이터 사이언티스트는 이전 단계에서 도출된 데이터 분석 결과를 첫 번째 '문제 정의' 단계에서 정의 내린 문제에 적용한다. 분석 결과가 실제 문제해결에 잘 적용되어 과연 문제를 해결할 수 있는지를 확인해 보는 것이다. 문제해결에 잘 적용되는 분석 결과는 앞으로 발생할 유사한 문제에도 활용될 가능성이 있어야 한다. 데이터 사이언스 프로젝트의 결과가 단 한 번의 적용으로 끝나는 것이 아니기 때문이다. 까다로운 문제일수록 재발될 가능성이 높은데, 재발될 때 문제 조건이나 변수가 변하면서 새로운 양상으로 나타나기도 한다. 분석 결과가 문제해결에 적용되지 않는다면 또는 문제해결에 도움이 되지 않는다면, 데이터 사이언스 프로젝트는 성공한 것이라고 할 수 없다.

핵심적 질문들

프로세스의 다섯 번째 '시각화 및 결과 활용' 단계에서 다루어야 할 핵심적인 질문은 다음과 같다.

- 시각화란 무엇이고, 왜 시각화가 중요한가?
- 시각화를 효과적으로 만들어 주는 시각표현 디자인 요소와 원리는 어떤 것들이 있는가?
- 시각화 방법과 도구는 어떤 것들이 있는가?
- 보고서 작성은 어떻게 해야 하는가?

시각화

프로세스의 마지막 단계에서 핵심은 설명을 통한 설득이다. 데이터 분석을 통상적 업무로 하고 있는 자사의 데이터 사이언티스트라면 설득의 대상은 자사의 직장 상사나 CEO일 것이며, 누군가로부터 데이터 분석을 의뢰받은 데이터 사이언티스트라면 설득의 대상은 고객이나 타사의 CEO가 될 것이다. 자사든 타사든 설득을 하려면 고객이나 CEO에게 분석 결과나 분석 모델을 이해시켜야 한다. 그런데 예상보다 이해시키기가 어렵다. 그 이유는 데이터 사이언스에 대한 이해 수준이 다르기 때문이다. 일반적으로 그들은 데이터 사이언티스트에게는 익숙한 용어, 분석기법, 통계, 분석도구, 프로세스의 세부적 절차와 단계 등을 잘 알지 못한다. 이런 것에는 관심이 거의 없다는 것이 더 정확한 표현일지 모른다. 그들의 관심은 과연 분석 결과가 유의미하게 문제를 해결하고 미래의 문제를 예측할 수 있는가에 있다. 즉, 분석 결과가 의사결정에 도움이 되는지 여부다. 때문에 그들의 수준에 맞춘 쉬운 설명이 요청된다. 그들이 원하는 정보에 맞추어 분석 결과의 내용을 번역 혹은 해석해야 하는 것이다.

이를 위해 시각화(visualization)의 적극적 활용이 요구된다. 시각화란 대상 사이의 추상적 관계를 이미지를 통해 구체화하는 작업이라고 보면 된다. 여러 형태의 시각적 표현방법을 동원하여 분석의 내용과 결과를 시각적으로 표현하는 이유는 글이나 말보다 보다 직관적으로 이해하는 데 도움이 되기 때문이다. 직관적일수록 이해하기가 쉽다. 시각화는 단순히 포스터에나 나오는 잘 그린 상징적 그림이 아니라 도표, 차트, 그래프, 다이어그램 등으로 정리한 것이다. 분석 결과에 나타난 정보와 의미를 한눈에 파악하도록 할 목적으로 의도적으로 작성한 시각적 이미지인 것이다. 시각화를 통한 시각적인 묘사는 데이터 속에 들어 있는 정보와 의미를 압축하여 제시한 것이기 때문에 빠르게 이해시킬 수 있는 장점을 가지고 있다. 즉, 정보의 습득 시간이 절감된다. 그리고 흥미를 유발시키고 이를 통해 오랫동안 기억의 파지효과를 기대할 수 있다. 또한 시각적 이미지의 심미적인 효과는 보고서 작성에도 도움을 준다. 시각화의 특성과 시각화하는 이유에 대해 빅데이터 전략연구소는 다음과 같이 요약했다.[1)]

- 인간의 정보처리 능력을 확장시켜서 정보를 직관적으로 이해할 수 있게 한다.
- 많은 데이터를 동시에 차별적으로 보여 줄 수 있다.
- 다른 방식으로는 어려운 지각적 추론을 가능하게 한다.
- 보는 이로 하여금 흥미를 유발하여 주목성이 높아지며, 인간의 경험을 풍부하게 한다.
- 문자보다 친근하게 정보를 전달하여 다양한 계층의 사람들에게 쉽게 다가갈 수 있게 한다.
- 데이터 간의 관계와 차이를 명확히 드러냄으로써 문자나 수치에서 발견하기 어려운 이야기를 창출할 수 있다.
- 데이터를 입체적으로 만들 수도 있으며, 필요에 따라 거시적 혹은 미시적인 표현이 가능하고 위계를 부여할 수 있다.

시각화는 프로세스의 네 번째 단계인 데이터 분석에서도 활용될 수 있다. 데이터의 시각화는 데이터를 시각화하는 과정에서 데이터 사이의 숨겨진 관계를 탐색하고 분석할 수 있는 통찰의 기회가 되기 때문이다.

시각표현 디자인 요소

시각표현을 위해 효과적으로 사용할 수 있는 디자인 요소에는 여러 가지가 있다. 다음은 시각표현을 할 때 고려할 수 있는 디자인 요소들이다. 이 디자인 요소는 프랑스의 지도 제작자인 자크 베르탱

(Jacques Bertin)의 그래픽 7요소다. 그는 이를 기호 그래픽이라고 하면서 데이터나 정보를 시각적으로 표현할 때 사용할 수 있다고 했다.[2)]

- 위치(position): 위치에 변화를 줌으로써 어떤 요소(예: 양, 질, 중요도)를 강조할 수 있다. 특정 요소의 상대적인 위치를 확인해 주변의 요소와 관계를 비교할 수 있고, 수치로 표현이 가능하다.
- 크기(size): 크기를 상대적으로 변화시켜 어떤 요소(예: 양, 질, 중요도)를 강조할 수 있다. 핵심은 절대 크기가 크고 작고의 문제가 아니라 비교하고자 하는 것들 간의 관계에 있다. 대개 클수록 시선을 주목시킨다. 크기는 수치로도, 순서로도 표현이 가능하다.
- 모양 또는 형태(shape): 하나만 다른 모양으로 만들어도 어떤 요소(예: 양, 질, 중요도)를 강조할 수 있다. 중요한 점은 비슷한 형태가 아니라 전혀 다른 형태로 바꾸어야 강조되어 보인다는 사실이다.
- 색상(color): 다른 색을 사용함으로써 어떤 요소(예: 양, 질, 중요도)를 강조할 수 있다. 보색 관계는 중요하다. 색은 문화적 의미를 가진다. 하지만 수치로 표현하기 힘들고, 색으로 순서를 정하기도 적당하지 않다.
- 명도(value): 명도의 차이가 어떤 요소(예: 양, 질, 중요도)의 차이를 나타낸다. 명도의 차이는 색상의 차이보다 더 명시적이다.
- 기울기(orientation): 기울기의 차이를 통해 어떤 요소(예: 양,

질, 중요도)의 차이를 드러내어 시선을 유도할 수 있다.

- 질감(texture): 같은 색상이라도 질감이 다르면 어떤 요소(예: 양, 질, 중요도)를 강조할 수 있다.

앞의 그래픽 7요소에 다음과 같은 디자인 요소를 추가할 수 있다. 모두 정보를 지각하고 이해하는 데 도움을 준다.

- 길이(length): 길이를 달리하는 것만으로도 어떤 요소(예: 양, 질, 중요도)의 차이점을 강조할 수 있다. 대체로 길이가 길수록 큰 수치가 할당되고, 짧을수록 작은 숫자에 할당된다.
- 각도(angle): 바라보는 각도의 크기는 여러 요소(예: 양, 질, 중요도)의 차이점을 드러낸다. 높은 지점, 낮은 지점, 눈높이 지점처럼 어느 지점의 시각에서 바라보느냐에 따라 느낌이 다르다.
- 방향(direction): 방향을 달리함으로써 어떤 요소(예: 양, 질, 중요도)의 차이점을 나타낼 수 있다. 모두 같은 방향인데, 그중 하나가 다른 방향을 나타내면 금방 시선에 잡힌다.
- 면적(area), 부피(volume): 면적과 부피의 상대적인 크기를 달리하여 어떤 요소(예: 양, 질, 중요도)를 부각시킬 수 있다. 대체로 면적이나 부피가 넓고 깊을수록 큰 수치가 할당되고, 좁고 얕을수록 작은 숫자에 할당된다.

디자인 요소는 생태심리학자인 제임스 J. 깁슨(James J. Gibson)에 의해 제안된 어포던스(affordance)의 개념 및 어포던스의 활용 실태와 함께 이해하는 것이 좋다. 사용자 경험을 뜻하는 UX(user experience)의 개념과 함께 특히 산업디자인, 제품디자인 분야에서 핫(hot)한 이슈이기 때문이다. 어포던스는 우리말로 어떤 행위나 행동을 유도한다는 뜻의 '행위 유발성' '행동 유동성'이라고 번역된다. 깁슨은 환경이나 대상(물체)에 있는 어떤 속성이 동물(사람 포함)에게 특정하고도 다양한 행동과 행위를 유발한다고 하면서 환경과 물체가 갖고 있는 어포던스의 중요성을 주장했다.[3] 이후 인지심리학자인 도널드 노먼의 연구를 거치면서, 렉스 핫슨(Rex Hartson)은 물리적 · 인지적 · 감각적 · 기능적 어포던스와 같은 다양한 유형의 어포던스를 제안했다.[4] 인지심리학자들의 어포던스 개념을 바탕으로 추출된 디자인 요소에는 다음과 같은 것들이 포함된다.

모양, 크기, 위치, 굵기, 컬러, 흑백, 해상도, 좌우 간격, 상하 간격, 들여쓰기, 내어쓰기, 정렬, 반짝임, 깜박임

각 디자인 요소가 어떤 유형의 어포던스를 갖고 있는지도 중요하다. 디자인할 때 사용자로 하여금 목적하는 행위를 할 수 있도록 만들어야 하기 때문이다. 하나의 디자인 요소가 반드시 하나의 어포던스만을 갖고 있는 것은 아니지만, 가장 대표적인 어포던스가 무엇인지를 파악하는 것은 디자인을 할 때 유용한 지식이다.[5] [6]

게슈탈트 원리

앞서 열거한 디자인 요소들이 효과를 갖는 이유는 시각 정보를 파악하기 위한 뇌의 작용과 관련이 깊기 때문이다. 뇌는 패턴을 감지하여 해석한다. 뇌가 시각적인 형태로부터 패턴을 인식하고 감지한다는 사실은 심리학에서 형태이론이라 일컫는 게슈탈트 심리학 연구 결과에 잘 나타난다. 인간의 뇌는 특히 단순성과 통일성을 선호하여 그룹화하려는 성향을 갖고 있다. 그래서 시각화를 할 때 형태의 단순화를 꾀해야 하는데, 이는 전체에서 부분 사이의 관계를 단순하게 만들고 전체를 강조하며 관계를 표준화하고 일반화함으로써 개별 요소 간의 상관성을 줄이는 것이다. 시각표현 디자인의 원리로서 형태의 단순화를 위한 게슈탈트 원리는 다음과 같다.[7)] [8)]

- 유사성의 원리: 뇌는 색상이나 크기나 형태의 특성을 공유하는 개체들은 유사하다고 보는 경향을 갖고 있다. 유사한 색, 유사한 크기, 유사한 형태나 모양을 갖고 있으면 동일한 종류라고 지각한다.

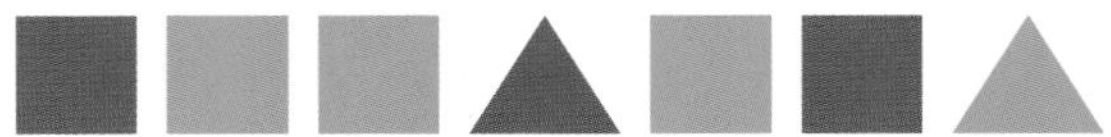

[그림 11-1] 유사성의 예

- 근접성의 원리: 뇌는 떨어져 있는 물체들보다는 서로 가까이

있는 물체들을 연관시킨다. 가까이 있는 것끼리 하나의 의미 있는 형태를 이루고 있는 것으로 지각한다.

[그림 11-2] 근접성의 예

◆ 구분의 원리: 뇌는 폐쇄 도형 안의 개체들을 하나의 그룹으로 보는 경향성이 있다. 특정의 도형으로 묶어 놓으면 비록 개체들이 서로 다른 면에 속해 있어도 같은 그룹의 일원으로 지각한다.

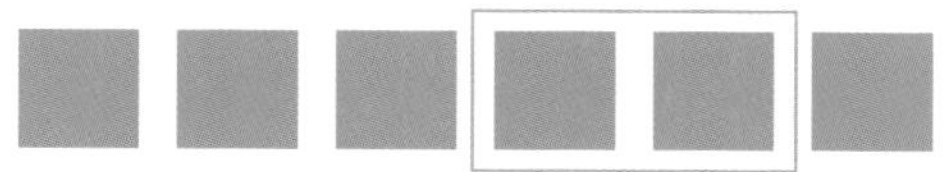

[그림 11-3] 구분의 예

◆ 연속성의 원리: 뇌는 가능한 한 부드러운 연속을 선호한다. 갑작스런 변화나 급격한 움직임의 변화는 좋아하지 않는다. 부드럽게 연속으로 연결된 개체를 동일한 그룹으로 지각한다.

[그림 11-4] 연속성의 예

◆ 연결성의 원리: 뇌는 연결된 개체들을 하나의 그룹으로 보는 경향이 있다. 예컨대, 두 물체가 서로 멀리 있어도 선을 통해 연결하면 같은 그룹으로 보는 것이다.

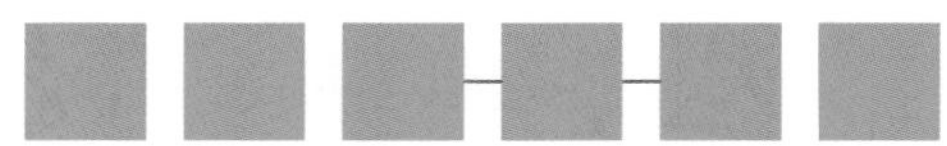

[그림 11-5] 연결성의 예

◆ 폐쇄성의 원리: 뇌는 형태를 완성하려는 경향이 있다. 예를 들어, 단지 여러 개의 점으로만 원의 모양을 만들었어도 그것을 마치 실선으로 그린 원으로 지각한다.

[그림 11-6] 폐쇄성의 예

◆ 형태/배경의 원리: 뇌는 가까운 개체를 형태로 보려고 하고, 형태는 배경에 비해 더 작게 보려고 하는 경향이 있다. 이때 형태로 보이는 것이 정보의 핵심이 된다. 이에 대한 유명한 예로는 루빈의 화병이 있다. 루빈의 화병을 보고 있노라면, 두 개의 옆얼굴이 형태로 보일 때가 있고 하나의 완벽한 화병의 모습으로 보일 때가 있다.

[그림 11-7] 형태/배경의 예

◆ 공동 운명의 원리: 뇌는 같은 방향으로 움직이는 개체들을 하나의 그룹으로 보는 경향이 있다.

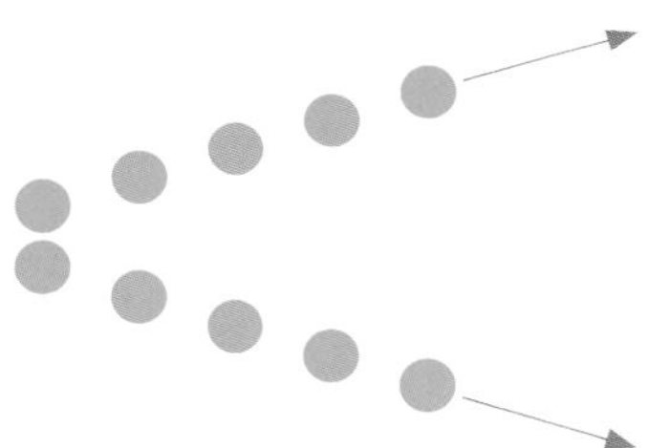

[그림 11-8] 공동 운명의 예

시각화 방법과 도구

잘 모르는 분야에 대한 구어적 혹은 문어적 설명을 이해하기 위해서는 귀 기울여 들어야 하거나 꼼꼼히 읽어야 한다. 인지과정에 집중해야 하고 시간도 많이 걸린다. 이에 대한 대안이 시각적 설명이다. 시각적 설명은 보는 혹은 보이는 설명이다. 시각적 설명은 이미지를 통한 직관적 이해를 추구하기 때문에 구어적 · 문어적 설명보다 유리하다. 다만, 시각화를 위한 이미지가 데이터 분석을 통하여 드러난 관계나 통찰을 보여 주지 못하고 미적 관점에서 유려하고 화려하게만 표현되지 않도록 유의해야 한다.

시각화에서 핵심은 시각화하려는 목적이 무엇인가에 따라 시각화 방법을 선택해야 한다는 점이다. 예컨대, 시각화 목적이 어떤 질문에 대한 답을 찾고 정보끼리 비교하는 것이라면, 시각화는 비교하는 내용을 보여 주는 방법을 선택해야 한다. 또 인과관계를 이해하는 것이라면, 시각화는 인과관계를 잘 표현해 주는 방법을 선택해야 한다. 시각화하는 목적과 구체적인 방법은 다음과 같다.[9)]

- ◆ 시간 시각화: 시간에 따른 데이터의 변화를 표현한다. 트렌드나 경향성을 기간에 걸쳐 변화하는 모습을 보여 줄 때 주로 사용한다. 시간 시각화를 위한 구체적인 도구로는 막대그래프, 누적 막대그래프, 점그래프, 선그래프 등을 사용할 수 있다.

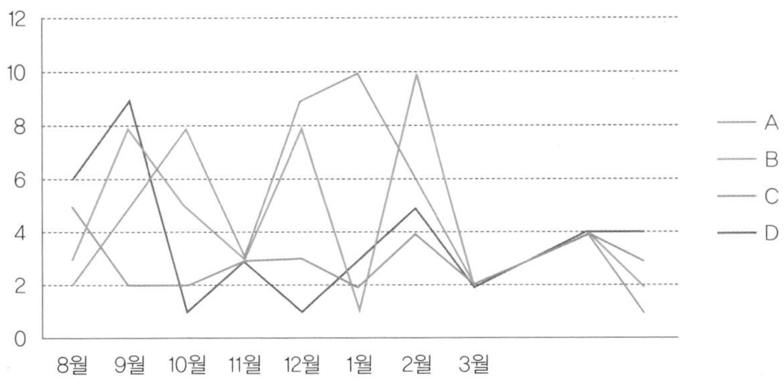

[그림 11-9] 시간 시각화의 예(선그래프)

◆ 분포 시각화: 전체의 관점에서 부분 간의 관계를 보여 줄 때 주로 사용한다. 분포 시각화에서 최대, 최소, 전체 등의 정도를

[그림 11-10] 분포 시각화의 예(도우넛 차트)

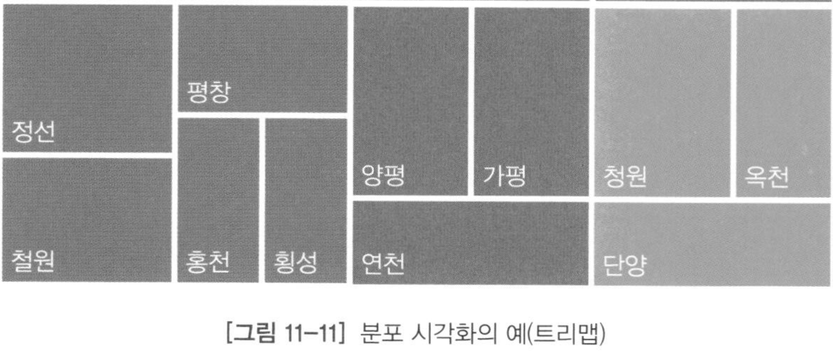

지역별 판매 현황

강원도
경기도
충청북도
평창
정선
양평
가평
청원
옥천
철원
홍천
횡성
연천
단양

[그림 11-11] 분포 시각화의 예(트리맵)

나타내며, 전부 합치면 1 또는 100%가 되도록 한다. 분포 시각화를 위한 구체적인 도구로는 원 차트, 파이 차트, 도우넛 차트, 트리맵, 누적 연속 그래프 등을 사용할 수 있다.

◆ 관계 시각화: 수치의 변화를 통해 다른 수치의 변화를 예측하려는 모습을 표현한다. x축과 y축의 상관관계가 대표적인 예다. 관계 시각화를 위한 구체적인 도구로는 2차원 그래프, 스캐터 플롯, 히스토그램, 버블 차트 등을 사용할 수 있다.

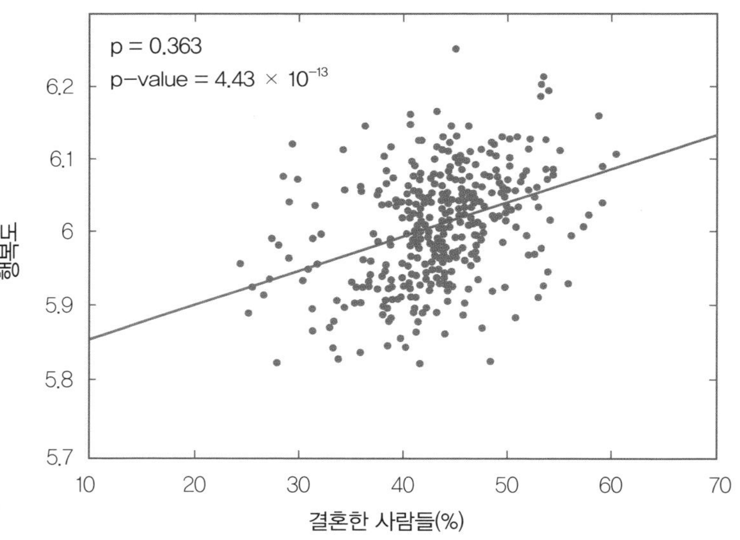

[그림 11-12] 관계 시각화의 예(스캐터 플롯)

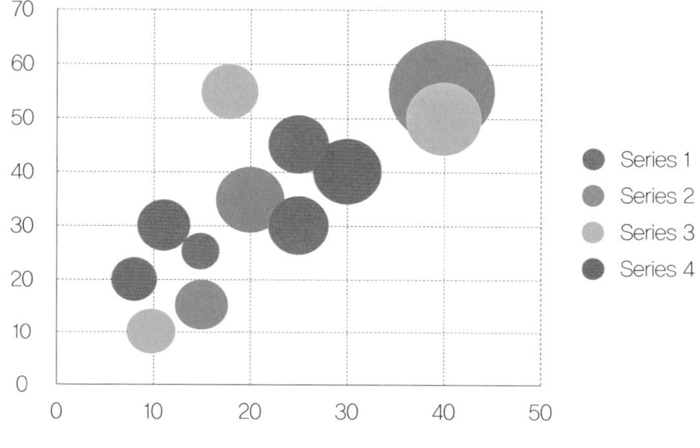

[그림 11-13] 관계 시각화의 예(버블 차트)

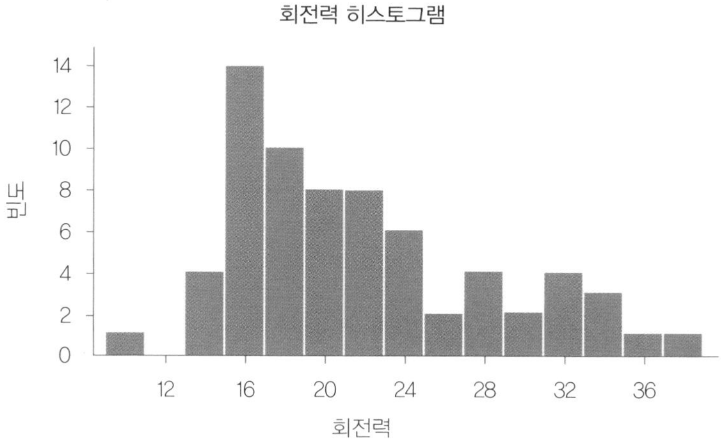

[그림 11-14] 관계 시각화의 예(히스토그램)

◆ 비교 시각화: 여러 개의 변수를 다룰 때는 시작점을 찾는 것이 중요하다. 모든 데이터를 한 번에 훑어보고 흥미로운 점을 짚으며 다른 점을 찾아가는 과정을 도와준다. 비교 시각화를 위한 구체적인 도구로는 히트맵, 체르노프 페이스, 레이더 차트, 스타 차트, 평행 좌표계, 다차원 척도법 등을 사용할 수 있다.

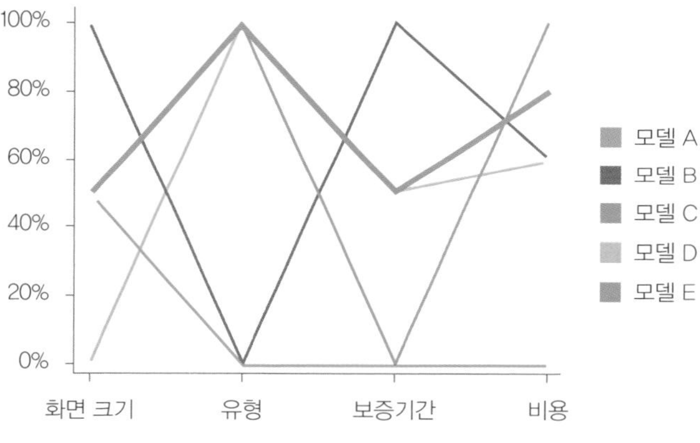

[그림 11-15] 비교 시각화의 예(평행 좌표계)

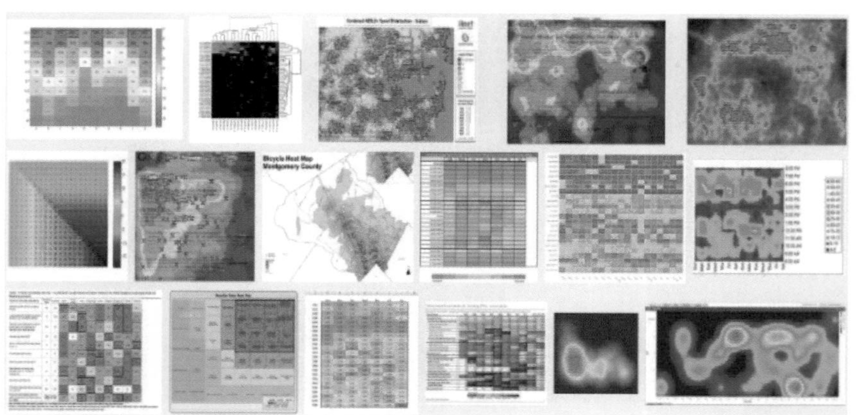

[그림 11-16] 비교 시각화의 예(여러 형태의 히트맵)

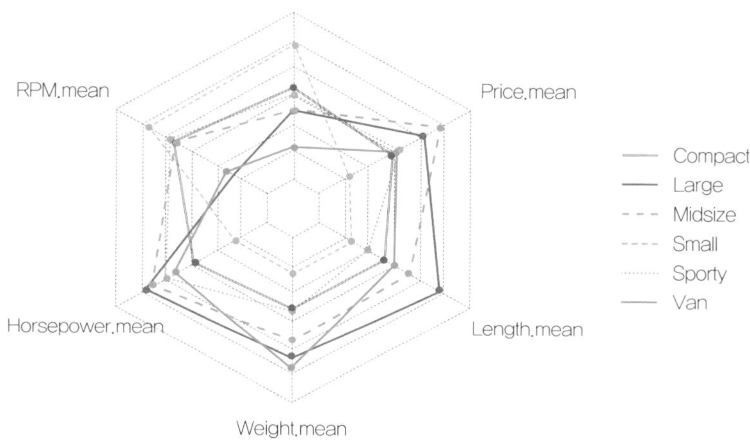

[그림 11-17] 비교 시각화의 예(레이더 차트)

◆ 공간 시각화: 지도를 이용하는 방법으로 한 지도의 위치와 다른 위치를 비교할 때 주로 사용한다. 공간 시각화를 위한 구체적인 도구로는 코로플레스 지도처럼 지도 매핑 등을 사용할 수 있다.

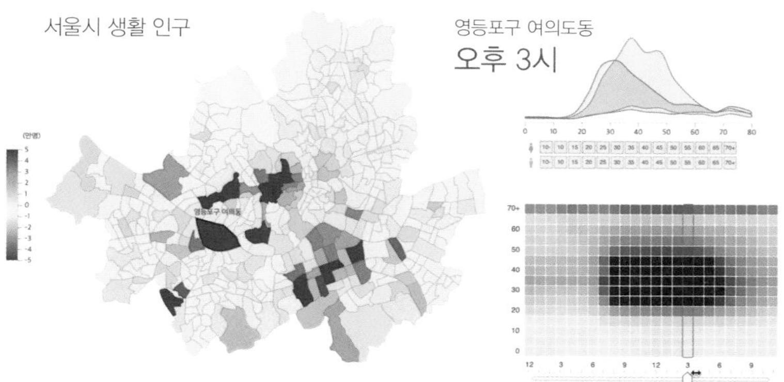

[그림 11-18] 공간 시각화의 예(코로플레스 지도)

◆ 인포그래픽스: information과 graphics의 합성어로서 위키백과에 따르면, 정보를 빠르고 분명하게 표현하기 위해 정보, 자료, 지식을 그래픽 시각적으로 표현한 것이다. 구체적인 도구

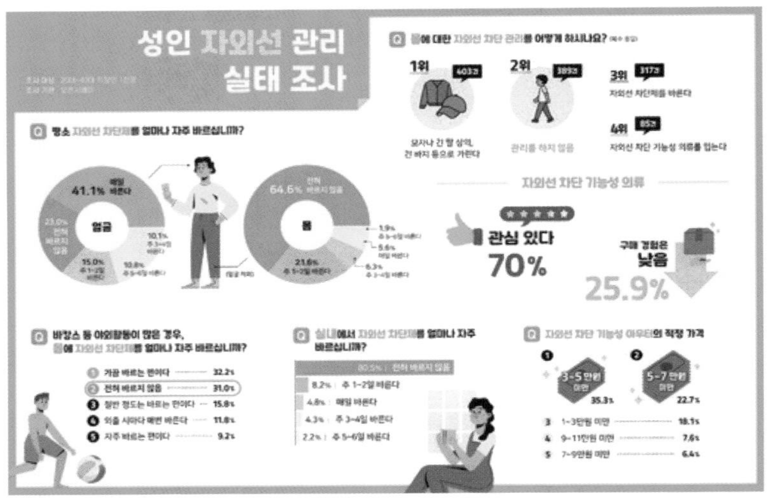

[그림 11-19] 인포그래픽스의 예

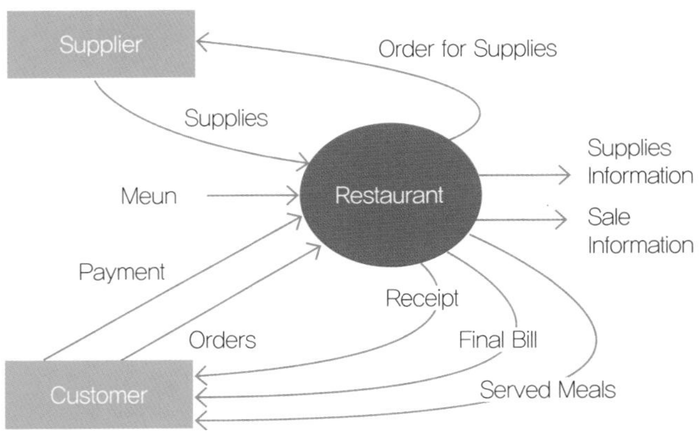

[그림 11-20] 인포그래픽스의 예(흐름도/다이어그램)

로 차트, 지도, 로고, 흐름도, 다이어그램, 일러스트 등을 사용할 수 있다.

데이터 분석에 활용되는 여러 소프트웨어, 예컨대 Excel, SPSS, SAS, NodeXL, NetMiner, R, Python 등은 자체로 시각화 기능을 내재적으로 갖추고 있다. 하지만 어느 한 소프트웨어가 다양한 시각화 방법 모두를 표현할 수 있는 기능을 갖고 있는 것은 아니다. 각 소프트웨어가 수행할 수 있는 분석기능의 범위 내에서만 결과를 시각적으로 표현할 수 있을 뿐이다. 다양한 시각적 표현을 위해서는 시각화 기능이 특화된 전문 소프트웨어를 사용할 수 있다.

보고서 작성

데이터 사이언스 프로세스의 마지막 단계에서 보고서를 작성하게 된다. 분석 모델의 의미, 결과치, 해석하는 방법, 적용방법 등이 보고서에 들어간다. 이때 가장 중요한 핵심은 데이터 분석 프로젝트를 의뢰한 고객이나 CEO의 입장에서 결과를 기술하는 것이다. 이는 보고서의 내용을 쉽게 이해시키기 위해서다. 이를 위해 앞서 기술한 데이터 분석의 시각화, 데이터 분석 결과의 시각화가 활용된다. 경우에 따라서 고객이나 CEO는 제출된 보고서를 읽고 난 후 혹은 보고서를 읽기도 전에 분석 결과를 현장에서 시연 혹은 시뮬레이션을 요구할 때도 있을 것이다.

그러나 시각화에 대해 주의할 사항이 있다. 분석의 결과를 아름

답게, 화려하게 시각화하여 표현하는 것이 능사가 아니다. 시각화에 지나치게 중점을 두려는 시도는 데이터 사이언스의 본말을 전도하는 것이다. 가장 멋지고 아름다운 데이터 시각화를 위해 데이터 사이언스 프로젝트를 출범시킨 것이 아니기 때문이다. 데이터 사이언스의 결과를 보고할 때 시각화를 통해 디자인적 요소와 미적 요소로 치장하는 일이 나쁘다는 것이 아니다. 다만, 어디까지나 분석의 결과가 보여 주어야 하는 것을 가장 잘 포착할 수 있는 방법으로서 시각화해야 한다는 것이다. 청중이, 의사결정자가 분석 결과를 이해하기 위한, 그럼으로써 이들이 올바른 의사결정을 할 수 있도록 돕기 위한 시각화 말이다. 바르게 사용한다면 시각화는 이러한 목적 달성에 기여한다. 이것이 데이터 사이언티스트가 취하는 설득의 기술이다.

PART III
데이터 사이언스의 전망

D A T A   S C I E N C E

CHAPTER 12

긍정적 전망

빅데이터와 데이터 사이언스는 긍정적 전망이 매우 우세한 분야다. 경제적으로는 새로운 서비스와 재화를 창출할 가능성이 풍부하고, 사회적으로는 바람직한 변화의 바람을 불러일으키는 분야이기 때문이다. 여기에 정부와 사회가 후원자 역할을 자처한다. 관련 종사자의 인기가 지속되고 있으며, 대학과 같은 고등교육기관이 이에 화답하여 인재 양성 프로그램을 가동하고 있거나 준비 중에 있다. 허나, 아무리 값진 구슬이라도 꿰어야 보배이듯이 데이터 사이언스 역시 실제 현장에서 실천되어야 보배다운 진면목을 보여줄 수 있다. 엄청난 데이터의 생산이 시시각각 이루어지고 있는 상황에서 이미 데이터 사이언스의 가치는 충분히 이해된 상태다. 이제 남은 과제는 많은 연구와 프로젝트의 실천 사례가 경험으로 축적되는 일이다. 축적된 경험이 환류(feedback)를 통해 과거의 실수와 잘못을 수정하는 기회로 활용된다면 바람직한 선순환의 관계에 들어서는 것이다. 이 장에서는 긍정적 전망의 이유를 좀 더 살펴보려 한다.

위기와 기회

서문에서 기술했듯이, 2016년은 인간과 인류에게 충격적인 한 해였다. 적어도 필자에게는 충격 그 자체였다. 인간 바둑기사 이세돌이 인공지능 바둑 프로그램 알파고를 일방적으로 이길 것으로 믿어 의심치 않았다. 안타깝게도 인공지능의 4:1 완승, 모든 대국을 인터넷으로 시청하면서 졌다는 사실에 한동안 넋을 잃고 있었다. 울고 싶었다. 사실 눈물이 맺히기도 했다.

이 사건은 1997년 슈퍼컴퓨터 딥블루가 체스에서 인간 챔피언 개리 카스파로프에게 승리한 사건보다 더 큰 파장을 일으켰다. 인공지능이 단순히 경우의 수, 확률의 계산을 빠르고 정확히 한다는 관념은 짧은 소견임이 밝혀진 것이다. 인공지능은 더 이상 단순 무식의 짱짱한, 속도만 빠른 계산 기계가 아니었다. 대신에 '인공지능'이란 이름처럼 인간의 학습을 모방한다. 알파고가 사용했다고 하는 몬테카를로 트리 탐색(MCTS)의 알고리즘은 지도학습과 강화학습을 통해 인간의 학습과 결정을 모델링한 것이다. 이세돌과의 바둑대국에서 알파고는 마치 인간처럼 바둑을 두었다는 뜻이다.

일단 충격적 사건이 터지고 나면 사회는 그 사건 이전으로 절대 돌아갈 수 없다. 알파고 사건은 미래 사회의 변화에 대한 관심을 폭발적으로 늘려 놓았다. 그리고 늘어난 관심은 4차 산업혁명으로 쏠

리면서 구체화되고 있다. 여기서 다시 1장에서 기술한 4차 산업혁명의 ABCD를 논할 이유가 없고, 빅데이터와 데이터 사이언스가 어째서 인문사회 학도들에게 필요한지 재론할 마음도 없다. 다만, 4차 산업혁명의 많은 기술이 데이터 기반 기술이며, 선진국 사이에서 이미 데이터 산업 경쟁이 들불처럼 번지기 시작했다는 점만 언급하겠다. 우리나라도 여기에 뛰어들어 여러 분야에서 경쟁을 벌이고 있는 중이다. 자연과학 전공자뿐만 아니라 인문사회과학 전공자도 더 이상 수동적으로 넋놓고 있다가 이 들불에 희생되지 않고 능동적으로 보다 현명하게 대처하면 좋겠다.

새로운 변화가 반드시 모든 분야에서 장밋빛으로 물드는 것은 아니다. 예컨대, 고용과 직업 시장에서 일자리 감소는 충격적인 변화가 될 것으로 예측된다. 비록 새로운 일자리가 생긴다고는 해도 그것은 기존과는 다른 전문 지식과 역량을 갖춘 일자리다. 따라서 직업을 찾는 사람에게는 배워야 할 것이 늘고, 현재 직업을 갖고 있는 사람에게도 현직을 유지하기 위한 전문 지식과 역량의 확충 노력은 필수다. 어떤 경우에도 쉽게 얻어지거나 유지될 수 없는 커다란 '위기'가 될 것이다.

그러나 위기(危機)는 기회(機會)를 포함하고 있기 마련이다. 위기라는 말이 위험(危險)의 '위'와 기회의 '기'를 합쳐 놓은[1)] 두음문자로 보이는 것으로도 그렇고, 역사적 여러 사례를 보아도 그렇다. 이와 관련된 중국의 고사를 하나 소개한다. 거안사위(居安思危) 사즉유비(思則有備) 유비무환(有備無患). 춘추전국시대 진(晉)나라의 충신이며 장군인 위강이 전쟁에서 큰 승리를 거두자 왕이 그에게 많은 하사품을 내려 치하하려고 할 때, 왕에게 아뢰었다는 말이다. 줄여서 거안사위라고 한다. 풀이하면 이렇다. 편안하면 위험을 생각하고, 그렇게 생각하여 준비하면 화를 면할 수 있다, 안거위사(安居危思)라고 해도 같은 뜻이다.[2] 1998년 IMF 외환위기 때 우리나라는 기업과 노동의 경직 구조라는 위기를 국민의 단합된 힘으로 극복하면서 재도약의 기회로 일구었다. 일제 강점기 강제노역 피해자 배상에 일본 기업의 책임을 인정한 2018년 우리나라 대법원의 판결에 대해 이를 1965년 한국과 일본이 협정한 한일청구권협정 위반이라고 항의하면서 2019년 일본은 우리나라에 IT 산업 필수 소재의 수출을 규제하는 조치를 시행했다. 이때 우리의 위기는 IT 산업 필수 소재의 높은 일본 기업 의존율이었는데, 지금 이 위기를 필수 소재의 국산화 달성이나 수입 다변화라는 기회로 삼아 슬기롭게 극복하는 중이다. 중국 우한에서 시작된 코로나바이러스 사태라는 바이러스 재난 위기가 현재 우리나라 전국을 강타하고 있다. 비록 당장 이 위기가 우리를 경제적이든 심리적이든 어렵게 하고 있지만 이 위기를 잘 활용하면, 전 세계 어느 나라보다 우수한 전염병 유행을 잠재우는 방역 및 의료 체제라는 기회를 획득할 것이다. 이미 이 사태를 잘 활용하는 데이터 사이언스 적용 사례가 등장하고 있다. 4장에서 소개했던 코로나바이러스 확진자가 지나간 지역을 나타내는 디지털 지도다. 정부가 발표하는 확진자의 이동 동선을 위치 기반 서비스를 이용하여 지도에 표기한 것이다.

이 사례에서 보듯이 위기의 순간을 슬기롭게 대처한다면 과거보다 더 나은 기회를 갖게 된다. 데이터 사이언스 분야가 바로 그러하다. 데이터 사이언스는 사회와 경제에 변혁을 불러올 4차 산업혁명의 당당한 한 축을 배경으로 태어났다. 따끈한 신생 분야라는 뜻이며 블루오션이라는 뜻이다. 특히 통계학과 컴퓨터 과학의 융합 이후 응용 분야인 의학, 공학, 유전학, 경영학, 경제학, 사회학, 교육학 등 다양한 분야의 지식과 연결되면서 지식을 창출하는 융합 학문으로 대두되었다. 산업시대의 자원인 석유처럼 데이터가 핵심 자원이 된 것이다. 따라서 현재 데이터 사이언스가 절실히 요구되는 분야나 전공이 지속적으로 증가하고 있다. 이로써 더 많은 데이터 사이언티스트가 필요하게 된다. 게다가 데이터 사이언스는 자연과학도와 인문사회과학도의 협업이 요청되는 자연과학과 인문사회과학의 융복합 분야다. 4차 산업혁명을 이루는 세 가지 대표적 영역이 자연과학에 치우치는 반면에 데이터 사이언스는 인문사회과학도가 입문하여 작업하는 것에 문턱이 매우 낮은 셈이다. 분야를 막론하고 문호가 활짝 열려 있는 것이다.

데이터 3법

데이터의 중요성은 학계나 산업계만이 깨닫고 있는 것은 아니다. 정치를 하는 국회의원이나 정부 행정 부처의 사람들, 법조인도 알고 있다. 데이터 분석과 관련한 신산업 육성이 국가적 과제이며, 이를 위한 법률적 차원의 뒷받침이 요구된다는 것도 알 만한 사람들은 진즉 다 알고 있었다. 법률적 차원의 뒷받침이란 데이터 이용에 대한 법적 규제를 풀어 주어야 한다는 뜻이다. 그간 축적된 풍부한 데이터를 학문적 · 산업적으로 이용하려면 넘어야 할 규제들이 많았다. 따라서 사회적 규범과 합법적 틀 안에서 데이터를 이용할 수 있도록 만들어야 했다. 규제의 혁신은 우리나라만이 아니라 국제적 흐름이기도 하다.

2020년 1월 9일, 마침내 국회 본회의를 통과했다. 데이터 규제 3법이니, 데이터 경제 3법이니, 또는 그냥 데이터 3법이니 하는 말로 불리는, 데이터 이용을 활성화할 수 있도록 법률적 차원에서 규제를 풀어 주는 법안이 국회 문턱을 넘어선 것이다. 통칭해서 데이터 3법이라고 하는 법률은 다음과 같이 세 개로 구성되어 있다.

◆「개인정보 보호법」
◆「정보통신망 이용촉진 및 정보보호 등에 관한 법률」(약칭「정보통신망법」)
◆「신용정보의 이용 및 보호에 관한 법률」(약칭「신용정보법」)

'마침내'라고 표현한 이유는 이 법안이 국회에 발의된 날짜가 2018년 11월 15일이고, 정부의 행정안전부, 방송통신위원회, 금융위원회가 관계부처합동으로 내놓은 보도자료 발표일이 2018년 11월 22일이니까 법안 국회 발의와 통과까지 꽉 채워 1년이 넘게 걸렸기 때문이다.[3] 다들 사회 규범과 합법적 테두리 안에서 데이터를 이용해서 신산업을 육성하는 것이 중요하다는 것을 인지하고 있으면서도 법안의 통과가 늦어진 것이다.

왜 법률안 통과가 오래 걸렸을까? 관계부처합동 보도자료에 따르면, 법안 내용의 핵심적인 사항은 다음과 같이 네 개로 집약할 수 있다.[4] 그러나 읽어 보면 알겠지만 핵심적 내용은 단 하나로 수렴한다. 개인정보 보호다.

- ◆ 데이터 이용 활성화를 위한 가명정보 개념 도입
- ◆ 관련 법률의 유사 · 중복 규정을 정비하고 추진 체계를 일원화하는 등의 개인정보 보호 거버넌스 체계의 효율화 구축
- ◆ 데이터 활용에 따른 개인정보 처리자의 책임 강화
- ◆ 모호한 '개인정보' 판단 기준의 명확화

이유 여하를 막론하고 어떤 일이 있어도 개인정보 누출은 막아야 한다는 신념을 갖고 있는 것 같다. 하여, 데이터 3법이 제안하고 있는 가명정보, 익명정보를 사용해야 하고, 개인정보를 누출하면 법적인 제재를 받는다는 조건을 달아도 누군가가 마음만 먹으면 개인정보는 누출될 수 있으므로, 또 단 0.1%의 누출 가능성이라도 누출은 누출이므로 개인정보 사용은 어떻게든 막아야 한다는 여론이 형성되어 있는 것 같다. 개인정보 보호가 마치 지고지선(至高至

〈표 12-1〉 개인정보, 가명정보, 익명정보[5)]

구분	개념	활용 가능 범위
개인정보	특정 개인에 관한 정보, 개인을 알아볼 수 있게 하는 정보	사전적이고 구체적인 동의를 받은 범위 내에서 활용 가능
가명정보	추가 정보의 사용 없이는 특정 개인을 알아볼 수 없게 조치한 정보	다음 목적에 동의 없이 활용 가능 ① 통계 작성(상업적 목적 포함) ② 연구(산업적 목적 포함) ③ 공익적 기록 보전 목적 등
익명정보	더 이상 개인을 알아볼 수 없게 (복원 불가능할 정도로) 조치한 정보	개인정보가 아니기 때문에 제한 없이 자유롭게 활용

善)처럼 되어 버린 듯한 느낌이다. 이런 이유 때문에 데이터 이용의 중요성을 누구도 부정하지 못하면서도 데이터 이용을 위한 규제를 혁신하고자 하는 데이터 3법이 국회에서 통과되지 못하고 오랫동안 계류되어 있었다고 말하면 지나친 과장일까?

참고로 데이터 3법의 하나인 「신용정보법」에 따른 개인정보, 가명정보, 익명정보에 대한 개념과 범위를 〈표 12-1〉에서 제시한다.

데이터 3법의 국회 통과를 가장 반긴 정부 부처가 있다면 아마도 과학기술정보통신부일 것이다. 그동안 구축한 데이터 인프라를 기반으로 양질의 데이터를 개방하고, 데이터 활용을 확대하여 데이터 경제 활성화를 추진하겠다는 포부를 밝혔다. 구체적으로 금융 플랫폼, 통신 플랫폼과 같은 열 개 분야의 빅데이터 플랫폼 1,400여 종의 데이터를 전면 개방하고 유통하여 다양한 서비스를 발굴하겠다는 것이다. 또한 마이데이터(MyData) 사업은 공공 · 금융 분야에서 다양한 서비스를 시작하려고 한다. 마이데이터 사업이란 정보 주체가 기업, 기관으로부터 자기 정보를 직접 내려받거나, 타 기관 등으로 이동을 요청하여 개인의 정보를 활용하는 사업을 말한다. 데이터 3법 통과를 계기로 정부는 데이터 분야 스타트업을 발굴 및 육성하고 데이터 사업에 특화된 컨설팅과 투자 유치 등 실질적 지원을 확대할 계획이다.[6]

데이터 3법은 최근 정부가 추진하고 있는 한국형 뉴딜정책의 핵심 법안이기도 하다. 대통령 직속 4차산업혁명위원회가 실시한 설문에서도 잘 드러난다. 국민의 79.9%가 일상생활에서 빅데이터 기반의 서비스를 경험하고, 이들 중 91.4%는 이 서비스가 생활에 유용하다고 답했다. 데이터 관련 시장의 규모도 덩달아 매우 크게 성장할 것으로 기대된다.[7] 이제 데이터 3법은 정부가 추진하는 4차 산업혁명의 선두에 서서 가로등처럼 어두운 길을 훤히 밝힐 준비를 하고 있다. 데이터 이용에 관한 정부의 정책 슬로건은 '데이터를 가장 안전하게 잘 쓰는 나라' '데이터 고속도로 구축'이다.[8] 정부 부처와 학계, 산업계 모두 고속도로에서 빠르고 안전하게 목적지로 달려가길 바란다. 이때 정부는 안전하고 빠른 고속도로 운전을 가능하게 해 주는 교통표지판과 이정표의 역할을 하면서 종종 고속도로를 정비해야 한다. 학계와 산업계가 데이터 사이언스라는 자동차를 운전하며 고속도로를 질주할 수 있도록. 많은 젊은이가 이 고속도로 위를 마음껏 질주할 때 사회는 변혁될 것이다.

🔒 데이터 가치의 확장과 확대

가치와 활용성을 몰랐을 때 석탄은 그렇게 단단하지 못해서 잘 부서지고 손이나 옷에 잘 묻어나는 더러운 암석이었다. 비록 자주 발견되지는 않았지만 석유는 먹을 수도 없고, 냄새도 나고, 묻으면 지우기 매우 힘든 끈적거리는 액체였을 뿐이다. 언제 어떻게 그것을 활용하는 방법을 알았을 때 그것은 매우 높은 가치를 지닌 자원이 되었다. 데이터도 마찬가지로 그 가치를 모르고 활용하지 않으면 자원이 아닌 자료일 뿐이다.

최근 데이터를 자료가 아닌 자원으로 보기 시작하면서 데이터의 가치가 확장 및 확대되고 있다(4장 참조). 사실을 말하면 데이터 가치의 확장과 확대가 어디까지 다다를지 가늠할 수 없다. 데이터가 지속적으로 축적되면서 동일한 데이터를 다시 사용한다. 나와 관련한 데이터는 나를 위한 맞춤형 서비스를 위해 사용하기도 하지만 다른 사람을 위한 서비스를 개발하기 위해서도 사용된다. 또 데이터 사이의 연결은 새로운 서비스를 개발하기도 하고 기존의 방법으로는 해결할 수 없었던 문제를 해결한다. 예컨대, 휴대폰의 전자파가 뇌종양을 일으킨다, 혹은 건강에 해롭다는 주장이 제기되었던 적이 있었다. 그래서 한때 머리 곁에 휴대폰을 두고 잠들지 말라고, 가슴 안쪽 주머니에 휴대폰을 넣고 다니지 말라고, 휴대폰을 목걸이처럼 매달고 다니지 말라고 한 적이 있었다. 휴대폰을 보유한 사람의 데이터와 종양이 발생한 사람의 데이터를 연결한 후 빅데이터 분석을 통해서 휴대폰의 전자파와 뇌종양 발생은 서로 관계가 없다는 것이 밝혀졌다.[9)] 그런데 지금도 잘 때 휴대폰을 머리에서 멀리 두는 사람이 있을지도 모르겠다. 교통 상황의 데이터를 수집하기 위해 설치한 카메라는 범죄 예방을 위한 데이터 수집에도 사용할 수 있다. 교통사고가 발생했을 때 시시비비를 가릴 중요한 자료로 사용하는 자동차 블랙박스 영상이 주변에서 발생한 범죄의 범죄자를 검거할 자료로 사용되기도 하고, 건물에 부착된 CCTV처럼 범죄를 예방하는 효과도 발휘한다.

아마존이나 알라딘처럼 인터넷 서점에서 제공하는 '이 책을 구매한 고객이 구매한 다른 책은…….'이나 '이 상품을 구입하신 분들이 다음 상품도 구입하셨습니다.'와 같은 문구는 'X를 산 사람은 Y도 산다'는 함수관계를 이용하여 구매 행위의 유형을 감지해 내지 않으면 불가능한 서비스다. 즉, 책을 구입한 사람의 취향을 파악하고 그 취향에 부합하는 상품을 뽑아내어 추천하는 것이다. 데이터 연결의 가치가 사람의 취향을 파악하는 수준에 이르렀다. 이제 개인은 자신의 취향과 관심사가 자기 혼자만의 독립적인 것이 아니라 다른 사람도 함께 공유하는 네트워크나 집단이란 것을 깨닫는다. 그리하여 개인은 자신의 취향과 관심을 다른 사람이 구매한 책이나 물건을 따라 움직이며 지속적으로 강화할 수 있게 된다. 한편, 이런 데이터와 정보를 소유한 기업은 고객 맞춤형 광고 서비스를 광고의 목표 집단에게 제공하며 다가가는 것이 가능해진다. 기존의 광고는 불특정 다수인 잠재 고객에게 광고의 내용이 분산되어 전달되는 단점이 있었다. TV 광고는 잠재 고객을 연령, 성별, 집단 등으로 나누어 취향과 관심사를 맞춤별로 전달할 수 없다. 물론 방송 시간대(예: 아침, 낮, 밤, 심야)와 방송 채널(예: 뉴스, 낚시, 바둑)에 따라 광고 내용이 달라지지만 대상은 여전히 불특정 다수다. 그 채널을 시청하는 사람은 그가 누가 되었든 광고에 노출된다. 비유적으로 표현하면 숲속에 있는 잘 보이지 않는 표적에 수십, 수백 발의 총을 마구 쏘아 대는 것이며, 우연히 어느 한 발이라도 맞히면 성공이다. 하지만 고객 맞춤형 광고는 전달하고자 하는 내용을 정확히 특정 검색어와 연동하는 것이 가능하다. 누군가 특정 검색어를 검색하면 검색어와 밀접한 광고를 내보내는 것이다. 비유적으로 표현하면 숲속으로 마구 쏘아 대는 것이 아니라 한 발 한 발 표적을 맞추는 것이다.[10)]

페이스북과 링크드인의 성공은 사람들 사이의 연결에 있다. 기업은 사람들의 정보를 데이터로 취급하므로 사람들 사이의 관계는 데이터의 연결이다. '당신이 알 수 있는 사람들(People You May Know)'이나 '…가 당신을 기다리고 있습니다.'와 같은 서비스의 성공은 '철수와 영희가 모두 길동을 알고 있다면 철수와 영희는 아마도 서로 알고 있을 것이다. 따라서 철수와 영희를 서로 소개해 주자.'라는 데이터끼리의 삼각 연결의 관계가 성공한 케이스다. 데이터의 연결이 핵심인 것이다.[11] 비록 지금은 서비스 폐쇄를 앞둔 싸이월드이지만 당시 일촌 맺기, 즉 데이터 연결이 크게 성공했다는 것은 변함없는 사실이다. 실패한 기업은 데이터 연결의 중요성을 간과했고, 성공한 기업은 데이터 연결의 중요성을 간파했다. 앞으로 실패하는 기업이 있다면, 데이터의 가치를 정확히 인식하지 못한 것도 하나의 이유일 것이다.

이처럼 생성하고 저장하는 디지털 기록인 데이터는 살아가는 과정에서 생겨난 단순한 부산물이 아니다. 디지털화된 개인, 활동과 행위, 역사적인 기록은 데이터로서의 가치가 매우 크다. 이에 더하여 데이터의 연결은 그 가치를 환산하기 불가능할 정도다. 데이터 사이언스의 안내에 따라 거대한 기회의 창이 열린다. 따라서 한계의 범위가 어디가 될지 모르는 데이터 가치의 확장과 확대가 의미하는 바는 창발 기회다. 기업이나 조직에게 그것은 새로운 산업과 서비스의 창발 기회이며, 개인에게 그것은 스마트한 새로운 삶의 창발 기회다.

창의적 문제해결

창의성과 관련하여 몇 개의 문제를 내니 이를 풀어 보기 바란다. 첫 번째 문제다. 학교에서 우등생인 톰과 개구쟁이 제리가 숲에서

허기에 지친 곰에게 쫓기고 있다. 톰은 빠른 머리 회전으로 계산해 보니 아무리 빨리 달려도 곰보다 더 빨리 달릴 수 없다는 것을 알아차린다. 그래서 도망가기를 포기한다. 그런데 바로 옆 제리는 신발 끈을 다시 묶는 것이 아닌가. 톰은 그 모습이 답답하여 어이없는 표정으로 말한다. "제리, 다 소용없어. 아무리 그래 봐야 곰이 너보다 빨라." 이때 제리는 뭐라고 말했을까?

두 번째 문제다. 조미료 제조 회사의 회의실이다. 안건은 조미료 판매가 저조한데 이를 해결할 방안을 찾고자 하는 것이다. 조미료의 맛은 소비자에게 호평을 받을 정도로 아무런 문제가 없다. 조미료 소비를 늘릴 수 있는 방안은 무엇일까?

세 번째 문제다. 종을 일정한 높이 이상으로 매달아야 한다. 그래야 종을 쳐서 그 소리를 들을 수 있다. 그러나 많은 사람이 들기조차 너무 무겁다. 도르래를 이용할까, 기중기를 가져와야 할까 하는 고민에 빠져 있지만 이건 좋은 해결안이 아니다. 어떻게 매달 수 있을까?

마지막 문제다. 고층 아파트 주민들 사이에서 매일 이용하는 엘리베이터가 너무 느리다는 비판이 제기되었다. 특히 사람들이 몰리는 아침 출근 시간대는 느린 엘리베이터 때문에 불만이 많다. 그렇다고 비싼 비용을 감수하면서까지 속도가 빠른 엘리베이터를 다시 설치할 수 있는 상황도 아니다. 어떻게 비판을 잠재울 수 있을까?

첫 번째 문제는 어디선가 들어봄직한 고전적인 문제다. 제리의 답은 이렇다. "너보다만 빨리 달리면 돼." 곰이 두 명을 다 잡지는 않을 것이기 때문이다. 이런 답에 혼자 살겠다고 친구를 버리면 되느니 마느니, 이런 의리 없는 친구는 없느니만 못하다느니 하는 사람은 십중팔구 답을 맞히지 못했거나 창의성과 관련된 이 문제에 내포된 의미를 이해하지 못한 것이다. 두 번째 문제에서 제시된 해결 방안은 조미료 통에 구멍을 몇 개 더 뚫는 것이었다. 조미료를 뿌릴 때 뚫린 구멍으로 빠져나가는 조미료 양이 더 많도록 한 것이다. 이 문제는 실제로 있었던 것으로, 소비가 더 많아서 판매량이 늘었다고 한다. 유사하게 치약 소비를 촉진시키기 위해 치약통 입구의 직경을 더 크게 했다는 사례도 존재한다. 세 번째 문제는 매달기 위해 무거운 종을 들어 올린다는 생각을 버리면 의외로 간단히 해결된다. 땅에 종을 놓아 둔 채로 모든 공사를 다 한 후에 종 아래의 땅을 파내는 것이다. 마지막 문제는 느리다는 비판을 해결하기 위해 속도를 어떻게 올릴까를 고민해서는 답을 찾기가 쉽지 않다. 사람들이 많이 붐비는 시각은 주로 출근 시간대이고, 급하게 나오다 보면 옷이며 머리를 제대로 단정히 정리하지 못한 채로 집을 나서는 경우가 많다. 또 옷과 머리를 매만지고 나왔어도 다시 확인하고 싶어 한다. 그러므로 이에 대한 대안은 속도를 올리는 대신에 엘리베이터 안에 거울을 붙여 놓는 것이다. 사람들은 거울을 보면서 외모를 가다듬느라 속도가 느리다는 생각은 하지 못한다.

만일 이 문제들을 기존의 틀에서 해결하려고 했다면 성공적인 해결안을 거둘 수 있었을까? 기존의 틀이란 주어진 조건 내에서 행해왔던 방식, 익숙한 형식을 말한다. 곰에서 벗어나기 위해 곰보다 더 빨리 달릴 궁리를 하고, 판매량을 늘리기 위해 광고를 어떻게 할까를 고민하고, 매달아야 하므로 들어 올릴 생각을 하고, 느린 것이 문제이니 더 빠르게 할 방법을 염두에 두는 것이다. 기존의 틀에 의해 익숙해져 있는 방식은 기존에 발생했던 문제와 유사한 경우에는 유용하다. 물론 이렇게 기존 틀 내에서 해결하는 것이 나쁘다고 말하는 것은 절대 아니다. 문제에 직면했을 때 가장 중요한 것은 마련한 해결안이 문제해결에 잘 작동하느냐 마느냐이기 때문이다. 그 해결안이 창의적이냐 혁신적인 것이냐는 부차적인 고려 사항이다. 그래서 콜레라, 장티푸스, 코로나바이러스가 일으키는 병이 문제라면 해결책은 치료하여 낫게 하면 되는 것이고, 내연 기관의 자동차가 내뿜는 매연이 공기와 대기를 오염시키는 것이 문제라면 해결책은 매연 저감 장치를 장착하여 매연을 적게 내뿜도록 하면 되는 것이다. 이런 방법이 문제해결에 잘 작동하면 상황은 종료다.

하지만 지금 발생하는 문제가 항상 과거의 문제와 유사한 것도 아니며 과거의 해결안이 지금 상황에서 반드시 유용한 것도 아니다. 문제의 맥락이나 조건이 다른 새로운 문제는 언제나 발생하기 때문이며, 그럴수록 그 해결안도 기존의 것과 달라야 한다. 과감히 기존의 틀에서 벗어나는 것이다. 그렇지 않았다면 진보와 발전은 이루어지지 못했을 것이다. 인류 역사는 언제나 끝없이 새롭게 발생하는 문제를 새롭게 해결하면서 발전해 왔기 때문이다. 때로는 문제해결 성공의 조건을 바꾸기도 한다. 게임의 규칙을 바꾸는 것이다. 그래서 병에 걸린 사람을 치료하는 것보다는 건강한 사람이 병에 걸리지 않도록 예방 백신을 맞도록 하는 것이, 매연 저감 장치를 장착한 차보다는 아예 매연이 배출되지 않는 전기차나 수소차가 더 나은 해결안이 된다. 이로써 인류 발전을 한걸음 전진시킨다.

창의적으로 문제를 해결하는 방안은 앞으로 직면하게 될 많은 문제의 해결에 요구된다. 이 책 4장에서 언급한 존 스노우, 나이팅게일이 제시한 해결안도 새로운 방식에서 발견해 낸 창의적인 것들이다. 빅데이터와 데이터 사이언스가 기대되는 이유도 마찬가지다. 빅데이터 분석을 통해 기존에 연구하던 방법과는 다른 새로운 방식의 접근이 가능하며, 데이터 사이언스를 통해 새로운 방식의 접근이 타당하고 신뢰할 수 있다는 점을 이해하기 때문이다.

미래 과제

10분이든 10시간이든 24시간 전부이든 우리는 매일 인터넷에 접속한다. 대표적인 몇 가지만 나열해 보자. 인터넷에서 신문을 본다. 관심과 흥미를 느끼는 정보를 검색한다. 친구나 동료에게 이메일을 보내고 내게 이메일이 왔는지 체크한다. 점심 식사 메뉴를 고르고 주문을 한다. 쇼핑몰에서 여러 가지 물건을 산다. 나의 SNS 계정이나 친구의 계정에서 사진을 업로드하거나 내려받기를 한다. 누군가의 글에 답글을 단다. 유용한 정보를 얻었을 때는 좋아요, 별풍선을 보낸다. 카카오톡과 같은 서비스를 이용하여 실시간으로 대화를 한다. 스마트폰 내비게이션으로 위치를 찾는다. 이 모든 행위가 데이터로 기록되어 저장된다. 심지어 눈에 띌 만한 아무런 일도 하지 않고 단지 스마트폰을 들고 이곳저곳을 다녀왔을 뿐인데 그것마저도 저장된다. 누군가의 개인적 삶 전체를 데이터로 기록하는 일은 SF 영화에 등장하는 공상의 일이 아니다.

내가 아침에 출근해서 직장에서 일하고 저녁에 퇴근한 후에 집으로 돌아온다고 하자. 퇴근 후 다른 곳 어디에도 들르지 않고 곧바로 집으로 돌아왔다. 과연 나의 외부로 노출된 삶이 어딘가의 기록으로 얼마나 남게 될까? 아파트의 엘리베이터 안에 설치된 CCTV, 아파트 단지 중간에 설치된 CCTV, 아파트 입구에 설치된 CCTV 등 내가 살고 있는 아파트 안에서만 적어도 세 번 이상 찍힌다. 지나다니는 거리에 설치된 CCTV는 얼마나 많은지 알 수조차 없다. 버스나 지하철역에서도 여러 대의 CCTV가 나를 찍어 대고, 버스에 오르고 내릴 때 찍는 요금 카드는 내가 어디서 타고 내리는지 기록한다. 지하철을 탈 때도 버스를 탈 때와 마찬가지다. 직장에 와서도 여러 대의 CCTV를 지나야 한다. 검색대와 같은 곳을 지나야 되는데, 그러면 내가 몇 시에 출근했는지, 퇴근했는지가 기록에 남게 된다. 일하는 중간중간에 거래처에 전화를 건 사실도 기록되고, 간식으로 피자를 시켜 먹었을 때 결제한 카드의 내역도 얼마를 언제 어디서 사용했는지 저장된다. 이처럼 나의 외부로 노출된 삶, 일거수일투족이 디지털 데이터로 기록된다.

우리는 이와 같은 디지털 기록과 디지털 데이터의 분석으로부터 많은 유익한 서비스를 받는다. 범죄를 예방하고, 범죄자를 빨리 검거해서 보다 안전해졌으며, 우리에게 맞는 다양한 맞춤형 서비스(예: 의료와 복지, 상품 정보와 구매)를 받게 되어 인간은 그 어느 시대보다 편리한 삶을 누리게 되었다. 편리한 삶을 마련하는 일은 정부와 사회뿐만이 아니다. 네이버나 다음과 같은 인터넷 포털 기업, 마케팅 회사나 카드사 등은 많은 소비자의 데이터와 정보를 토대로 새로운 서비스를 만들고, 대중과 많은 소비자는 편리하고 개선된 삶을 누리게 되었다.

이런 편리함과 개선된 삶 같은 데이터의 이점 뒤에는 어떤 단점이나 위험이 도사리고 있을까? 과거에는 무엇인가를 남기려면 애써 노력을 기울여야 했고, 기록되는 양도 아주 적었다. 그러나 지금은 앞에서 나열한 나의 인터넷 삶, 나의 출퇴근에서 보듯이 특별하게 손을 쓰지 않아도 모든 것이 그대로 기록되는 시대다. 애써 노력하지 않아도 기록되는 양도 풍부하다. 이제 데이터와 기록은 기술적 문제에서 도덕적 문제로 바뀌어 간다. 나의 모든 디지털 데이터는 어디에 있고, 누가 여기에 접근할 수 있으며, 그 권리는 어디에서 나올까? 사람들은 조지 오웰(George Orwell)의 소설 『1984』에 등장하는 빅브라더(Big Brother)의 출현을 우려한다. 현대의 데이터 시대에는 누가 이 빅브라더가 될 것인가? 아마도 답은 데이터에 접근할 수 있는 자(者)다. 그러면 빅브라더의 존재 위험 때문에 스마트폰이나 디지털 기술이 없었던 근대와 산업혁명 시기나 봉건시대 또는 석기시대로 돌아가고 싶은 사람이 있을까? 그럴 사람은 없을 것이기에 대답은 NO가 될 것이다. 편리함에 매우 종속되어 빅브라더의 존재조차 인지하기 어렵기 때문이다.

이런 문제점이 발견된다고 해서 끝없이 이어지는 디지털 데이터의 저장 행렬이 멈춰 서지는 않을 것이다. 오히려 관련 기술의 진보가 가속화되면서 더 많이, 더 빨리 데이터를 처리하게 될 것이다. 누군가는 이 데이터를 바탕으로 더 많은 통찰을 얻게 될 것이며, 새로운 창발적 특성을 보여 줄 것이다. 데이터 사이언스의 미래를 긍정적인 측면에서 바라본다면, 개인정보 유출이나 프라이버시 침해, 빅브라더의 위험을 이야기하는 것이 아니라 데이터 분석을 통한 더 많은 통찰과 새로운 창발에서 찾아야 한다. 또한 몇몇 소수가 데이터를 독점하던 것에서 벗어나 누구나 데이터에 접근할 수 있고, 데이터를 삶과 업무의 일부로 사용할 수 있는 데이터 사용의 민주화가 이루어져야 한다.

데이터 사용의 민주화는 데이터를 체계적으로 탐색하고 분석할 수 있느냐와 직결된다. 체계적이지 못한 데이터 분석은 그 결과가 잘못될 가능성이 크며, 그런 결과로부터 이어지는 문제점은 오히려 사회를 더 혼란하게 만들 가능성을 갖고 있기 때문이다. 데이터 사이언스는 데이터 사용과 분석에 대한 바른 대안이다. 다른 학문과 현상을 탐구하는 데 유용하게 사용할 수 있는 도구 혹은 렌즈가 될 수 있는 것이다. 그것도 어느 한 분야에서만 독점적으로 사용하는 렌즈가 아니라 여러 분야에서 사용할 수 있는 렌즈다. 각 분야는 저마다의 데이터를 수집하며, 그 데이터를 이용하기 때문에 데이터 분석에 특화된 방법론으로서 데이터 사이언스가 렌즈의 역할을 충실히 할 수 있는 것이다. 데이터 사이언스를 수행하는 데이터 사이언티스트의 역할이 발휘되는 순간이다. 지금은 데이터와 데이터 분석에 대한 활용 범위도 확대되고 있고, 인식도 매우 호의적이다. 데이터 분석을 통한 통찰, 창발이 앞으로도 지속적으로 나타날 밝은 전망이 우세하다. 때문에 많은 기업과 조직에서 관련 전공자나 관련 기술을 보유하고 있는 사람을 필요로 한다. 지금이 데이터 사이언스에 입문할 적기다.

🔒 지식을 넘어 지혜로 가는 방법

모인 데이터를 가공, 처리하여 데이터 사이의 관계 속에서 의미가 도출되면 정보가 되고, 이 정보가 다시 사회 내의 구성원들 사이에서 보편적으로 받아들여지면 지식이 된다고 했다. 정보가 지식이 되는 과정에서 특히 정보가 인간의 삶과 어떤 형태로 연결되는지가 중요하다. 이 연결이 유의미할수록 더 많은 구성원이 보편적으로 그 정보를 수용하기 때문이다.

데이터 사이언스의 궁극적 목표는 정보와 지식 단계에 머무르지

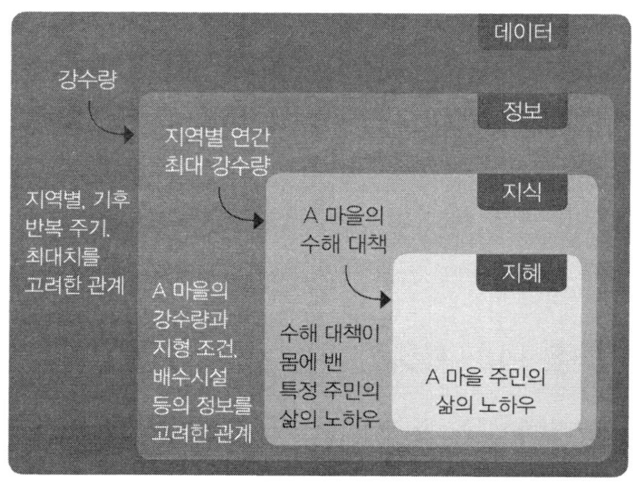

[그림 12-1] 데이터-정보-지식-지혜 피라미드[12)]

않는다. 지식이 삶의 노하우가 되고 축적되어 새로운 아이디어가 결합된 창의적인 산물, 즉 지혜가 되기를 바란다. 지혜는 축적된 지식들이 유의미하게 그리고 창의적으로 결합될 때 구조화되어 나타난다. 지식이 단지 뭉쳐져 있는 것만으로는 부족하다. 개인이나 집단의 경험이 낱개의 지식들과 유의미한 관련성을 맺게 하거나 이미 알려져 있는 것이 아니라 새로운 방식으로 관계를 맺도록 할 때 지혜가 나타난다. 지혜는 지식의 창발인 것이다. [그림 12-1]은 데이터(Data), 정보(Information), 지식(Knowledge), 지혜(Wisdom)의 피라미드를 보여 주면서 데이터가 정보, 지식을 거쳐 지혜가 되는 일련의 과정을 나타내고 있다. 개별 강수량은 단지 숫자에 불과한 데이터이지만 지역별 기후와 강수량의 반복 주기, 최대 강수량 등의 관계를 고려하면 의미를 갖는 정보가 된다. 이런 지역별 연간 강수량을 특정 마을 A의 강수량과 비교하고, A 마을의 강수량과 지형 조건, A 마을의 배수시설 등과 같은 다른 정보를 고려하여 연결하면 그 마을 구성원이 공유한 지식이 형성된다. 그리고 그 지식은 앞으로 일정 수준이 넘는 강수량이 예보되었을 때 대처할 수 있는 A 마을 주민의 삶의 노하우를 만들어 낼 수 있다. 삶의 노하우는 이제 점차로 비가 많이 올 때 슬기롭게 대처할 수 있는 지혜로 성장한다.

🔒 자연과학/인문사회과학 그리고 데이터 사이언스

옛 사람들은 위에 있는 모든 물건이 그 밑에 그것을 받쳐 줄 무언가가 없을 때 아래로 떨어지는 현상을 목격했다. 그 어떤 것도 예외가 없었다. 우리도 똑같이 같은 것을 목격한다. 물건을 허공중에 던지면 반드시 아래로 떨어진다. 옛 사람들이 보기에 이 떨어지는 현상은 보편적인 것인데, 어째서 하늘의 달은 아래로 떨어지지 않을까 하고 궁금해했다. 현대의 우리가 중력 혹은 만유인력이라고 부르는 현상이다. 만유인력이나 중력은 사람의 개입과 전혀 관계가 없다. 단지 사람도 다른 물건처럼 아래로 떨어지는 중력의 대상물일 뿐이다. 또 사람들은 물건을 쪼개고 쪼개서 더 이상 쪼갤 수 없는 상태가 되면 어떨까 하고 궁금해했다. 아주 작게 나누어진 돌알갱이는 돌로서의 특성을 갖고 있을까 하는 궁금증도 갖고 있었다. 현재 우리가 원자와 분자라는 개념으로 설명하려고 하는 것이 바로 이것이다. 분자 상태까지가 돌로서의 특징을 갖고 있지, 그 분자를 더 쪼개어 원자까지 되면 돌로서의 특징은 더 이상 갖고 있지 않다. 물론 이런 물질의 구성도 인간의 개입이 필요 없다. 사실 인간도 돌처럼 원자와 분자로 이루어진 물질일 뿐이다. 불이라는 현상도 마찬가지였다. 인류 초기의 사람들이 불을 무서워하거나 궁금해했지만, 밝혀진 바에 의하면 인간의 존재가 불의 존재에 영향을 미치지는 않았다. 인간이 없어도 불은 일어났다. 이처럼 우리 주위에는 인간의 개입이 필요 없거나 인간 때문에 발생하지 않는 현상들이 매우 많다. 우리는 이런 현상을 자연 현상이라고 했고, 자연과학은 이런 자연 현상을 탐구하는 영역이다.

반면에 어떤 현상들은 자연발생적이 아니라 인간 때문에 발생한다. 이런 현상은 인간이 없으면 나타나지 않았을 것이며, 인간이 사라지면 함께 사라질 것들이다. 많은 사람이 비좁은 장소에 모여 살기 때문에 서로 빈번하게 만나고 부딪히게 되면서 서로 해야 할 행동과 해서는 안 되는 행동이 나타났다. 이로써 법이나 윤리가 창출되고, 법 현상, 윤리 현상이 출현했다. 서로가 가진 물건이 달랐고, 서로가 상대방의 물건을 원하게 됨으로써 교환해야 할 필요가 생겼으며, 이때 물건의 희소성, 유용성, 필요성에 따라 보다 복잡해지는 관계 속에서 돈이라는 약속이 생기고 경제라는 현상이 나타났다. 갖가지 제도가 제정되고 거기에서 파생된 여러 현상이 등장했다. 이런 현상들에는 인간이 전제된다. 우리는 이런 현상을 인문 혹은 사회 현상이라고 불렀고, 인문사회과학은 인문 현상 혹은 사회 현상을 탐구하는 영역이다.

그런데 자연 현상을 탐구하기 위해 수집하는 것도 데이터요, 인문사회 현상을 연구하기 위해 모으는 것도 데이터다. 따라서 데이터를 수집하여 이를 분석하는 데이터 사이언스는 자연과학과 인문사회과학 어느 한곳에 배타적으로 속한 분야가 아니다. 데이터 사이언스가 자연과학에 속하느냐, 인문사회과학에 속하느냐 하는 점은 중요하지 않다는 사실이다. 자연과학과 인문사회과학의 경계에서 양자를 다 아우르는 분야다. 이런 면에서 볼 때, 데이터 사이언스는 독자적인 탐구 분야가 아니라 자연과학이나 인문사회과학에서 탐구를 수행할 때 사용될 수 있는 유용한 연구방법론이다.

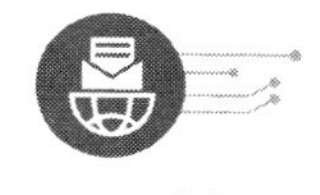

CHAPTER 13

부정적 전망

실로 많은 분야에서 빅데이터와 데이터 사이언스에 대한 긍정적이며 장밋빛 전망을 내비치고 있다. 이 책도 같은 입장에 서 있기는 마찬가지다. 문제해결에 직면했을 때는 열렬하게, 실제에 적용하려고 할 때는 신중하게 데이터 사이언스의 유용성, 활용성, 가능성을 긍정적으로 높이 산다. 더불어 4차 산업혁명을 이루는 당당한 한 축이라며, 인문사회과학도들도 큰 어려움에 봉착하지 않고 도전할 수 있는 분야라고 소개하고 있다.

그러나 빛이 강하면 그림자도 짙게 드리우는 법, 긍정적 전망의 맞은편에 부정적 전망이 없을 수 없다. 미래는 아직 오지 않은 현재이므로 무슨 일이 생길지는 정확히 알 수 없다. 빅데이터와 데이터 사이언스의 미래도 정확히 알 수 없다. 다만, 긍정이든 부정이든 미래에 대한 전망을 할 수 있을 뿐이다. 이 장에서는 어떤 이슈가, 과연 무엇이 이 긍정적인 흐름에 맞서 대립하고 있는지를 살펴보려고 한다.

두 갈래의 부정적 전망

빅데이터와 데이터 사이언스에 대한 부정적 전망은 크게 두 갈래로 이해할 수 있다. 하나의 갈래는 공공과 의료 등 몇몇 분야에서 활용되는 것처럼 빅데이터와 데이터 사이언스의 유용성은 인정하지만 잘못될 가능성, 유해할 가능성을 크게 내포하고 있다고 주장한다. 실수에 의해서 또는 의도적으로 분석 결과를 잘못 판독할 여지가 크다는 것이다. 하지만 이 갈래는 데이터의 수집과 분석 등에서 매우 조심스럽고 신중하게 접근한다는 조건이 충족되면 그것의 유용함과 활용 가능성을 배제시키지 않는 비교적 온화한 부정적 전망이다.

또 하나의 부정적 전망의 갈래는 적극적으로 빅데이터와 데이터 사이언스 분석 결과가 유해하다는 점을 밝히고 드러내고자 한다. 빅데이터와 데이터 사이언스가 지니고 있는 가능성 자체를 부정하지는 않지만, 곳곳에서 불고 있는 빅데이터 분석의 열풍이 단지 찻잔 속의 태풍이라고 말한다. 또한 더할 것도 덜할 것도 없는 현시점에서 유행하고 있는 분석의 방법이나 도구일 뿐이라는 것이다. 빅데이터 분석과 데이터 사이언스가 전지전능한 요술 지팡이처럼 모든 것을 해결해 줄 수 있는 것처럼 호도되어서는 안 된다는 입장이다. 이 입장에 서면 지금까지 몇몇 분야에서만큼은 인정받아 온 빅데이터 분석 결과의 유용성마저도 착각이나 오해이며 종종 기만의 일종으로 보인다.

🔒 개인정보와 프라이버시

개인정보(personal information)의 유출과 프라이버시(privacy)의 침해는 사람들이 빅데이터 분석과 데이터 사이언스를 논할 때 가장 민감하게 반응하는 문제점이며 또한 가장 많이 제기되는 문제점이기도 하다. 데이터 사이언스의 가능성과 유용성을 칭송하다가도 개인정보 유출과 프라이버시 침해가 대화의 이슈가 되면 언제 그랬냐는 듯이 그 전도 유망한 가능성과 유용성은 묻혀 버리기 십상이다. 이때 데이터 분석이 아무리 뛰어나고 우수한 결과를 산출하는지와 관계없이 개인정보와 프라이버시는 무슨 일이 있어도 지켜야 하는 가치가 된다. 특히 대화 당사자와 직접 혹은 간접으로라도 관련되어 있다면 무엇과도 바꿀 수 없는 절대선으로 작동한다.

개인정보란 개인의 신원을 특정하거나 유추할 수 있는 정보다. 개인정보보호 종합 포털(https://www.privacy.go.kr)에 따르면, 개인정보는 "살아 있는 개인에 관한 정보로서 성명, 주민등록번호 및 영상 등을 통하여 개인을 알아볼 수 있는 정보(해당 정보만으로는 특정 개인을 알아볼 수 없더라도 다른 정보와 쉽게 결합하여 알아볼 수 있는 것이 포함)"다. 개인정보는 그 사람이 누구인지, 그 정보가 누구의 것인지를 알아낼 수 있는 개인 식별 정보(personally identifiable information)가 된다. 개인정보는 유형과 종류가 다양하다. 인터넷진흥원 온라인 개인정보보호 포털(https://www.i-privacy.go.kr)은 다음의 〈표 13-1〉과 같이 제시하고 있다.

이 표에는 제시되어 있지 않지만 운전면허번호, 여권번호, 건강

〈표 13-1〉 개인정보의 유형과 종류

유형	종류	개인정보
인적 사항		성명, 주민등록번호, 주소, 본적지, 생년월일, 출생지, 전화번호 등 연락처, 이메일 주소, 가족관계 및 가족 구성원 정보 등
신체적 정보	신체정보	홍채, 얼굴, 음성, 키, 몸무게, 지문, 유전자 정보 등
	의료 · 건강 정보	건강 상태, 진료 기록, 신체장애, 장애등급, 병력 등
정신적 정보	기호 · 성향 정보	도서 및 비디오 등 대여 기록, 잡지 구독 정보, 물품 구매 내역, 웹 사이트 검색 내역 등
	내면의 비밀 등	사상, 신조, 종교, 가치관, 정당 · 노조 가입 여부 및 활동 내역 등
사회적 정보	교육정보	학력, 성적, 출석 상황, 자격증 보유 내역, 상벌 기록, 생활기록부 등
	병역정보	병역 여부, 군번, 계급, 근무부대 등
	법적정보	전과 범죄 기록, 재판 기록, 과태료 납부 내역 등
	근로정보	직장, 고용주, 근무처, 근로 경력, 상벌 기록, 직무평가 기록 등
재산적 정보	개인금융 정보	소득, 신용카드번호, 통장계좌번호, 동산 · 부동산 보유 내역, 저축 내역 등
	신용정보	신용평가정보, 대출 또는 담보설정 내역, 신용카드 사용 내역 등
기타		전화 통화 내역, 웹 사이트 접속 내역, 이메일 또는 문자 메시지, 기타 GPS 등에 의한 위치 정보 등

보험번호, 직장 사번, 대학 학번 등도 개인정보에 속한다. 여기에 수많은 인터넷 사이트와 SNS 계정에 가입할 때 사용하는 아이디(ID)도 개인정보에 포함시킬 수 있다. 대체로 새로운 서비스에 가

입할 때마다 새로운 아이디를 사용하는 것이 아니라 기존의 아이디를 그대로 사용하는 경우가 많다. 몇 개의 서비스에 가입한지조차 불분명한 판국에 각각의 서비스마다 매번 다른 아이디를 만들어 사용하는 사람은 거의 없다. 어떤 서비스 사이트가 되었든 소수의 아이디로 통일하는 것이다. 이렇게 하는 것이야말로 한정된 기억 용량에 인지적 부담을 덜고자 하는 인간의 자연스러운 행동이다. 이때 자신을 나타낼 수 있는 자신의 영어 이름 알파벳 이니셜, 이름의 특징적인 면,[1] 생년, 생일, 전화번호, 별명, 좋아하는 캐릭터, 학번, 아파트 번호, 남자의 경우에는 심지어 군번 등을 적절히 섞어서 사용하곤 한다.[2] 더욱이 모든 서비스가 다른 사람과 겹치는 중복 아이디 사용을 허용하지 않으므로 아이디는 다른 사람의 것과 구별되어야 하는 것이 당연하다. 따라서 개인의 아이디 역시 개인정보다. 여러 개인정보 중에서 어떤 것은 누군가에게 매우 민감한 정보로서 법으로써 보호해야 마땅하다.

가끔씩 온 나라를 떠들썩하게 만드는 사건이 발생해서 사람들의 공분을 산다. 수천, 수만을 넘어 수백만의 회원을 보유한 통신사, 온라인 쇼핑몰, 인터넷 기업, 은행 등이 회원들의 정보를 해킹당하는 사건이다. 누출된 개인정보로 인해 어느 누군가가 직접적으로 얼마가 자신도 모르게 인출되어 없어졌느니 하는 구체적인 피해 사례는 잘 들어 보지 못했다. 해킹당한 정보들도 직접적 피해에 민감한 은행 계좌번호, 비밀번호, 잔고 등이 아니라 전화번호, 집주소, 이메일 주소, 주민등록번호 등이라고 한다. 그러니 개인정보 누출로 인해 개인이 직접적이고 구체적인 피해를 당하는 것이 아니라 범죄 집단이 고의적으로 이득을 취할 목적이거나 혹은 제3자가 상업적 목적으로 정보를 이용할 때 피해가 발생한다. 예컨대, 보이스 피싱, 광고 문자, 협박성 메일처럼 범죄나 상업적 이용 대상이 되는 것이다. 개인의 전화번호와 이메일 주소로 날아드는 귀찮고 성가신 광고성 메일은 아마 이런 사유 때문일 것이다. 우리 누구나 개인정보 누출의 피해자다.

개인정보 보호는 필자에게 매우 양가적 감정의 단어다. 몇 해 전 한국연구재단의 지원을 받아 한국형 무크(Korea Massive Open Online Course: K-MOOC) 연구 프로젝트를 수행한 적이 있다. 연구계획서에도 기술한 것이지만 K-MOOC 수강자를 대상으로 설문조사를 하려고 했다. K-MOOC를 담당하는 몇몇 교수의 동의도 얻었다. 단, K-MOOC를 총괄하는 기관의 허락을 받아야 한다는 조건이 있었다. 그래서 기관에 연구의 취지와 목적을 자세히 밝히고 수강자에게 설문지를 보낼 수 있도록 이메일 주소를 알려 달라고 요청했다. 물론 수강자의 이름과 같은 다른 일체의 정보는 필요 없다고 했다. 답변은 간단했다. 개인정보 보호를 이유로 안 된다는 것이었다. 이 답변을 받고 그렇다면 설문지를 기관에 보낼 테니 당신들이 설문지를 수강생에게 보내고 답변만 수합해서 보내 달라고 요청했다. 설문지는 온라인으로 만들 예정이었기 때문에 큰 수고는 들지 않을 것이고, 기관이 메일을 보내고 받으니 개인정보 누출의 우려는 없을 것이라는 점도 분명히 했다. 답변은 또다시 No였다. 이유도 동일했다. 이것저것도 안 되니 그럼 수강자를 대상으로 조사연구를 수행할 수 있는 방법을 알려 달라고 했다. 또 혹시나 기관의 K-MOOC 운영에 부정적 내용이 설문지에 담겨 있을 것을 걱정하나 싶어서 담당자와 관계자를 대상으로 PT를 할 준비도 되어 있었다. 그런데 답변은 앵무새처럼 똑같았다. 개인정보 보호를 위해서 안 된다는 것이다. 다른 어떤 부가적인 설명도 없었다. '학술연구조차 도와주지 않겠다는 이유가 도대체 뭐지? 연구자가 아니라 기관이 직접 설문지 메일을 보내고 받으면 개인정보 유출은 되지 않을 텐데…… 뭘 두려워하는 걸까?' 지금도 여전히 궁금하다. 그것이 어째서 개인정보 유출이 되는 것인지. 정말 어떠한 방법도 없었는지.

이런 개인적 경험에서 비롯된 개인정보 보호에 대한 양가적 감정의 소회를 통해 말하고 싶은 바는 개인정보 보호가 전가(傳家)의 보도(寶刀)처럼 그 무엇이든 다 막을 수 있는 이유가 아닐까 하는 점이다. 학술연구가 분명한 데이터 이용도 하물며 이럴진대 다른 목적의 데이터 이용이야 그 반대의 목소리는 두말하면 잔소리다. 이제 데이터 3법이 통과되었으므로 앞으로 선의의 목적을 가진 조사에는 이런 일이 없기를 바랄 뿐이다.

프라이버시는 개인의 사생활이나 사적인 정보다. 휴일에 어디에 가서 누구와 만나 무엇을 먹고 마시며, 무슨 일로 다른 사람에게 전화를 하고 어떤 대화가 오갔으며, 어떤 인터넷 사이트에 접속해서 무엇을 검색하고, 어떤 물건을 얼마에 구입했는지, 침대에 들어가 잠자기 전까지 어떤 영화나 TV 프로그램을 보았는지 등이 프라이버시의 예다. 이런 정보는 개인의 취향과 성향을 반영한다. 이것을 타인에게 혹은 대중에게 속속들이 공개하고 싶어 하는 사람은 없을 것이다. 아무리 대중의 관심을 받고 싶어 안달하는 소위 관심종자(줄여서 관종)[3]라고 할지라도 공개하고 싶지 않은 정보는 있기 마련이다.

프라이버시와 관련하여 최근 사회적 문제가 된 것이 있다. 코로나 확진자가 머물거나 거쳐 지나간 장소의 동선 공개다. 확진자는 자신의 동선을 진술할 때 자기가 만났던 사람들, 들렀던 장소를 소상히 언급해야 한다. 그의 진술이 사실인지 아닌지 스마트폰 GPS 신호를 추적하기 때문에 거짓말은 곧 들통이 난다. 들통 난다는 사실을 아는지 모르는지, 그럼에도 숨기고 싶은 마음에 거짓말로 둘러대는 날에는 대중에게 도덕적 비난을 받아야 하며, 형사적 처벌도 감수해야 하고, 의료와 방역에 드는 비용도 책임져야 할 판이다. 입을 굳게 닫아도 당국은 그가 어디에 갔는지 파악할 수 있다. 당국은 그가 누구인지 개인의 식별 정보를 대중에게 공개하지 않는다지만 안심할 처지가 아니다. 아무튼 그의 동선이 인터넷에 공개된다. 그리고 그가 이성과 함께 모텔에 갔다는 신문 기사가 뉴스로 전파된다.[4] 기사의 논조가 '누가 누구와 잤대.'라는 삼류 가십거리가 아니라 확진자 동선 공개 때문에 발생하는 프라이버시 침해를 다룬 것이기는 하나, 대중이 항상 기사의 논조대로 내용을 읽는 것은 아니다. 그러니 그가 누구인지 대중에게 알려져 있지는 않지만, '부적절한 관계냐 아니냐.'와 같은 도덕적 비난을 피할 수 없다. 비난으로 도배된 인터넷 악성 댓글이 당사자를 얼마나 괴롭힐 수 있으며 얼마나 위험한 것인지 숱하게 보아 오지 않았는가. 뉴스의 데스크 편집자가 순진하지 않다면, 기사의 논조와 다르게 내용을 읽을 수 있다는 대중의 심리를 모르지 않을 터, 몰랐다면 데스크 편집자의 수준이나 역량이 의심스러울 것이다. 어쩌면 많은 이의 주목과 관심을 끌기 위해 일부러 자극적인 제목을 뽑아 기사를 내보내야 했던 나름의 고충을 감안하더라도 꼭 이런 자극적인 내용을 넣어야 했을까 하는 아쉬움이 크다. 자세한 동선 공개가 어떤 정보까지 드러내고 있는지 알 만한 사람들은 이미 알고 있기 때문이다. 한편, 동선 공개와 함께 대중은 친절하게도 당국으로부터 그의 동선을 확인하라는 문자 메시지까지 받는다. 그가 머물렀던 장소와 시간대에 하필 내가 있었다면 이제 그가 겪은 사연은 내가 겪어야 할 사연으로 변할 수도 있다. 내가 확진자가 된다면 말이다. 그리고 내가 만났던 주변의 사람들이 겪어야 할 사연으로 변할 수 있다. 이런 연결 고리가 지속되는 한 프라이버시 침해에서 벗어날 사람은 아무도 없다. 코로나바이러스 전염병 감염에 대한 공포와 계속되는 '사회적 거리두기'의 피로감 때문이라고는 하지만 어디까지 공공의 이익이 개인의 프라이버시 침해를 용인할 수 있는지 생각해 보게 하는 장면이다. 그 공공이 개인들로 이루어져 있다는 점을 고려하면 더욱 그러하다. 그리고 이 모든 정보가 데이터로 구성되어 있어서 데이터 분석을 요구하고, 결국 데이터 사이언스가 감당해야 할 내용들이라면 어찌 할 것인가?

우리나라는 개인정보 보호를 위한 엄격한 법을 갖고 있다. 데이터 3법의 통과가 늦어진 것도 개인정보 보호를 담보할 수 있느냐 하는 문제 때문이었다. 데이터를 기반으로 신사업을 추진하려는 여러 기업은 데이터 3법이 통과는 되었어도 여전히 강력한 개인정보 보호로 인한 사업 규제가 많다고 호소하고 있을 정도다. 그러나 프라이버시 정보 보호에는 법 조항이나 적용 범위가 명확하지 않다. 대중들의 인식도 개인정보의 보호만큼 프라이버시 정보 보호를 중시하지 않고 소극적이다. 다양한 SNS상에서 이미 개인들은 자신의 활동을 공개하면서 공공연히 취향과 성향을 드러내고 있다는 점이 그 증거다. 주민등록번호, 여권번호, 의료 기록, 가족 정보 등의 공개하고 싶지 않은 민감한 개인정보 등을 제외하면 자발적으로 몇몇의 개인정보와 프라이버시 정보를 다른 이들과 공유한다. 이런 소극적 태도는 아마도 프라이버시 정보가 보여 주는 취향과 성향을 통해 더 나은 맞춤형 서비스를 얻고자 하는 의식이 자리하고 있을지 모른다. IPTV에서 시청한 여러 편의 영화에 별점을 부여하면 이것을 분석해 자신이 좋아하는 장르의 영화를 우선적으로 추천해 주는 서비스를 사람들은 능동적으로 이용한다. 이는 영화에 대한 자신의 취향을 공개해야 가능하다. 이 서비스를 통해 자신의 취향을 알아보고자 하는 목적을 가질 수도 있다. 또 사람들은 인터넷 사이트에서 책을 구입할 때 다른 사람이 작성한 추천의 글을 중요한 구입 동기의 하나로 받아들이며, 자신 또한 추천의 글을 자발적으로 남긴다. 그 사람 역시 그 책을 구입했거나 읽었다는 것을 뜻하는데, 어떤 책을 읽느냐는 그의 교양 수준이나 정치적 성향 등을 드러내는 것이다. 수많은 개인의 페이스북, 인스타그램, 블로그 등에는 그들이 지난주에 어디를 여행했고, 무엇을 먹었는지 등 시시콜콜한 이야기와 사진들이 올라와 있다. SNS에 이런 정보들을 올리는 이유가 다른 사람에게 관심을 받고 싶어서이든, 광고를 유치하여 돈을 벌겠다는 목적이든, 일종의 일기처럼 자신의 활동 내역을 기록하기 위해 활용하는 것이든, 남들에게 유익한 정보를 제공하고자 하는 순수하고 좋은 의도이든, 이는 자신의 프라이버시 정보를 자발적으로 노출하는 행동이다.

그러나 그의 자발적인 프라이버시 정보 노출은 그리 큰 문제가 되지 않는다. 그의 친구이기 때문에 함께 사진에 찍힌 내 모습이 내의지나 동의 없이 공개되는 경우가 허다하게 발생한다는 것이 진짜 문제다. 친구가 아니라도 그가 의도했든 의도하지 않았든 어느 누군가의 사진에 우연하게 포착된 내 모습이 아무런 여과 없이 대중에게 공개될 수도 있다. 원하지 않은 나의 사생활이 노출되고 누군가는 그걸 통해 나를 알아볼 수 있다. '세상은 좁다.'거나 '원수는 외나무 다리에서 만난다.'는 속담이나 격언은 그 의미와 맥락이 다를지라도, '하필 여기서 너를…….'이라는 '우연'한 마주침이 비일비재는 아닐지라도 종종 발생하는 일이란 것을 보여 준다.

또한 어떤 서비스를 이용하기 위해 어쩔 수 없이 개인정보 이용에 동의했던 일 때문에, 짜증나게도 수시로 마케팅 전화가 걸려오고 광고성 이메일이 날라 오는 것도 문제다. 이런 마케팅 전화가 걸려오면 대체로 응답하지 않고 계속 울리게 두어 저쪽에서 먼저 끊게 하거나, 응답 없이 통화 종료를 누르거나, 어쩌다 무심결에 받게 되면 성의 없이 대답하곤 한다. 요즈음은 전화 통화에서라도 함부로 응대했다가는 '갑'질한다는 소리를 듣는 세상이니 좋게좋게 통화를 마무리한다. 이메일을 확인할 때는 제목만을 보고 광고성 메일을 걸러 내어 삭제하는 일을 제일 먼저 수행한다. 하루 이틀만 확인하지 않아도 수십 개의 광고성 이메일로 꽉 차 있어 이것부터 지우지 않으면 안 된다. 중요한 메일이 어디에 있는지 잘 눈에 띄지 않기 때문이다. 어쩌다가 광고성 이메일을 지울 때 중요한 이메일도 함께 섞여 지워져서 이를 찾아 휴지통을 뒤진 경험들이 다들 있을 것이다. 분명 나는 마케팅 회사나 마케팅에서 소개하는 상품 회사의 서비스를 이용하지 않았는데 이런 전화나 문자나 이메일을 받는다. 어째서일까? 그 이유는 내가 허락한 그 개인정보 이용 동의에는 제3자에게 나의 개인정보를 제공할 수 있다는 조항이 들어 있기 때문이다.

데이터는 이미 판매되고 거래되고 있다. 데이터로서 개인정보와 프라이버시 정보 역시 그러하다. 원천 데이터나 원천 데이터를 가공한 데이터는 기업의 자산이라고들 한다. 이런 자산을 이용하여 개인별로, 집단별로, 취향과 성향별로 특화된 맞춤형 마케팅과 광고를 펼칠 수 있게 되고, 나아가 새로운 서비스를 창출한다고 주장한다. 그래서 그동안 여러 차례 대규모의 개인정보 유출 사건을 목격했지만, 이에 대한 대책이 개인과 프라이버시 정보에 대한 데이터의 수집과 저장 및 분석의 원천적 봉쇄가 되어서는 곤란하다고 말한다. 이는 정보의 활용이 제공하는 가치를 너무 축소하는 일이며 4차 산업혁명의 한 축으로서의 데이터의 중요성을 외면하는 일이라는 것이다. 이와 관련한 법적 제도가 마련되고 명확한 가이드라인 제시가 이루어지면 문제가 없다는 것이다. 개인의 식별이 가능한 민감한 정보에 대한 규제의 필요성에는 동의하지만 동시에 민감하지 않은 정보에 대한 상업적 · 공공적 이용을 허용해야 한다는 논리다.

그러나 팩트(fact)는 기업의 단순한 실수로 유출된 것이든, 고의로 돈을 받고 판매한 것이든, 불순한 목적을 가지고 해킹을 통해 빼돌린 것이든, 이로 인해 개인은 잠재적 피해자가 되었다는 점이다. 어떤 이들은 불법적인 보이스 피싱에 낚여 사기를 당해 큰 피해를 입었다. 전 국민이 분노하고 정부와 기업에 대책 마련을 촉구하는 이유는 어느 누구도 직접적인 피해자가 될 수 있다는 가능성에서 벗어나기 어렵기 때문이다. 이처럼 데이터로서 개인정보와 프라이버시 정보는 긍정과 부정의 양면성을 동시에 지닌다.

🔒 통계의 함정

빅데이터와 데이터 사이언스에 항상 따라다니는 부정적 전망이 있다. 통계에 관한 부정적 인식에서 비롯된 것이다. 통계가 숫자 놀음에 불과하며 사실을 왜곡하고 거짓말을 정당화한다고 말이다. 『톰 소여의 모험』과 『허클베리핀의 모험』으로 국내에서도 유명한 미국의 소설가 마크 트웨인(Mark Twain)은 아마도 데이터 사이언스를 신뢰하지 못할 가능성이 매우 높다. "세상에는 세 가지 종류의 거짓말이 있다. 거짓말, 새빨간 거짓말 그리고 통계다."[5] 그가 말했다고 전해지는 이 언사처럼 통계를 이토록 신랄하게 비판한 유명 인사도 찾기 어려울 것 같다. 이런 비난이 과연 옳은 것인지는 따져 봐야 하겠지만 데이터의 분석에서 통계적 접근이 필요

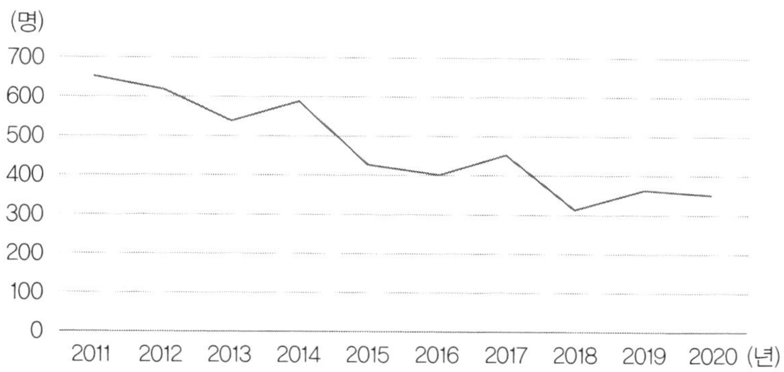

[그림 13-1] 급감하는 학교 폭력

하다는 점은 의심할 나위가 없다. 따라서 부정적 전망을 감수해야 할 면도 분명 존재한다. 통계의 오용과 오류가 빈번하게 발생하기 때문이다.

통계의 오류를 말할 때 대체로 크게 세 가지 종류를 든다.[6] 첫 번째는 수집된 자료와 전체의 자료가 거의 반대의 결과를 낳는다는 '심슨의 역설(Simpson's Paradox)' 오류다. 예를 들어, 10년 치의 자료에서 보여 주는 결과가 100년 치의 자료에서 보여 주는 결과와 같지 않을 수 있다. [그림 13-1]을 보면 10년간 학교 폭력이 크게 줄어들고 있는 것으로 보인다. 아마도 이런 결과를 토대로 하여 학교에서 실시하는 예방 교육이 효과가 있다거나 청소년 선도가 잘 이루어지고 있다는 증거로 사용될 수 있다. 그러나 [그림 13-2]를 보면 10년간 학교 폭력은 오히려 증가하는 경향을 보임을 알 수 있다(점선으로 된 원을 보라). 이럼에도 예방 교육의 효과나 청소년 선도가 잘되고 있다는 주장을 할 수 있을까? 정반대로도 해석할 수 있다. 100년간의 추이를 보면 꾸준히 증가하던 학교 폭력이 2010년대

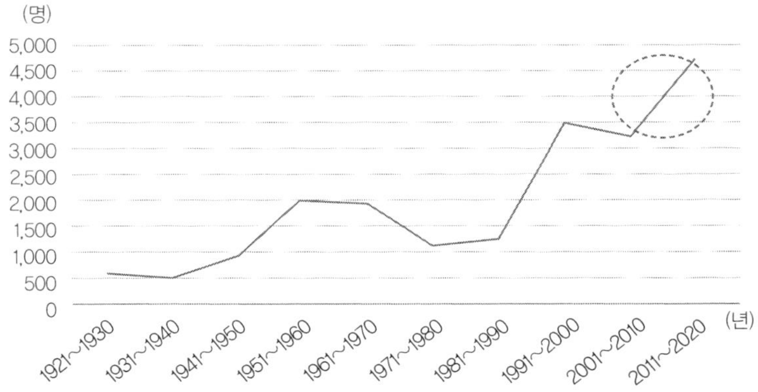

[그림 13-2] 급증하는 학교 폭력

에 들어서서 매년 감소하고 있다는 것이다.[7] 동일한 그래프의 결과를 이처럼 서로 상반된 주장을 펼치는 데 사용할 수 있다. 자신의 주장에 유리한 데이터를 제시하면서 사실을 왜곡하는 일은 어렵지 않다.

두 번째는 데이터 선택의 오류다. 통계는 전체에서 일정 수의 표본(sample)을 뽑아내어 이들로부터 데이터를 측정하고 분석하여 이를 토대로 전체의 특성을 추리, 추정한다. 이른바 추리통계라는 것이다. 전체를 모두 측정하여 분석하고 추리하기에는 시간 면에서 또한 비용 면에서 매우 비효율적이기 때문이다. 한 나라 인구의 몇 퍼센트가 코로나바이러스에 면역되어 있는지를 알기 위해 모든 인구를 대상으로 바이러스 검사를 실시하지 않는 이유다. 적절한 규모의 표본을 선택하여 바이러스 검사를 실시하고 분석하여 전체 인구의 면역 퍼센트를 추정하는 것이다. 이때 중요한 점은 전체에서 뽑아낸 표본이 전체를 잘 반영하고 있는지 여부다. 표본이 잘못되어 있다면 당연히 표본으로부터 잘못된 데이터를 얻게 된다. 그리고 이 잘못된 데이터를 갖고 전체의 특성을 추정하면 전체의 특성은 왜곡되기 마련이다. 가상의 예를 들어 보자. 수만 명의 환자에게 투여한 약이 치료효과가 매우 우수하다는 결과를 얻었다고 해서 전 세계 모든 환자에게 투여하자고 주장할 수 있을까? 수만 명에게서 효과가 우수했으니까 전체 환자로 투약 확대를 검토할 만한 것으로 들린다. 그러나 치료효과를 낸 수만 명의 환자가 모두 20대의 젊은 청년이었고 앞으로 투약받을 환자가 유아이거나 노인이라도 이 주장이 받아들여질까? 또 다른 가상의 예로서 해병대원의 연간 사망률이 0.1%, 서울 시민의 연간 사망률이 0.2%가 나왔다고 하자. 이때 해병대원의 사망률이 서울 시민의 사망률보다 낮다는 주장이 성립될까? 수치상으로만 보면 분명 해병대원의 사망률이 두 배나 더 낮다. 정말 이 결과를 수용해야 할까? 해병대원은 모두가 건장한 젊은이들인 반면에 서울 시민은 영아, 유아, 노인을 포함하는 데도?

자동차와 비행기 중에서 어느 것이 더 안전한가 하는 논쟁도 이 오류에 속한다. 비행기가 자동차보다 더 안전한 교통수단이라고 주장하는 쪽에서는 이렇게 말한다. "비행기가 추락하면 승객 모두가 사망하는 경우가 다반사라서 자동차보다 매우 위험한 것처럼 느껴진다. 하지만 여행객을 실어 나르는 비행기의 추락과 같은 대형 사고는 잘 발생하지 않는다. 만일 비행기가 추락하면 언론의 집중 취재가 되는 것은 물론이거니와 사고의 원인을 꼼꼼히 밝혀내서 동일한 원인의 사고 발생을 미연에 방지한다. 게다가 자동차 사고의 사망자 수는 비행기 사고의 사망자 수보다 압도적으로 많다." 설득력 있게 들리는 이 주장은 그러나 의도적이든 비의도적이든 간과한 것이 있다. 얼마나 자주 비행기를 타느냐, 얼마나 자주 자동차를 타느냐가 빠졌다. 즉, 이용 횟수를 고려하지 않은 것이다. 자동차와 비교하여 비행기를 매일 타는 사람이 과연 얼마나 될까?

따라서 앞과 같은 주장은 이미 올바르지 못한 표본과 데이터 선택에서 비롯된 오류 때문에 정당화할 수 없다. 하지만 실제는 앞서 제시한 예시처럼 데이터 선택의 오류를 쉽게 발견하기 어렵다. 분석하는 사람이나 주장하는 사람이 은근슬쩍 데이터의 원천을 감추기도 한다. 이처럼 자신의 주장에 불리한 데이터를 감추면 사실을 왜곡하는 일은 어렵지 않다. 고의로 데이터를 감추고 주장을 내세우는 것도 문제이지만, 분석에서 사용한 데이터 선택에 오류가 있다는 것조차 모르고 하는 주장 역시 문제다. 전자가 뻔뻔하고 나쁜 주장이라면, 후자는 순진하거나 어리석은 주장이다.

끝으로, 데이터 수집의 오류도 있다. 좋은 예가 2020년 총선에서 발생했다. 더불어민주당과 미래통합당의 국회의원 후보자의 지지율이 어떤 매체로 조사를 한 것이냐에 따라 상이한 결과를 가져온 것이다. 전화만을 사용했을 때와 문자나 메신저와 같은 서비스를 전화와 함께 사용했을 때 지지율의 조사 결과가 달랐다. 젊은 유권자는 문자와 메신저 같은 정보통신 기기를 이용하는 것에 익숙한 반면에 나이 든 유권자는 그렇지 않다는 것이 이유였다. 평일 한낮에 집에서 전화를 받을 사람은 대체로 정해져 있다. 또 회사 샐러리맨의 의식을 조사하겠다고 농촌과 어촌의 작은 마을을 오가는 사람들에게 설문지를 돌린다면 어떨까? 오후 3시와 4시 즈음 커피숍에서 커피를 마시는 사람에게 인터뷰를 한다면? 회사가 농어촌의 작은 마을에 위치할 리가 거의 없고, 오후 3~4시라면 사무실에서 한창 일할 시간이다.

데이터를 수집할 때 질문의 형태와 순서도 답변에 영향을 준다. 얼마 전 젊은 세대에 대하여 걱정과 우려의 목소리가 떠들썩하게 터져 나온 사건이 있었다. 청년들에게 6 · 25 전쟁이 남침인지 북침인지를 물어보았는데 상당수가 북침이라고 답했다는 것이다. 이런 조사 결과는 청년 세대가 지닌 안보 의식의 수준이 이래서야 되겠냐느니, 통일과 국방에 대한 교육이 잘못되었다느니 하는 주장의 근거가 되었다. 허나, 곧 잘못된 질문의 형태 때문이라는 것이 밝혀졌다.

요즘 젊은이들에게는 줄여 말하기가 그야말로 대세다. 몇 가지 예를 들어 보자. '존버'는 '존나 버티다', '슬의'는 TV 드라마 제목인 '슬기로운 의사생활', '스몸비'는 '스마트폰+좀비', '보배'는 '보조배터리', '성덕'은 '성공한 덕후', '갑분싸'는 '갑자기 분위기 싸해짐', '최애'는 '최고로 애정하는', '비담'은 '비주얼 담당' 등으로 그 수는 헤아릴 수 없다. 정부 기관이나 언론, 방송에서도 '중앙대책본부'를 '중대본'으로, '질병관리본부'를 '질본'으로, '대검찰청 중앙수사부'를 '대검 중수부'로, '고위공직자범죄수사처'를 '공수처'로, '전시작전통제권'을 '전작권'으로, '인천국제공항공사'를 '인국공'이라 줄여서 부르는 판국에 젊은이들의 줄여 말하는 행태를 뭐라 비판하는 것도 민망하다. 줄여 말하는 것은 전 세계의 공통 현상이다. 코로나바이러스 때문인지 WHO가 무엇인지 모르는 사람은 거의 없다. 설마 '누구?'라고 알아듣는 사람이 있을까? UN, NATO, EU, WTO, NASA 등 워낙 유명한 단어들이라서 구태여 뜻과 영어 스펠링을 적을 필요도 없다. 줄이면 발음하기 쉽고 시간이 절약되는 이점이 있다.

다시 6·25 전쟁으로 돌아와서 살펴보면, 많은 젊은이는 6·25 전쟁을 '남한이 침략했다'는 남침이 아니라 '북한이 침략했다'는 '북침'으로 해석한 것이다. 사실 남침은 '남한 침략'을 줄인 말로, '남한을 침략했다'는 뜻이다. 비록 필자가 국어학자가 아니라서 전문적이고 명쾌한 분석은 못할지라도 경험칙이나 어감에 따르면, '남한을 침략했다'에서 목적격 조사 '을'보다는 주격 조사 '이'를 붙여서 '남한이'가 더 편하거나 익숙하게 느껴진다. 이 같은 경우는 "아아 잊으랴 어찌 우리 이날을, 조국을 원수들이 짓밟아 오던 날을……"

로 시작하는 6 · 25 노래 가사에서도 확인할 수 있다. 요즘의 많은 젊은 학생이야 잘 모르겠지만, 과거에는 매년 6월 25일을 전후로 이 노래를 불렀던 기억이 너무도 생생하다. 가사에는 '조국**을** 원수들이'라고 목적격 조사 '을'이 붙어 있지만 우리가 노래했던 가사는 '조국**의** 원수들이'라는 소유격 조사 '의'를 붙였다. 주변 아이들이 왜 가사와는 달리 '조국의 원수들이'라고 하는지 의아했지만 다들 그렇게 부르니 그러려니 하고 나도 그렇게 따라서 노래를 불렀다. 목적격 조사 '을'이 입에 달라붙지 않았던 모양이다. 지금 따져보면 문장은 대체로 주격 조사가 붙은 주어로 시작하지 목적격 조사가 붙은 목적어로 시작하지 않는다. 또한 목적어는 주어 앞에 오지 않지만 소유격 조사 '의'가 붙은 단어는 주어 앞에 온다. 때문에 '남한을 침략했다'란 뜻의 줄임말 '남침'보다는 '북한이 침략했다'란 뜻의 줄임말 '북침'이 더 자연스러운 것처럼 보인다. 어쨌거나 이에 국방부는 장병 교육에서 '남침'이라는 단독 단어보다는 '북한이 남침했다' 혹은 '북한의 남침'이라는 표현을 사용하겠다고 한다. 질문의 형태, 즉 질문을 어떻게 하느냐가 얼마나 중요한지를 이보다 더 잘 보여 주는 예가 있을까?

데이터 수집가가 기대하는 것처럼 설문지의 처음 질문부터 마지막 질문까지 응답자가 일관된 자세로 답하기는 쉬운 일이 아니다. 설문지에 답할 때 뒤에 나오는 질문일수록 불성실하게 답하는 경향이 있다. 특히 질문의 개수가 많을수록 이런 경향은 심해진다. 따라서 신중한 설문지의 설계가 중요하다.

따라서 데이터 수집의 오류 때문에 근거가 없거나 부실한 주장이 나타나게 된다. 신중하지 못한 분석가는 데이터 수집에서 발생하는 이런 오류를 애초에 통제하지 못하거나 무시한다. 데이터 수집의 오류 역시 데이터 선택의 오류에서처럼 분석가가 감출 수 있다. 사실을 왜곡하는 주장도 어렵지 않다.

지금까지 기술한 데이터에 의한 3대 오류는 아니라고 할지라도 통계가 안고 있는 함정은 더 있다. 통계분석이 통계를 위한 특정한 가정에 근거한다는 점이다. 통계적 가정에는 수집된 데이터의 분포가 정규분포를 이루어야 한다는 정규성이라든가, 집단 간의 분산이 동질하다는 등분산성이라든가, 한 점수가 다른 점수에 영향을 미치지 않는다는 독립성과 같은 것들이 있다. 이러한 가정들을 충족하거나 또는 충족하지 못할 때 분석에 적용하는 통계기법이 존재한다. 그러나 이런 가정 때문에 어떤 통계기법을 적용할지라도 데이터를 분석해서 결과를 이끌어 내는 분석 모델은 수집된 데이터의 범위 내에서만 정확하다. 표본을 아무리 잘 선정한다고 해도 마찬가지다. 이 진술의 의미는 분석 모델이 포착하지 못하는 여러 요인이 실제에는 존재한다는 뜻이며, 분석가는 존재하는 모든 요인을 고려할 수 없다. 어쩔 수 없이 여러 이유로 인하여 어떤 요인들은 누락되거나 데이터로 측정될 수 없다. 이 때문에 데이터 범위 내에서의 주장은 분석 모델이 포착한 요인들로 인해서 근거를 갖고 있으나 데이터 범위를 벗어나면 분석 모델이 포착하지 못한 요인들이 작용하고 있기 때문에 근거가 부실해지거나 심하면 왜곡된 주장이 될 수 있는 것이다.

빅데이터 회의론과 거품

빅데이터는 우리 사회에서 이미 피할 수 없는 핵심 키워드가 되었다. 이를 반영하듯이 우후죽순처럼 여기저기서 빅데이터 관련 소식들이 흘러나온다. 2012년 KBS 다큐멘터리 시사 프로그램 〈시사기획 창〉에서는 한 해에 두 차례, 즉 1월에는 '빅데이터, 세상을 바꾸다' 그리고 9월에는 '빅데이터, 비즈니스를 바꾸다'를 방영했다. 곧 미래창조과학부와 한국정보화진흥원은 '빅데이터 센터'를, 서울대학교는 '빅데이터 연구원'을 설립했다. 그 뒤를 이어 빅데이터나 데이터 사이언스를 연구의 주 내용으로 하는 여러 연구소가 국책연구소와 공공기관에서 산하 부설 기구로 발족하고 있으며, 민간연구소들도 등장하고 있다. 연구소들은 경쟁적으로 빅데이터 관련 세미나를 개최하고, 빅데이터를 적용한 성공 사례들을 발표하며, 빅데이터 인재를 키워야 한다는 목소리를 내고 있다. 이에 호응하듯이 많은 대학교의 학부와 대학원에서는 빅데이터와 데이터 사이언스 관련 전공을 개설하고 있고, 사설 학원에서도 프로그램을 열어 관련 자격증을 취득할 수 있다고 홍보하고 있다. 빅데이터 초보자들도 인터넷 포털이나 유튜브에서 빅데이터를 다룬 영상들을 찾아 시청하고 학습하는 일이 가능해졌다. 이에 발맞추어 빅데이터를 다룬 서적들도 서점가를 누비기 시작했다. 사업가, 학자, 교육자 등의 전문가들도 이에 질세라 각자 자기 자리에서 한두 마디씩 거든다. '제타 바이트 시대다.' '데이터는 석유다.' '데이터가 자산이다.' '세상을 보는 창이다.' '미래를 예측하다.' '사회 문제를 풀다.'

'빅데이터는 통찰이다.' 등처럼 말이다. 정치권에서는 데이터 3법을 통과시켜 빅데이터를 산업에 활용할 길을 터 주었고, 정부의 예산 투입은 해마다 증가하고 있다. 이제 빅데이터에 대한 정보는 도처에 넘쳐난다. 때로 빅데이터가 만병통치약처럼 들리기까지 한다. 어느덧 빅데이터는 4차 산업혁명의 당당한 한 축으로 미래를 담당할 성공과 희망의 장밋빛 전령이 되었다. 정말일까?

요즘 거세게 불고 있는 빅데이터 열풍이 태풍을 넘어 급기야는 광풍으로 변질되고 있다며 빅데이터 회의론자들 혹은 부정론자들은 혀를 찬다. 중앙대학교 김동환 교수에 따르면, 거품이라는 것이다. 그의 말을 따라 거품의 다양한 실체를 따라가 보자.[8) 9)]

먼저, 빅데이터가 미래를 예측하거나 사건 및 사고를 예방한다는 것은 허황된 생각이다. 예를 들어, 지역별 · 시간별 과거의 범죄 발생 내역, 순찰 경로, 주민 신고와 CCTV 정보 등의 데이터를 활용하여 범죄 발생 장소와 시간을 예측하여 사전 예방을 한다든가, 기상정보와 수문정보, 절개지, 지역별 인구정보, CCTV, 인공위성 자료, 주민 신고 등의 데이터를 갖고 집중 호우에 따른 침수, 산사태 등을 실시간으로 조기에 감지하여 재난피해 지역을 사전에 예측하는 일은 가능하지 않다. 현 상황은 주민이 범죄와 산사태나 침수 발생을 신고해도 경찰이나 소방 공무원 등의 행정 체계가 이에 대응하여 신속히 출동하기도 어려운 형편이다. 이런 형편에도 불구하고 범죄가, 산사태가 일어날 가능성이 높다는 이유로 인력을 보내는 것은 낭비다. 범죄나 사고가 발생했다는 주민들의 신고가 빗발쳐도, 뉴스 보도가 전국에 전파를 타도 사고 대응을 제대로 못하고 있는 형편에서 빅데이터 분석은 별 소용이 없다. 주민 신고에 적극적이며 신속히 반응하는 것만으로도 행정 체계는 대단한 것이며, 평소에 우범 지역과 사고 위험 지역을 꾸준히 관리하는 것만으로도 훌륭하다. 크고 많은 데이터를 분석하고 이를 통해 예측과 예방을 하는 것만이 능사는 아니다. 수천 억 개의 돌에 대한 데이터를 수집하여 분석하고서도 발아래 작은 돌 하나에 걸려 넘어지는 것이 현실 세계다. 빅데이터에 의존하여 미래의 현실을 잘못 설계할 수 없다.

미국의 오바마 대통령 선거팀이 빅데이터를 활용했다는 것과 구글이 빅데이터 분석을 통해 독감을 예측했다는 것은 빅데이터 열풍에 커다란 영향을 미친 사건이다. 오바마 대통령은 각종 SNS 데이터를 수집, 분석하고 이를 선거 운동에 활용하여 두 번의 대통령 선거에서 성공했다는 평을 듣는다. 그러나 선거팀의 빅데이터를 분석한 리더는 오바마의 성공이 빅데이터의 승리라고 말하는 것에 불편해했으며 선거 운동에서 사용한 정보들이 빅데이터라고 불릴 정도의 방대한 데이터도 아니라고 했다. 사실상 빅데이터 분석이 정말로 선거에서 효과적이었는지 확실한 증거가 없다. 구글의 독감 예측은 2009년 2월 세계적 학술지『네이처(Nature)』에 발표된 논문에서 비롯된다. 논문의 제목은「Detecting influenza epidemics using search engine query data」다. 그런데 논문 내용의 해석이 과장되어 대중에게 잘못 전달된 정황이 있다. 미래를 예측하는 것이 아니라 이미 발생한 독감 환자들의 대화를 분석하여 독감이 어느 정도 퍼져 있는지를 추정하는 논문이기 때문이다. 게다가 이 잘못된 해석의 과정에서 논문에 등장하는 통계 용어의 뜻을 오해한 정황도 발견된다. 즉, 통계 용어인 prediction level은 '예측 수준'이 아니라 '신뢰 수준'이며, estimates는 '예측값' '예상치'보다는 '추정값'이 더 정확한 뜻이다. 이때 추정이란 데이터가 발생했을 그 시간에 전체의 몇 퍼센트가 독감에 걸렸는지 추정해서 보여 주는 것이지, 앞으로 발생할 미래를 예측하는 것이 아니다. 그러므로 구글의 독감 예측은 독감 추정이나 독감 탐지(detecting influenza)가 더 정확한 의미다. 이처럼 오바마 대통령 선거팀의 빅데이터 활용과 구글의 빅데이터 분석을 통한 독감의 예측은 신화라고 보아야 한다.

IT 분야에서는 별다른 개념이나 내용 없이 유행하는 단어들이 있는데, '빅데이터'는 이 지적 유행(fashion)으로 자리했다. 1980년대 개인용 컴퓨터가 한창 보급될 때는 '데이터', 1990년대 인터넷이 확산될 때는 '정보', 2000년대 인터넷을 통한 다양한 형태의 멀티미디어 정보를 향유할 때는 '콘텐츠', 인터넷 쇼핑몰이나 동호회에 가입하고 개인 홈페이지 등과 같은 서비스를 이용할 때는 '사이버 공간', 2010년대 스마트폰을 사용할 때는 '스마트'라는 단어가 의미 없이 유행했다. 빅데이터도 이와 별반 다르지 않다. '빅(big)'이 붙어 '많은 데이터'라는 뜻을 지녔지, 여기에 특별한 의미가 있는 것은 아니라는 것이다. 그런데 지적 유행은 세 가지 요소로 이루어진 메커니즘이 작동한다. 돈과 지식인 및 업체다. 우리나라의 경우, 돈은 정부가 주도하는 프로젝트에서 나오는 예산, 소위 '눈먼 돈'이라고 불리는 것이며, 지식인은 정부 프로젝트를 따려는 지적 유행의 옹호자이며, 업체는 여기에서 이익을 얻으려는 회사다. 이를 지적 유행의 철의 삼각관계라고 한다. 이제 이 삼각관계는 빅데이터의 규모를 증폭시키는 순환관계를 형성한다. 빅데이터의 판돈이 커지면 이를 따려는 자칭 빅데이터 옹호자인 전문가가 많아지며 빅데이터 회사도 성장한다. 전문가가 많아지면 이들이 수행해야 할 정부 프로젝트 예산이 더 크게 책정되어 다시 빅데이터 판돈은 커진다. 그러나 앞서 이명박 정부의 '녹색 성장', 박근혜 정부의 '창조 경제' 등에서 보아 왔듯이 그리고 1980년대부터 2010년대까지 여러 개념이 지적 유행으로서 등장하고 잠잠해졌듯이 빅데이터도 거품이 꺼지면 마찬가지 운명일 것이다.

빅데이터 분석을 통해 알 수 있는 것은 인과관계가 아니라 상관관계다. 상관관계는 관계를 이루는 요소들끼리 서로 관계를 가지고 있는데, 그 관계에서 영향을 미치는 요소가 무엇이고, 영향을 받는 요소가 무엇인지 알 수 없다. 때문에 상관관계를 통해서는 요소들의 영향을 주고받는 심층적 모습이나 구조를 파악할 수 없고, 단순히 요소들의 표면적인 관계만 보여 준다. 따라서 상관관계를 파악하는 빅데이터 분석은 복잡한 세상의 현상에 감추어져 있는 심층적 구조를 외면한다. 대신에 겉으로 드러난 표면만을 갖고 세상을 보려고 한다. 아무리 많은 데이터를 갖고 있어도 그것이 지닌 내적인 구조를 이해할 수 없다면 소용이 없다. 진정한 학자라면 현실과 현상의 표면만 탐구하는 빅데이터 분석을 결코 옹호할 수 없는 것이다.

끝으로, 데이터는 지나간 과거의 기록이며 물리적인 매체에 기록된 흔적이다. 종이, 메모리칩, 컴퓨터 파일 등에 기록된 것이다. 이때 모든 기록이 확실한 사실이 아닐 수 있다. 중요한 것은 놓치고 중요하지 않은 것만 기록될 수도 있다. 또한 기록을 누가 하느냐에 따라 달라질 수 있다. 사람이라면 그의 가치관이나 이해관계에 따른 그의 시각이 반영될 것이며, 기계라면 예컨대 렌즈의 성능, 저장 형식과 방법 등의 기계적 특성이 반영될 것이다. 결국 빅데이터의 본질은 기록이다. 꽤 많다는 것을 제외하면 데이터가 기록으로 남겨진 것이란 사실은 변함이 없다. 그런데 아무리 빅데이터라고 할지라도 이 세상 모든 것을 전부 기록하여 데이터로 만들 수는 없다. 따라서 빅데이터만 가지고 있으면 세상을 전부 가졌다고, 모든 것을 알아낼 수 있다고 주장하는 것은 허구다.

> 빅데이터 전성시대를 살아가는 우리에게 가장 시급한 건 빅데이터의 신화부터 한 꺼풀 벗겨 내려는 자세다. 동서고금을 막론하고 데이터란 결코 객관적이지도 중립적이지도 않다. …… 제아무리 데이터 값이 크다 한들, 현실은 언제나 데이터 '바깥'에 존재한다. 진실한 빅데이터는 없다.[10]

디스토피아: 데이터교

우리나라의 독자들에게도 널리 이름을 알린 저명한 이스라엘의 역사학자, 유발 하라리는 그의 역작『호모데우스: 미래의 역사』에서 다음과 같이 지적한다. 근대 이후 지금까지 인간의 역사를 지배한 종교가 '인본주의교'였다고 말이다. 그가 언급한 종교로서의 인본주의교는 '기독교' '불교' '이슬람교'처럼 전통적 의미의 종교를 뜻하는 것이 아니라 현상을 설명하기 위해 사용한 일종의 비유다. 종교에서 신과 교리를 숭배하듯이, 근대부터 현대까지의 인류는 인본주의 사상을 숭배했다는 뜻이다. 그리고 인본주의교는 민주주의와 자본주의라는 정치와 경제 체제에 잘 부합하여 크게 번창했다.

그러나 그의 지적은 인본주의교의 번창으로 멈추지 않는다. 이제는 인본주의의 숭배가 쇠락하고 대신에 데이터 숭배로 전환하고 있다고 지적한다. 곧 다가올 미래는 신흥 종교로서의 '데이터교'가 인본주의교를 대체할 것이라는 말이다. 인공지능을 위시한 4차 산업혁명의 물결 속에서 벌어지고 있는 빅데이터와 빅데이터 알고리즘 개발이 이 숭배의 대체과정이란다. 그리고 이 숭배의 대체가 완벽히 이루어지면 알고리즘에 의한 데이터 처리 시스템은 지구를 넘어 은하 전체로 확장되어 신(神, god)처럼 '어디서나 존재하고 모든 것을 통제하며 인간은 그 안에 흡수된다'는 것이다.

하라리의 주장은 다소 과장된 점이 없지 않지만 빅데이터 알고리즘으로 인한 디스토피아 세계를 섬뜩하게 예견하고 있다. '어디서나 존재하고 모든 것을 통제하며 인간이 그 안에 흡수된다'는 데이터 처리 시스템은 SF 영화 〈매트릭스(The Matrix)〉에 등장하는 인공지능 시스템 매트릭스에 다름 아니다. 어디서나 존재하고 인간을 비롯한 모든 것을 통제하기 위해 매트릭스는 수많은 알고리즘 프로그램으로 구성되어 있다. 이런 세상에서의 삶은 자유의 가치를 빼앗긴 지배당하는 삶이다. 사람들은 시스템에 완전히 종속되고 익숙한 상태가 되어서 자신이 어떤 상태인지조차 알지 못하거나 굳이 알려고도 하지 않는다. 어쩌면 상태를 알면서도 벗어나기를 꺼릴지도 모른다. 때문에 자유를 갈구하는 사람들은 소수다. 우리의 주인공 네오(Neo)나 모피어스(Morpheus)는 피지배를 타파하고 자유를 찾는 시도에서 성공한 그 소수다. 문제는 이것이 영화니까 성공했다는 점이다. 만일 그런 사회가 실제로 도래하면 그때도 성공할까? 하라리의 예견은 부정적이다. 그의 말을 들어 보자.

개인은 점점 누구도 진정으로 이해하지 못하는 거대 시스템 안의 작은 칩이 되어 가고 있다. 나는 날마다 이메일, 전화, 기사와 논문을 통해 수많은 데이터 조각을 흡수하고, 그 데이터를 처리하고, 새로운 데이터 조각들을 더 많은 이메일, 전화, 논문과 기사를 통해 재전송한다. 이 거대한 체계 안에서 내가 어디에 위치하는지, 내 데이터 조각들이 다른 수십억 명의 사람과 컴퓨터가 생산한 데이터 조각들과 어떻게 연결되는지 나는 모른다. 그것을 알아낼 시간도 없다. 수많은 이메일에 답하느라 너무 바쁘기 때문이다. 그리고 내가 더 많은 데이터를 더 효율적으로 처리하는 만큼, 즉 더 많은 이메일에 답하고, 더 많이 전화를 걸고, 더 많은 논문과 기사를 작성하는 만큼 내 주변 사람들에게 훨씬 더 많은 데이터가 전달된다. …… 세계 경제가 어떻게 작동하는지, 세계 정치가 어디로 향하는지 어느 누구도 이해하지 못한다. 그런데 아무도 그것을 이해할 필요가 없다. 당신은 그저 이메일에 더 빨리 답하고, 시스템이 그 메일들을 읽을 수 있도록 승인하기만 하면 된다.[11)]

지금까지는 데이터가 지적 활동이라는 긴 사슬의 첫 번째 단계에 불과했다. 인간이 데이터에서 정보를 증류하고, 정보에서 지식을 증류하고, 지식에서 지혜를 증류해야 했다. 하지만 데이터교도들은 인간이 더 이상 막대한 데이터의 흐름을 감당할 수 없고, 따라서 지식과 지혜를 증류하는 것은 고사하고 데이터에서 정보를 증류할 수 없다고 생각한다. 그러므로 데이터를 처리하는 일은 연산 능력이 인간의 뇌 용량을 훨씬 능가하는 전자 알고리즘에 맡겨야 한다. 실질적으로 데이터교도들은 인간의 지식과 지혜를 믿지 않고 빅데이터와 알고리즘을 더 신뢰한다는 뜻이다.[12)]

진정한 신자들은 데이터 흐름과의 연결이 끊기는 것을 인생의 의미 자체를 잃는 일로 생각한다. 내 행동이나 경험을 아무도 모르고, 그것이 전 지구적 정보 교류에 아무 기여도 하지 못한다면, 뭔가를 하고 경험하는 것이 무슨 의미가 있는가? …… 경험은 공유되지 않으면 가치가 없고, 우리는 자기 안에서 의미를 발견할 필요가 없다(실은 발견할 수 없다)고 믿는다. 자신의 경험을 기록해 기대한 데이터의 흐름에 연결하기만 하면 된다. 그러면 알고리즘들이 그 경험의 의미를 알아내어 우리에게 무엇을 하라고 말해 줄 것이다.[13)]

호모 사피엔스는 한물간 알고리즘이다. 인간이 닭보다 우월한 점이 무엇인가? 정보 흐름의 패턴이 닭들보다 훨씬 더 복잡하다는 사실밖에 더 있는가. 인간은 더 많은 데이터를 흡수하고, 더 나은 알고리즘을 이용해 그것을 처리한다(일상 언어로 말하면 인간이 더 깊은 감정과 더 뛰어난 지적 능력을 갖고 있다는 뜻이다. 하지만 현시점의 생물학 정설에 따르면 감정과 지능은 단지 알고리즘에 불과하다는 사실을 기억하라). 그렇다면 인간이 인간보다 훨씬 더 많은 데이터를 흡수하고, 훨씬 더 효율적으로 처리하는 데이터 처리 시스템을 창조한다면, 그 시스템은 인간이 닭보다 우월하듯 인간보다 우월하지 않을까?[14)]

21세기에 데이터 처리 조건이 다시 바뀌면 민주주의가 몰락하거나 사라질 수도 있음을 암시한다. 데이터의 양과 속도가 모두 증가함에 따라 선거, 정당, 의회와 같은 훌륭한 제도들이 구시대의 유물이 될지도 모른다. 그 제도들이 비윤리적이어서가 아니라 데이터를 충분히 효율적으로 처리하지 못하기 때문이다. 이런 제도들은 정치가 기술보다 더 빠르게 움

> 직인 시대에 진화했다. 19세기와 20세기의 산업혁명은 속도가 그리 빠르지 않아서 정치인과 유권자들이 항상 한발 앞에서 그 경로를 규제하고 조종할 수 있었다. 하지만 정치의 리듬이 증기시대 이래로 크게 바뀌지 않은 반면, 기술은 1단에서 4단으로 기어가 전환되었다. 현재 기술혁명은 정치과정보다 빠르게 움직이면서 의원들과 유권자들의 통제를 벗어나고 있다.[15)]

그의 디스토피아적 주장이 담긴 몇 개의 문단을 인용했다. 이것들은 어느 정도의 설득력을 갖고 있을까? 판단은 각자의 몫이다.

부정적 전망의 교훈

빅데이터와 데이터 사이언스의 장밋빛 전망과 긍정적 전망을 말하는 이 책에서 부정적 전망으로부터 비롯되는 비판의 지적, 디스토피아의 우려를 언급하면서 이 장과 이 책을 마칠 수는 없다. 언제나 그래 왔듯이 인류의 역사는 문제해결의 역사다. 어떤 고난과 역경에서도 극복해 왔다. 때로는 매우 더디게, 때로는 막심한 희생을 치루면서도 꿋꿋하게. 그렇지 못했다면 하라리의 표현대로 호모사피엔스는 현재 여기에 있을 수 없다. 살아 있는 우리가 증거다.

빅데이터와 데이터 사이언스는 문제해결의 역사 속에서 등장했다. 사실 어느 것 하나 문제해결의 역사 속에서 등장하지 않은 것은 없다. 빅데이터와 데이터 사이언스는 어떻게 바라보냐에 따라 물리학이나 경제학처럼 독립된 학문으로 간주할 수도, 물리학이나 경제학을 하는 데 활용할 수 있는 도구나 방법론으로 간주할 수도 있다. 어떤 입장과 관점에서 빅데이터와 데이터 사이언스를 하느냐는 중요하지 않다. 또 전망이 긍정적이냐 부정적이냐 하는 것도 부차적이다. 중요한 것은 문제해결에 있어서 제 역할을 하느냐다. 그것이 물리학이나 경제학에서 하는 것처럼 현상에 대한 이론과 모델을 만드는 역할이거나, 물리학이나 경제학의 이론과 모델을 증명하는 데 활용되는 역할일 수 있다.

빅데이터와 데이터 사이언스는 출현 역사가 짧다. 가 본 곳보다 안 가 본 곳이 더 많고, 한 일보다 안 한 일이 더 많다. 갈 곳도 많고 할 일도 많다는 뜻이다. 이토록 시작의 여정이 짧은데 처음부터 완벽한 출발을 기대하기 어렵다. 바빠도 설익은 밥보다는 좀 늦더라도 뜸들인 밥이 더 맛있기 마련이다. 첫술에 배부를 수 없으니 좀 더 먹어야 한다. 부정적 전망의 대부분은 설익은 밥을 먹으면서 맛있는 밥을 기대하고, 첫술에 배부르기를 바라는 마음에서 기인한다. 역사가 축적되고 사례가 누적되면 비판적인 내용도 해결되고 개선될 여지가 크다. 이 안에서도 문제해결은 일어난다.

그러므로 빅데이터와 데이터 사이언스의 장밋빛 전망을 말하는 책에서 부정적 전망을 소개하는 것은 매우 의미 있는 일이다. 부정적 전망의 비판 내용은 문제해결을 위한 성찰의 내용이기 때문이다. 즉, 빅데이터와 데이터 사이언스를 수행할 때 무엇을 주의하고 경계해야 하는지, 어떤 점을 신중히 고려해야 하는지, 어째서 그러해야 하는지를 성찰하는 것이다. 그러니 부정적 전망이 보인다고 서둘러 내칠 필요는 없다. 모든 학문과 이론이나 도구와 방법론은 비판을 견뎌 왔다. 비판에 대한 성찰은 성장과 발전을 가져온다.

어느 누구도 미래의 전망을 100% 정확히 맞출 수 없다. 다만, 현시점에서 그러하리라고 예측할 뿐이다. 필자가 보기에는 긍정적 전망이 실현될 확률이 높다.

후주

[서문]

1) 물론 이 계산은 사칙연산을 하고 경우의 수를 알아보는 정도의 좁은 의미다. 계산은 폭넓은 의미도 갖고 있다. 인지과학에서는 인지를 계산 능력으로 본다. 이때의 계산은 마음에서 언어와 같은 상징기호를 처리하는 것을 뜻한다.

[CHAPTER 01 출항]

1) World Economic Forum (2016).
2) World Economic Forum (2016).
3) World Economic Forum (2016).
4) World Economic Forum (2016).
5) World Economic Forum (2016).
6) 삼성화재라는 보험회사는 고객이 걷는 걸음 수를 기록하여 많이 걸을수록 비용을 할인해 준다.
7) 출처: 구글 이미지
8) 황순귀, 유제성, 최천일, 전용준(2015).
9) 황순귀 외(2015).
10) 헤럴드경제(2020. 6. 9.).

11) 국민일보(2020. 6. 20.).
12) 출처: 구글 이미지.
13) 한국데이터베이스진흥원(2016), p. 62.
14) 김옥기(2018).
15) 정답은 래리 페이지(Larry Page)다. 그는 세르게이 브린(Sergey Brin)과 함께 구글의 공동 창업자다. 창업자 이름에 걸맞게 구글은 웹상의 수많은 페이지를 검색하여 찾아 준다.
16) 구글이 만든 인공지능은 아니지만, 인공지능은 어느덧 포커 게임에서도 인간을 넘어섰다. 포커는 모두가 볼 수 있는 펼쳐진 카드뿐만 아니라 개별 플레이어만 볼 수 있는 쥐고 있는 카드를 갖고 겨루기 때문에 정보의 불균형이 존재한다. 게다가 상대 플레이어가 이른바 뻥카로 불리는 블러핑(허세 부리기)을 하면서 베팅을 할 수 있기 때문에 그 블러핑에 속느냐 마느냐 하는 고도의 두뇌 싸움과 심리적 전술이 요구된다. 포커는 바둑의 경우의 수보다는 훨씬 적지만 이런 특성들 때문에 수학적인 확률 계산이 훨씬 어렵다.
17) 장석권(2018).
18) 김재중 역(2015).

[CHAPTER 02 데이터 기반 사회]

1) 그런데 이들도 라디오를 듣고 전등도 켠다. 이들이 현대의 전기 · 전자 문명과 완전히 동떨어진 삶을 사는 것은 아니다.
2) 복제 혹은 복사를 가리켜 시뮬라크르(simulacre)라고 한다. 플라톤이 말하는 이데아와 대조되는 부정적인 의미를 갖고 있다. 프랑스의 철학자인 질 들뢰즈(Gilles Deleuze)가 이를 자기 동일성이 없는 복제라고 했고, 장 보드리야르(Jean Baudrillard)는 이를 원본이 없이도 존재하

는 복사, 복제본이라고 했다. 현대 사회는 원본과 복사본의 경계가 모호한 것을 넘어서 복사본이 원본을 대체한다고 한다. 디지털 테크놀로지는 그 데이터의 흔적을 원본과 구분할 수 없게 함으로써 이를 가속화한다.

3) 레오나르도 다빈치의 그림 중에서 모나리자를 일부러 선택했다. 다빈치의 그림 중에서 모나리자만큼 사람들 입에 자주 회자될 정도로 관심이 높은 그림도 없다. 그런 만큼 수많은 책이 저마다의 이유로 모나리자를 내세우고 인용한다.
4) 출처: 구글 이미지

[CHAPTER 03 데이터의 이해]

1) 장영재 카이스트 교수; 박순서(2012)에서 재인용, p. 21.
2) 그리스 신화에서 테세우스가 미로에서 길을 잃지 않도록 그를 사랑하는 공주 아리아드네가 건네준 실타래다. 테세우스는 미로 속에 들어가 괴물을 죽이고, 이 실을 따라 미로를 탈출할 수 있었다.
3) 김재중 역(2015).
4) McKinsey Global Institute (2011).
5) 삼성경제연구소; 최천규, 김주원, 이상국(2018)에서 재인용, p. 30.
6) ICD (2011); 한국데이터베이스진흥원(2016)에서 재인용, p. 32.
7) 대한민국 국가전략위원회; 최천규 외(2018)에서 재인용, p. 29.
8) 위키피디아; 최천규(2018)에서 재인용, p. 29.
9) 마이어 쇤베르거 옥스퍼드 대학교 교수; Weekly Biz(2015)에서 재인용.
10) 마이어 쇤베르거 옥스퍼드 대학교 교수; Weekly Biz(2015)에서 재인용.
11) 차상균 서울대학교 빅데이터연구원장; 조선일보(2017. 7. 25.)에서 재인용.

12) https://i.pinimg.com/originals/b1/2d/01/b12d0140b13566263dfcdb354c61 de09.jpg
13) 구글 이미지 검색(검색어: data is oil).
14) 출처: 한국디지털정책학회 빅데이터전략연구회(2017).
15) 김옥기(2018).

[CHAPTER 04 데이터 사이언스]

1) 김옥기(2018).
2) 응용 프로그램 처리 인터페이스라고 한다. 응용 프로그램에서 특정 작업을 수행할 수 있도록 해 주는 인터페이스다. 데이터 사이언스에서는 다른 서비스(예: 네이버, 구글, 공공데이터 포털 사이트)에서 어떤 요청을 보내고 그 요청에 대한 응답을 받기 위해 사용한다.
3) 출처: https://www.data.go.kr/
4) 출처: https://edss.moe.go.kr/
5) 1853년부터 1856년까지 크림반도에서 러시아 제국과 연합국(영국, 프랑스, 오스만투르크, 사르데냐 왕국) 사이에서 벌어진 전쟁이다. 전쟁의 주요 원인은 러시아의 남하 정책과 종교적 문제였고, 연합국의 승리로 전쟁은 끝났다.
6) 출처: 구글 이미지.
7) 출처: 구글 이미지.
8) 출처: 구글 이미지.
9) 출처: 연합뉴스(2020. 2. 2.).
10) 김옥기(2018); 한국데이터베이스진흥원(2016); 황순귀 외(2015).
11) 김화종(2014).
12) 장석권(2018).

13) 김재중 역(2015).

14) 매일경제(2010. 12. 6.).

15) 중앙일보(2015. 9. 21.).

16) ZDNet Korea(2018. 8. 31.).

17) ZDNet Korea(2018. 8. 31.).

18) ZDNet Korea(2018. 10. 30.).

19) 한국데이터베이스진흥원(2016).

20) Rogers (1995).

21) 한국데이터베이스진흥원(2016).

22) 박순서(2012).

[CHAPTER 05 데이터 사이언티스트]

1) 출처: 구글 이미지.

2) The Science Times(2017. 8. 17.).

3) Kotra 해외시장뉴스(2018. 9. 2.).

4) Kotra 해외시장뉴스(2018. 9. 2.).

5) 김화종(2014).

6) 김화종(2014).

7) 김옥기(2018).

8) 김진영(2016); 한국데이터베이스진흥원(2016).

9) 김진영(2016).

10) 김화종(2014).

11) 김진영(2016)에서 재인용, p. 343.

12) 김진영(2016); 박성현, 박태성, 이영조(2018).

13) 박성현 외(2018)에서 재인용, p. 225.

14) 김옥기(2018); 김진영(2016); 김화종(2014); 한국데이터베이스진흥원 (2016).

[CHAPTER 06 프로세스 개관]

1) 한국데이터베이스진흥원(2016).
2) 한국데이터베이스진흥원(2016).
3) 김진영(2016).
4) 한국데이터베이스진흥원(2016).
5) 김화종(2014).
6) 김화종 교수는 그의 책에서 다섯 단계를 제시했지만 3단계와 4단계, 특히 4단계의 설명에 매우 많이 할애하고 있다. 데이터 사이언스 프로세스에서 핵심이 4단계이기는 하지만 그렇다고 다른 단계들이 전혀 중요하지 않은 것은 아니다. 프로젝트가 성공하기 위해서는 각 단계가 모두 중요하다.

[CHAPTER 07 프로세스 1: 문제 정의]

1) 김진영(2016)에서 재인용, p. 111.
2) 조규락, 조영환 편(2019); Hayes (1980).
3) 조규락, 조영환 편(2019); Newell & Simon (1972).
4) 조규락, 조영환 편(2019).
5) 조규락, 박은실 공역(2009); Jonassen (2011).
6) 조규락, 박은실 공역(2009).
7) 조규락, 박은실 공역(2009); Jonassen (2011).
8) 이 책에서 각각의 문제 유형 전체를 구체적으로 설명할 필요는 없을 것이다. 구체적으로 이 유형의 문제들이 무엇인지는 조나센의 저서를 통

해 검토하기 바란다.

9) 이가람(2017); Cho (2001); McGrath (1984).
10) 이 책에서 각각의 집단 수행 문제를 구체적으로 설명할 필요는 없을 것이다. 구체적으로 이 유형의 문제들이 무엇인지는 맥그래스의 저서를 통해 검토하기 바란다.
11) 김화종(2014).

[CHAPTER 09 프로세스 3: 데이터 수집 및 관리]

1) 김옥기(2018).
2) 이에 대한 자세하고 구체적인 설명은 이 책이 추구하는 범위와 목적에서 벗어난다. 연구법이나 통계법 관련 서적을 참고해야 한다.
3) 김화종(2014).
4) 김화종(2014).
5) 김옥기(2018).
6) 김옥기는 이 책에서 미국 최대의 데이터베이스 마케팅 전문 기업으로 액시엄(Axiom)을 사례로 들어 설명하고 있다.
7) 김화종(2014).
8) 이에 대한 자세하고 구체적인 설명은 이 책이 추구하는 범위와 목적에서 벗어난다. 연구법이나 통계법 관련 서적을 참고해야 한다.
9) 김화종(2014).
10) 이에 대한 자세하고 구체적인 설명은 이 책이 추구하는 범위와 목적에서 벗어난다. 연구법이나 통계법 관련 서적을 참고해야 한다.
11) 김화종(2014); 조규락, 김선연(2014).
12) 이에 대한 자세하고 구체적인 설명은 이 책이 추구하는 범위와 목적에서 벗어난다. 연구법이나 통계법 관련 서적을 참고해야 한다.

13) 김옥기(2018), p. 41.

14) 김진영(2016).

15) 김화종(2014).

16) 자세하고 구체적인 내용을 완벽히 이해하려면 소프트웨어나 하드웨어 분야의 지식을 요한다. 이런 내용은 이 책에서 다루는 설명과 소개의 범위를 넘어선다. 다른 전문서적을 참고해야 한다.

[CHAPTER 10 프로세스 4: 데이터 분석]

1) 한국데이터베이스진흥원(2016).

2) 데이터의 형식에는 정형 · 반정형 · 비정형 데이터가 있고, 데이터의 유형에는 숫자형, 문자형, 바이너리형이 있다(9장 참조).

3) 참고로 말해 두는 것이지만, 비록 숫자형 데이터가 정형 데이터일지라도 숫자형 데이터를 분석하고자 실시하는 통계분석방법에는 정형 데이터 마이닝이라는 표현을 하지 않는다.

4) 조규락(2003).

5) 서로 다른 분석도구가 대안적 도구라는 이의 제기가 가능할지 모른다. 그러나 소설가에게 프로그램 '워드'는 우리말 '한글'의 대안이 아니며, '종이'는 '원고지'의 대안이 아니다. 소설을 쓸 때 골라 사용할 수 있는 선택지 중의 하나일 뿐이다. 따라서 '워드'의 대안은 펜과 종이다. 마찬가지로 여러 다른 분석도구는 골라 사용할 수 있는 선택지들로서 모두 컴퓨터 기반의 소프트웨어 프로그램이다. 이것들을 제외하고 데이터 사이언티스트가 데이터 분석에 사용할 수 있는 진정한 대안도구는 없다.

6) 김진영(2016)에서 재인용, p. 64.

7) 김진영(2016)에서 재인용, p. 64.

8) 김진영(2016).

9) 참고로 x의 지수가 2일 때, 즉 x 제곱(x^2)이면 2차 함수로서 곡선이며 실근을 갖는다면 x축과 두 번 교차한다. 즉, 해가 두 개다. 하지만 예컨대, $y=x^2$처럼 그래프의 꼭지점이 x축에 닿는 경우는 해가 한 개인 경우다.

[CHAPTER 11 프로세스 5: 시각화 및 결과 활용]

1) 한국소프트웨어기술인협회 빅데이터전략연구소(2017).
2) 한국데이터베이스진흥원(2016).
3) Gibson (1979).
4) Hartson (2003); Norman (1999).
5) 김태선, 조규락(2018); 조규락, 김선연(2017).
6) 이와 관련하여 인지심리학, 지각심리학, 체화된 인지를 다룬 서적을 참고할 것을 추천한다.
7) 이혜연 역(2017).
8) 원저자 조르즈 카몽이스(Jorge Camoes)는 게슈탈트 원리를 포함하여 시각화 디자인에서 중요하게 다루어져야 하고 제기될 수 있는 이슈 내용을 잘 정리해 제시하고 있다.
9) 인포그래픽스를 제외한 다섯 가지 시각화 방법에 대한 설명은 한국데이터베이스진흥원(2016)의 706~725쪽에서 인용했다. 구체적인 시각화 이미지의 출처는 모두 구글 이미지에서 가져왔다.

[CHAPTER 12 긍정적 전망]

1) 조현용(2016).
2) NAVER 지식백과 '거안사위'.
3) 관계부처합동 보도자료(2018. 11. 22.).
4) 관계부처합동 보도자료(2018. 11. 22.).

5) 출처: 정책위키(최종수정일: 2020. 3. 30.).
6) 대한민국 정책브리핑(2020. 1. 7.).
7) 아시아경제(2020. 6. 6.).
8) 대한민국 정책브리핑(2020. 1. 7.).
9) 한국데이터베이스진흥원(2016).
10) 김태옥, 이승협 공역(2011).
11) 한국데이터베이스진흥원(2016).
12) 출처: 구글 이미지.

[CHAPTER 13 부정적 전망]

1) 예를 들면, 이름이 '이영만'이면 '이'는 2, '영'은 0, '만'은 10000이므로 아이디를 2010000으로, '황인수'라면 '황'은 원소 기호로 S, '인'은 P, '수'는 물이므로 물의 H_2O를 써서 아이디를 SPH2O로, '김도기'라면 '김'은 금으로도 읽을 수 있으므로 영어 gold, '도기'는 단어 도끼와 유사하므로 영어 ax를 써서 goldax로 짓는 것이다.
2) 아이디에 숫자가 붙는 경우라면 대개 생일이나 생년 혹은 휴대폰 번호를 사용하는 경우가 많다. 특이하게도 중년 혹은 노년의 어머니들은 남편이나 자녀의 영어 이름 이니셜이나 생일 등을 자신의 아이디에 사용하는 경우도 종종 발견된다.
3) 인터넷 위키 낱말 사전에는 '관심을 받고 싶어 하는 사람' '준말: 관종'으로 등록되어 있으나 아직 국어사전에는 정식 단어로 올라오지 못한 듯하다.
4) 한국경제(2020. 6. 25.).
5) 유강하(2018).
6) 신은주 역(2010).

7) 내용의 설명을 위해 실제의 데이터가 아니라 가상의 데이터를 사용했다.

8) 김동환(2016).

9) 이하의 내용은 그의 책에서 인용했다. 인용과정에서 필요에 따라 가필을 했다.

10) 한겨레(2016. 3. 3.); 김동환(2016)에서 재인용, pp. 157-158.

11) 김명주 역(2017)에서 재인용, p. 528.

12) 김명주 역(2017)에서 재인용, p. 504.

13) 김명주 역(2017)에서 재인용, p. 529.

14) 김명주 역(2017)에서 재인용, pp. 522-523.

15) 김명주 역(2017)에서 재인용, pp. 511-512.

참고문헌

관계부처합동 보도자료(2018. 11. 22.). 데이터 규제 혁신, 청사진이 나왔다.

김동환(2016). 빅데이터는 거품이다. 서울: 페이퍼로드.

김명주 역(2017). 호모데우스: 미래의 역사. 유발 하라리 저. 경기: 김영사.

김옥기(2018). 데이터 과학, 무엇을 하는가? 서울: 이지스퍼블리싱(주).

김재중 역(2015). 빅데이터 인문학: 진격의 서막. 에레즈 에이든, 장바티스트 미셸 공저. 경기: (주)사계절출판사.

김진영(2016). 헬로 데이터 과학: 삶과 업무를 바꾸는 생활 데이터 활용법. 서울: 한빛미디어.

김태선, 조규락(2018). 디자인 요소 · 속성 항목에 따른 어포던스 유형과 중요도. 상품학연구, 36(2), 149-155.

김태옥, 이승협 공역(2011). 미디어란 무엇인가. 노르베르트 볼츠 저. 경기: 한울아카데미.

김화종(2014). 데이터 사이언스 개론. 서울: 홍릉과학출판사.

대한민국 정책브리핑(2020. 1. 7.). 데이터 1,400여 종 전면 개방…데이터 경제 활성화 본격 추진. 세종: 과학기술정보통신부.

박성현, 박태성, 이영조(2018). 빅데이터와 데이터 과학: 4차 산업혁명 시대의 연금술. 경기: 자유아카데미.

박순서(2012). 빅데이터, 세상을 이해하는 새로운 방법. 서울: (주)레디셋고.

송경진 역(2016). 클라우스 슈밥의 제4차 산업혁명. 클라우스 슈밥 저. 서울:

새로운현재(메가스터디북스).

신은주 역(2010). 통계학 리스타트: 볼수록 매력 있는 유쾌한 통계 이야기! 이다야스유키 저. 서울: 비즈니스맵.

유강하(2018). 빅데이터와 빅퀘스천: 빅데이터 활용에 대한 인문학적 비판과 질문. 인문연구, 82, 187-214.

이가람(2017). 집단 구성원의 창의성 유형이 문제 유형에 따라 문제해결 과정, 성과 및 시너지에 미치는 영향. 영남대학교 대학원 박사학위논문.

이혜연 역(2017). 데이터 시각화 원리: 인포그래픽 원리와 엑셀 활용 방법을 기초로 한 데이터 시각화 안내서. 조르즈 카몽이스 저. 서울: 에이콘출판(주).

장석권(2018). 데이터를 철학하다. 서울: 흐름출판.

장필성(2016). [EU] 2016 다보스포럼: 다가오는 4차 산업혁명에 대한 우리의 전략은? 과학기술정책, 26(2), 12-15.

정책위키(최종수정일: 2020. 3. 30.). 데이터 3법. http://www.korea.kr/special/policyCurationView.do?newsId=148867915

조규락(2003). 구성주의 기반의 학습이론 탐구. 교육공학연구, 19(3), 3-40.

조규락, 김선연(2014). 통계법 기초 · 종류 · 사례. 경기: 양서원.

조규락, 김선연(2017). 체화된 인지이론 관점에서 스마트폰 학습경험 설계를 위한 UX 설계요소 탐색. 교육정보미디어연구, 23(2), 281-313.

조규락, 박은실 공역(2009). 문제해결학습: 교수설계가이드. 데이비드 H. 조나센 저. 서울: 학지사.

조규락, 오상철 공역(2007). 컴퓨터 테크놀로지 활용 모델링: 개념변화를 위한 마인드툴. 데이비드 H. 조나센 저. 서울: 아카데미프레스.

조규락, 조영환 편(2019). 문제해결과 학습디자인(David H. Jonassen 추모책): David H. Jonassen 교수님의 연구를 되돌아보며. 서울: 학지사.

조현용(2016). 우리말 선물. 서울: 마리북스.

최천규, 김주원, 이상국(2018). 진격의 빅데이터. 경기: 한국학술정보(주).

한국데이터베이스진흥원(2016). 데이터 분석 전문가 가이드(개정판). 서울:

한국데이터베이스진흥원.

한국디지털정책학회 빅데이터전략연구회(2017). NCS 기반 경영 빅데이터 분석. 서울: 와우패스.

황순귀, 유제성, 최천일, 전용준(2015). CEO를 위한 빅데이터. 서울: 문덕인쇄.

Cho, K. L. (2001). *The effects of argumentation scaffolds on argumentation and problem solving in an online collorative group problem-solving environment*. Unpublished doctoral dissertation. The Pennsylvania State University, Pennsylvania.

Gibson, J. J. (1979). *The ecological approach to visual perception*. Englewood Cliffs, NJ: Lawrence Erlbaum Associates.

Hartson, R. (2003). Cognitive, physical, sensory, and functional affordances in interaction design. *Behavior & Information Technology, 22*(5), 315-338.

Hayes, J. (1980). *The complete problem solver*. PA: The Franklin Institute Press.

Jonassen, D. H. (2011). *Learning to solve problems: A handbook for designing problem-solving learning environments*. New York: Routledge.

McGrath, J. E. (1984). *Groups: Interaction and performance*. Englewood Cliffs, NJ: Prentice Hall.

McKinsey Global Institute. (2011). *Big data: The next frontrier for innovation, competition, and productivity*. New York: McKinsey & Company.

Newell, A., & Simon, H. (1972). *Human problem solving*. Upper Saddle River, NJ: Prentice Hall.

Norman, D. A. (1999). Affordance, conventions, and design. *Interactions,*

May/June, 38–42.

Rogers, E. M. (1995). *Diffusion of innovation* (4th ed.). New York: Free Press.

UBS. (2016). *Extreme automation and connectivity: The global, regional, and investment implications of the Fourth Industrial Revolution*. UBS White Paper for the World Economic Forum Annunal Meeting 2016.

World Economic Forum. (2016). *The future of jobs: Employment, skills, and workforce strategy for the fourth industrial revolution*. Geneva: World Economic Forum.

〈신문기사〉

국민일보(2020. 6. 20.). 1999년생 싸이월드의 '한달 시한부'… 이제는 진짜 안녕.

매일경제(2010. 12. 6.). 정경원 정보통신산업진흥원장 "미래 지능화시대 미리 준비하자".

아시아경제(2020. 6. 6.). 시행령에 막힌 데이터3법 논란, '독소조항' 뭐기에.

연합뉴스(2020. 2. 2.). 코로나바이러스 현황 지도.

조선일보(2017. 7. 25.). "앞으로 100년은 빅데이터 싸움" 구글 · MS · 아마존 年36조원 투자.

중앙일보(2015. 9. 21.). 마윈 "빅데이터 시대, 계획경제 우월해질 것".

한계레(2016. 3. 3.). 빅데이터는 진실할까.

한국경제(2020. 6. 25.). 이성과 모텔 간 것까지?…사생활 사각지대 없는 한국.

헤럴드경제(2020. 6. 9.). [단독] 싸이월드 대표 "마지막 끈 놓지 않았다. 살려달라" 눈물의 호소 [IT선빵!].

Bloter.net (2019. 10. 16.). 다시 열린 싸이월드…도메인 1년 연장. Bloter.net/archives/357759 (접속 2020. 1. 30.)

Kotra 해외시장뉴스(2018. 9. 2.). 美 4차산업시대에 뜨는 직업, 데이터 사이언티스트의 명암.
The Science Times (2017. 8. 17.). 데이터 사이언티스트, '인기 폭발'.
Weekly Biz (2015. 5. 30.). [Cover Story] 빅데이터 대가 쇤베르거 "지금까지의 비즈니스는 잊어라".
ZDNet Korea(2018. 8. 31.). 데이터를 잘 쓰는 나라 만든다…내년 1조 투입.
ZDNet Korea(2018. 10. 30.). 델EMC "한국기업 22%가 디지털 혁신 여정 시작".

〈홈페이지〉
공공데이터 포털 https://www.data.go.kr/
에듀데이터서비스(EDSS) https://edss.moe.go.kr/
Naver 지식백과 '거안사위' https://terms.naver.com/entry.nhn?docId=1058402&cid=40942&categoryId=32972
https://i.pinimg.com/originals/b1/2d/01/b12d0140b13566263dfcdb354c61de09.jpg

찾아보기

인명

내용

ㅈ

ㅊ

저자 소개

조규락 (KYOO-LAK CHO)

서울교육대학교를 졸업하고 초등학교에서 교사로서 근무했다. 미국 Univ. of Missouri-Columbia에서 Educational Technology로 석사학위를, 미국 Pennsylvania State Univ.에서 Instructional Systems로 박사학위를 받았다. 한국직업능력개발원에서 연구원으로 재직하며 서울대학교, 서울교육대학교, 한양대학교, 이화여자대학교 등에서 강의했고, 2004년부터 영남대학교 사범대학 교육학과와 연합전공 대학원 디지털융합비즈니스학과의 교수로 있다. 주요 연구 관심사는 구성주의 학습환경 설계, 문제해결과 지식 표상, 체화된 인지 등이며, 지금까지 수십 편의 논문이 학술지에 게재되었고, 공저서 『교육방법 및 교육공학: 교육공학의 3차원적 이해』(학지사, 2006)와 공편저 『문제해결과 학습디자인: David H. Jonassen 교수님의 연구를 되돌아보며』(학지사, 2019)를 포함하여 저서와 역서 다수가 출간되었다. 이 책은 그간 수행해 온 많은 양적 통계분석 연구를 바탕으로 최근 몇 년간의 연구와 공부의 결실이다. 데이터 사이언스는 연구를 수행하고 문제를 해결할 때 사용할 수 있는 강력한 도구다. 이 도구를 적극적으로 활용하여 교육과 디지털융합 분야에서 다양한 탐구 노력을 기울이고 있다.

데이터 사이언스 가이드:
이해와 실제와 전망
Data Science Guide: Understanding, Practice, & Prospect

2020년 10월 30일 1판 1쇄 발행
2023년 10월 20일 1판 3쇄 발행

지은이 • 조 규 락
펴낸이 • 김 진 환
펴낸곳 • (주) 학지사
04031 서울특별시 마포구 양화로 15길 20 마인드월드빌딩 5층
대표전화 • 02) 330-5114 팩스 • 02) 324-2345
등록번호 • 제313-2006-000265호
홈페이지 • http://www.hakjisa.co.kr
인스타그램 • https://www.instagram.com/hakjisabook

ISBN 978-89-997-2210-3 93370

정가 20,000원